学前教育家文库

王志明文集

凤凰出版传媒集团
江苏教育出版社
JIANGSU EDUCATION PUBLISHING HOUSE

目　录

总 序

我国学前教育理论与实践的研究，始于20世纪初期的南京高等师范学校（南京师范大学的前身）。从南京高等师范学校到南京师范大学，在将近一百年的时间中，经过几代学前教育学人绵延不断的探索、传承、弘扬和发展，成就与积累了极为丰硕的学术成果，形成了我国学前教育学术宝库中一份十分珍贵的财富。为了使后继者得以在前人已有成就的基础上继续前进，为学前教育学术发展搭建一个历史平台，南京师范大学学前教育专业与江苏教育出版社决定联手出版《学前教育家文库》。

早在20世纪20年代，时任南京高等师范学校教务主任的陶行知先生创建了教育科，并任首届主任，就在这里开始了近代中国学前教育的奠基工作。陈鹤琴先生在这里开始了儿童心理、家庭教育、幼稚教育的研究与教学工作，创办了我国第一个幼教实验中心——南京鼓楼幼稚园；陶行知和陈鹤琴的学生张宗麟先生首先自愿成为陈鹤琴研究幼教的合作伙伴，在鼓楼幼稚园进行了课程、设备、故事、读法等项研究，后又成为陶行知在南京郊区开辟农村幼教基地的得力助手，陈鹤琴也曾被晓庄乡村试验学校聘为幼稚师范院院长。他们的论著如：《儿童心理之研究》《家庭教育》《幼稚教育概论》《幼稚园的演变史》《幼稚教育论文集》（一、二两册）等书，在幼教界影响深远。他们是中国化、大众化、科学化幼教道路的开拓者和领路人。他们作为先行者的实践业绩和理论建树，其影响一直延伸至今。

新中国建立后，经 1952 年院系调整，由南京大学、金陵大学、上海震旦大学、广东岭南大学等相关系科组合，在南京师范大学建立了当时全国惟一的幼儿教育系，陈鹤琴先生被国务院任命为南京师范学院的首任院长。陈鹤琴在幼教系亲自教授儿童心理学、教育史等课程，还设置了儿童教育研究室和儿童教玩具研究室及玩具工厂，开创了教学、研究、生产三结合的体制，并建立了南师附属幼儿园——附属幼儿师范学校——幼儿教育系的三级完整的幼教体系。在陈鹤琴先生的带领下，南师幼教系的老师们还分别深入各种类型幼儿园进行各科教学、玩教具、游戏、设备、营养、混龄教育等项研究，与幼儿园建立了鱼水关系。陈鹤琴所倡导的热爱儿童、热爱幼教的奉献精神，中西融通、不断探索的创新精神，理论和实际紧密结合的务实精神，深深地影响着一代又一代的南师学前教育学人，这种奉献、创新、务实的精神已蔚然成风，逐步形成为南京师范大学幼教人的传统风格。

改革开放后，南京师范大学学前教育专业进入了历史性突破的新时期。20 世纪 70 年代末，为促进全国幼教事业的复兴，南京师范大学学前教育专业肩负起筹备全国幼教研究会的重任，在南京召开了成立大会和第一届学术年会；80 年代初，南京师范大学学前教育专业首批执行教育部和联合国儿童基金会幼教师资培养的合作项目；80 年代末，承办了我国第一次幼教国际会议；90 年代初，被国务院学位委员会批准设立了我国首个幼儿教育学科博士点；本世纪初，被教育部确定为首个国家级学前教育重点学科。南京师范大学学前教育专业已成为当代我国学前教育领域中的先导和中坚。

近三十年来，南京师大学前教育专业以不断拓展理论视野和深入幼教实践来提高队伍素质、完善课程建设为根本方针。在教学方面：努力加强学前教育学、儿童心理学、儿童教育哲学等基础理论课，逐步增设了学前教育史、学前教育研究方法、学前课程论、儿童游戏论等科目，将幼儿园各科教学法改造成学科教育学。20 世纪 80 年代中期承担了多项全国高校“七五”规划教材编写项目，由人民教育出版社出版了《学前教育学》及《学前教育学参考资料》,《中国学前教育史》及《中国学前教育史资料选》《学前儿童发展与教育科学研究方法》《学前儿童语言教育》《学前儿童音乐教育》《学前儿童美术教育》《幼儿科学教育》《学前儿童数学教育》《儿童营养学》等教材，填补了高师学前教育专业课教材的空白。在硕士和博士学位点的建设方面，设有学前教育基本理论、学前教育课程论、学前审美教育、学前科学教育、学前语言教育、学前道德启蒙、幼儿社会性发展、学前健康教育等专业方向。在科学研究方面：20 世纪 80 年代初，率先进行幼儿园综合教育的研究，由此拉开全国幼儿园课程改革的序幕；承担了全国教育科学“七五”规划重点项目“农村幼儿教育研究”,“八五”规划重点项目“学前儿童艺术综合教育”、“幼儿道德启蒙教育”,“九五”规划重点项目“我国幼儿园课程体系的研究”、“学前儿童审美教育”、“幼儿园师幼互动的研究”等。此外，本专业教师还在健康、语言、社会、科学、数学、音乐、美术、游戏等教育研究领域自主开展研究。所有研究不但为本学科的发展奠定了坚实的基础，也在全国产生了较好的影响。出版了《农村学前一年综合教育课程设计》《学前儿童艺术综合教育》《幼儿道德启蒙的理论与实践》《师幼互动行为研究》《幼儿审美教育学》《儿童教育新论》《儿童精神哲学》《幼儿园课程指导丛书》《幼儿园课程实施指导丛书》《幼儿园课程研究论文集萃》《托儿综合教育课程》等书。近年来，还重视与国内外同行的合作研究，多次举办国际、国内学术研讨会，在刊物上开展学术思想争鸣。总之，南京师范大学学前教育学人的研究覆盖了学前儿童的生理与心理、正常儿童与特殊儿童、托儿所与幼儿园、教学与游戏、分科教学与综合教学、城市与农村、正规与非正规保教形式，涉及幼儿教育系统工程的方方面面。她们的研究成果不仅有利于自身教育质量的提高、师资队伍的专业成长，也促进了全国幼教界教育改革的步伐，为建设有中国特色的幼教事业作出了重要贡献。

这次出版的《学前教育家文库》共 11 卷，包括：陶行知、陈鹤琴、方观容、黄人颂、赵寄石、汪爱丽、卢乐珍、屠美如、王志明、张慧和、唐淑 11 位教授、专家的个人专卷。用以彰显他们的开拓创新和求真务实精神，供人们分享他们的丰硕成果，以期薪火传承，发扬光大！在这里我深深祝愿本文库的出版将促进我国学前教育学术更加繁荣、事业更加兴旺！

鲁 洁

2005 年 10 月

作者的话

《学前教育家文库》(王志明文集)出版了。这是我终身从事幼教事业的缩影,是我在漫长幼教道路上的步步足迹。它记载着我学习的收获、直觉的经验、理性的思考,教学和探索、科研的成果。它还凝聚着敬爱的老师们的心血,和我的合作伙伴们的无穷智慧和无私帮助。更体现了党和国家、各级领导对我的关爱和悉心培养。

文集的上篇是关于"学前教育学"的某些研究。在改革开放的年代里,万事俱兴。幼教界热情高涨,学习西方理论,进行幼教改革。为了"学前教育学"的理论建设和教学质量的提高,我对某些问题进行了研究。

1. 有关"儿童观的研究"。儿童观是教育工作者的基本问题。它是否科学和正确,直接影响着教育者对儿童的本质、发展、儿童期的价值的看法以及教育观念、教育态度和教育方法等等。为此,我查阅资料,结合幼教实际,做了研究,写下了《关于儿童观的研究》的论文,意在有助于成人树立正确的儿童观,使儿童有个快乐的童年,身心得到健康的成长。

2. 观察力是幼儿智力发展的重要因素。观察是幼儿认识世界必备的技能,无论是儿童还是成人都不可少,而观察的早期培养,尤为重要。我从幼儿观察的调查研究入手,写了《观察教学在幼儿智力发展中的作用》一文，它不仅丰富、活跃了“学前教育学”的教学，还对幼教工作者有所启示，更使我的科学研究工作有了良好的开端。

3. 幼儿具有创造潜能。成人为幼儿创造潜能的显示、发挥提供空间、时间和物质条件，以及鼓励、引导幼儿创造力的发展是至关重要的。而我们的社会、国家，需要创造型的人才，对学前儿童创造力的培养，将对新一代人才成长有着直接影响。几篇有关“幼儿创造教育”的文章，希对幼教工作者和家长有所启发。

中篇是文集的重点部分。它是以“自然常识教育”的改革和“幼儿科学教育”的学科建设为中心，所写的研究报告、论文和书稿，反映了学科建设和个人学术思想发展的过程。

再印的《幼儿科学教育》(高师教学参考书)，继承了祖国的教育、文化，借鉴了东、西方有益的理论和经验，是在“幼儿自然常识教育”改革的基础上，建立的“幼儿科学教育”学科的初步理论框架。而后续的《幼儿园科学教育的正规性科学活动探索研究绪论》，则是为转变教师指导幼儿科学教育的观念和行为，使幼儿真正成为学科学的主体、科学活动的主动探索者所做的研究；《“低幼儿童科学教育衔接研究”的启示》则为告知读者，不仅要重视儿童科学教育的阶段性，还必须重视其连续性。《幼儿园 STS 教育的探索研究》即幼儿科学、技术与社会教育的研究，以使幼儿科学、技术与社会的教育紧密结合，为他们成为热爱科学、技术，善待自然、生灵，善待人类和社会，和谐发展的新一代奠定良好基础。

还有的研究报告、论文——它们从不同角度充实“幼儿科学教育”学科的内涵，以使“学科”得到不断的发展。

下篇是本文集的结尾，它表达了我在美国考察期间，参观幼儿园、博物馆等等的感受；对幼教先辈们的怀念；以及对几十年来共事的老师和广大合作伙伴的感激之情。

几十年来，我在事业上的成长历程，走的是理论与实践紧密联系，教学与科研相互促进之路。它使我较好地完成了高师的教学任务，并在学术上有所长进，初步建立了“幼儿科学教育”的学科体系，以报效党和学校各级领导对我的关爱和不断的培养。

王志明

2006.2.16

上篇

学前教育基本理论

观察教学在幼儿智力发展中的作用

幼儿处于智力迅速发展的时期，在这一时期怎样对他们进行智育，使之获得一定的知识，发展他们的认识能力，为今后学习科学文化打下基础，这是大家关心的一个问题，也是幼儿教育工作中一个值得认真研究的课题。

感知是人们认识世界的开始。任何知识都来源于人的肉体感官对客观外界的感觉。观察——有目的有计划地对外界事物的感知，对于认识的发展更为重要，它不仅可以使人们获得丰富的感性知识，同时也可以使记忆、想像、思维、语言、注意、情感、意志等心理品质得到发展。

幼儿年龄小，生活经验和知识都很贫乏，语言、思维等其他心理品质发展得还很不健全，因此，对幼儿教育的智育方面，我们认为，重要的不在于让他们认识许多字、会做多难多深的算术题，而在于通过一定的学习活动，让他们获得大量感性经验，激发他们的求知欲和学习兴趣，以及善于学习的能力。对于这一点，我们过去在理论上是认识不够的，因而在实际工作中往往不知所措。

1978 年，我们就这个问题，在南京市代代红幼儿园进行了一些实验。我们以该园大班为试点，根据幼儿的认识发展水平，结合该园的实际条件和季节特点，安排了一系列观察教学活动，探索观察教学在幼儿智力发展中的作用，以及如何指导幼儿的观察活动等问题。

第一，幼儿的观察活动与智力发展

在幼儿园的教学中，有计划有目的地组织幼儿对外界事物进行观察，这对于发展幼儿的智力，有着极其重大的意义。

(一) 观察活动对发展幼儿的观察力，掌握观察事物的方法的巨大作用

学期初，我们让 18 个幼儿对茄子和辣椒进行比较观察，以了解他们的实际水平。我们发现：(1) 他们没有观察的兴趣，不会根据教师的要求进行观察。如教师问："茄子的叶子是什么样子？"有的根本不看茄子，两眼瞧着别处，信口回答："是绿的。"(2) 注意力不集中，要他们看一样东西，有的看不到一分钟就不想看了。(3) 不会观察。他们站着队，就不会蹲下去看，也不会从各个方面观察对象，更不懂得运用手、鼻、耳等其他感官去感知客观事物。(4) 观察不全面，不细致。如他们看了叶子不看花，看了果实不看叶子，更没有看到不明显的茎。

经过一个学期有目的、有计划的观察教学活动，我们又对全班幼儿进行测验，我们发现幼儿感知客观事物的方法和能力都有比较显著的进步。我们让全班 38 名幼儿逐个地观察比较蜡梅、天竹两个盆景：

(1) 他们都能按照教师的要求，主动地去观察比较两个盆景的外形特征。有不少幼儿在明确观察任务后，首先去嗅蜡梅花，再去嗅天竹的果子和叶子；有的先看蜡梅再看天竹；有的用手摸天竹的叶子、果子和蜡梅的花瓣；有的边看边自言自语"天竹茎是红的"，于是很快地转过去看蜡梅的茎；有的细细地看蜡梅的花蕊和天竹的叶子；还有的会蹲下来看，围着盆景转来转去看。因此，两个盆景的外形特征，连天竹果小小的裂口、不同的成熟程度的颜色，都被他们观察到了。

(2) 观察时的注意力比较集中，能持续 6～10 分钟左右。

(3) 绝大多数幼儿(31 人)都会运用视觉、触觉和嗅觉。

(4) 有 28 个幼儿观察得比较全面，并能用语言说出两个盆景的茎、叶、花、果等外形特征。有 33 个幼儿能从不同的侧面反映对象的细节。如他们对天竹的叶子的描述是："正面是红的，反面是绿的""正面滑，反面粗""有的叶子中间绿，旁边红；有的红里带点绿，绿里带点黄"。又说："天竹的茎是笔直的，比较细；红颜色的蜡梅茎粗、弯弯的，有点白有点黑。"……有个孩子刚来时可以说是对任何东西都视而不

见、听而不闻，经过观察训练，培养了观察兴趣，学会了细致观察的方法，经常活跃在园地里，注意力也集中了，他指着海棠花说："老师，第一朵海棠花开是我发现的""你看，这是才开的海棠花，这朵还没开好，这还是花苞"……

以上情况说明，幼儿不是天生就会观察的，观察能力不是自然而然地发展的，即使五六岁的大班孩子也是如此。只有在一系列有目的、有组织的观察活动中，才逐步学会观察，他们的观察能力才能不断提高。

（二）观察活动有效地促进幼儿思维的发展

学期初，我们发现这班幼儿在观察过程中，往往只会对客观事物进行孤立的直接的描述，不会对两个事物进行分析、比较，也不能用语言表达出它们的异同点。在一学期的观察活动中，由于经常要求幼儿对客观事物进行比较、分析和综合，从而使幼儿学会了比较的方法，提高了分析综合能力。他们除了对当前的观察对象的外形、特征进行比较、分析外，有的幼儿还能联系已有的经验，将过去和眼前观察到的事物进行比较分析。如有的幼儿在观察天竹和蜡梅的盆景时除了说"天竹有叶子，蜡梅现在没有叶子，没看到天竹花和花苞，蜡梅开花有花苞"等等，还提出了"天竹叶子和平时看到的别的叶子不一样"。有的幼儿还能对同一事物的过去和现在进行比较，如当幼儿在春天观察树木时说："冬天树干是黑乌乌的，现在变绿了。"等等。

这些现象虽然发生在少数幼儿身上，但可以看到，由于经常地观察，幼儿在提高感知能力的同时，提高了比较分析的能力。

幼儿思维的发展还表现在其他方面。如上学期，我们曾以两种不同的教学方法教给幼儿两个不同的概念："种子"的概念，是在组织幼儿一系列的观察活动后，通过总结性谈话，帮助幼儿抽象概括出"种子"的概念；另一个是没有进行观察活动，而是上一节课，通过看幻灯，帮助幼儿得出"家畜"的概念。两节课上，幼儿对两个概念的反应都比较好。但在学期结束时，对 35 个幼儿掌握这两个概念的情况进行逐个调查时，情况就不同了。能将"谷子、棉籽、花籽、花生米、芝麻"概括起来说“这些都是种子”，并确切地说出“种子”概念的含义的有33人，占总数的94%。如许多幼儿都能告诉我们：“种子种下去会长出许多新东西来，花生种下去会长许多花生”“种子种下去会生根发芽、长茎长叶、开花结果实、长种子”。有33个幼儿（占总数的94%），还会说出1～5样其他种子，并能积极主动生动地告诉我们某样种子长在什么地方、什么形状，等等。如有的幼儿说：“丝瓜的种子长在丝瓜瓤里，是扁的”“葵花的种子长在葵花盘里”“槐树的种子长在槐树荚里像毛豆一样”“菠菜的种子像小冬菱，三角形的”“太阳花的种子圆圆、黑黑、小小的”……

能将“牛、羊、狗、马、猪”等概括起来说都是“家畜”的有31人，占总数的88%，能确切地说出“家畜”含义的只有4人，占总数的11%；能说出其他1～2种家畜的有11人，占总数的33%。

35名幼儿掌握两个概念的不同情况，说明观察活动帮助幼儿积累了许多感性经验，在大脑中贮藏了不少有关的表象，初步了解了事物的变化过程和内在联系。在此基础上通过幼儿自己的思维活动、回忆、分析、综合，教师又以“种子”这个词，帮助幼儿形成“种子”的概念。因此，幼儿对此概念理解确切，知识内容比较丰富，联想较广，容易记忆，并能灵活运用“种子”的概念。而“家畜”这一概念，由于没有足够的感性经验做基础，仅是由老师通过语言来解释，幼儿当时似乎也明白了，但实际上并没有掌握这个概念。

这说明了观察有利于幼儿抽象概括能力的发展，有利于幼儿从具体形象思维向抽象思维过渡。

（三）观察活动促进了幼儿语言的发展

学期初，大部分幼儿语言表达的积极性不高，词汇贫乏，语言不够生动。通过经常观察丰富多彩生动形象的客观事物，引起了幼儿语言表达的积极性，大量的感性经验为幼儿扩大词汇量、掌握语句提供了物质材料。例如，幼儿在观察活动中逐渐学习了相应的词汇，如根、茎、叶、花苞、果实、种子、透明、光滑、枯黄、绿油油，等等，并能以生动、确切的语句描述所见的事物。如有的幼儿说：“稻子的种子长在细细的茎上，一粒粒粘在细细的茎上”“霜又像糖又像盐，白白的，太阳光照着亮晶晶的，一闪一闪的”。有的幼儿还会以生动的语言表达自己的感情：“天竹、蜡梅我都喜欢。因为天竹很漂亮，它的叶子和别的树叶不一样，有的树叶一到夏天就绿了，一到秋天就黄了，天竹的叶子红里有点绿，绿得有点黄，看起来好像一片树林开了花。蜡梅花很香，不是一排排的，好像孔雀开屏，树枝有的笔直、有的弯弯的，有的长、有的短，花开了香香的，人很快活。”有的幼儿还能正确地运用因果连接词和其他连接词。不少幼儿会说：“这些都是种子，因为它们种下去，会长出许多种子”“春天到了，有的树发芽，有的树没有发芽”，等等。

以上事实说明，观察在为幼儿提供大量的感性经验的同时，促使幼儿学习相应的词和句，它是幼儿语言发展的重要条件。

（四）观察活动能激发幼儿的求知欲，培养幼儿对自然的兴趣和积极主动好学的态度

学期初，大部分幼儿的求知欲是不够强的，表现在不会发现问题、提出问题。由于不断的观察为幼儿积累了不少感性经验和知识，发展了观察力和思维能力，使幼儿较敏锐地观察到周围的现象及其变化，有可能运用已有的知识经验，进行分析综合，产生联想，促使幼儿要求进一步了解事物之间的联系，从而产生了求知欲和好问好学的态度。在一次拾落叶活动后的几分钟时间内，他们提出了20个左右的问题。有的幼儿对拾到的落叶进行仔细观察、分析综合，提出了“为什么有的叶子是三角形，有的叶子像扇子”“为什么各种叶子不一样”等问题。有的幼儿能以当时观察到的落叶现象，联想到过去所见树木的景象和气候的变化，经过分析概括，提出了“为什么有的叶子变老了是红的”“为什么有的树叶怕冷，有的不怕冷”“有的树叶热天不掉现在掉”等问题。

幼儿的智能还表现在他们能自己提出问题、分析解决问题的能力上。在一个冬天的早晨，观察树木时，一个幼儿突然提出了“为什么槐树上长了梧桐树的叶子”经过仔细的观察、分析，一会儿有个幼儿就说：“这几片叶子不是槐树长出来的，是旁边梧桐树的叶子吹过来的，

掉在上面的。”幼儿就运用了自己已有的知识经验，和发展着的观察力、思维能力，顺利地正确地解决了自己提出的问题。不仅如此，幼儿还初步形成了主动学习、获取知识的能力。当教师要求幼儿做“结冰”小实验时，大部分幼儿都积极地在家里做了这个实验。他们在晚上用杯子、瓶子、小盆等不同容器，盛上水放在室外。第二天观察结冰现象，然后又把杯子等拿回室内，他们用手摸、敲，用眼看，积极地感知冰的一切，有的把冰放在炉边，有的放在手里，有的用热水浇，等等，观察冰的融化现象，他们说：“冰是冷的、滑的、透明的，像镜子一样能照出人的”，“很冷很冷水才会结冰，热了冰就化了”……幼儿通过自己的实验，初步了解了冰的特征及变化的条件，如果教师再给予概括、总结，幼儿将会获得较正确的巩固的有关“水”“冰”以及它们和气温变化的关系等新知识。

由此可见，观察活动对增强幼儿的求知欲，培养学习能力，起着有力的促进作用。

第二，幼儿观察活动的指导

观察活动在幼儿智力发展中起着巨大的作用，而观察所以能起这样的作用，关键在于教师的正确指导。

首先，教师要因地制宜地利用幼儿园的条件或自然角，为幼儿创造一个丰富多彩的自然环境，提供生动有趣的观察条件，有目的有计划地组织幼儿的观察活动。

其次，教师要经常利用自然界千变万化的特点，随时引导幼儿注意周围事物的变化。如冬天第一次发现霜冻现象时，教师就问：“你们看，今天草地上、菜园里、房屋上和平常有什么不一样？”这样的问题立即会引起幼儿的注意和观察的兴趣。有的幼儿就会边看边说：“这是冰。”有的说：“这是雪。”有的说：“下雪了，草地上都是白的。”……观察霜的活动就这样开始了。教师经常引导幼儿观察，逐渐培养了幼儿对周围事物的关心，注意观察各种自然现象的变化。此外，教师还要引起幼儿再观察的愿望。如幼儿观察花生的茎、叶、花后，产生了花生果实长在哪里的疑问，教师没有立即告诉他们答案，而为幼儿再观察留下有趣的启发题:“你们去找花生果实结在哪里。”从而使幼儿观察的兴趣持续下去。

第三,在观察过程中,不能只满足于使幼儿获得知识,而要有意识地发展幼儿智力,有步骤地教会幼儿观察、运用各种感官以及比较、分析、综合的方法。要教会幼儿有顺序地全面地观察事物的外形特征,仔细地观察事物的变化和细节;教会幼儿有目的地运用视觉、听觉、触觉、嗅觉等,以培养幼儿的感知能力;教会幼儿分析观察对象的不同点,综合相同处,等等。如教师带领幼儿观察认识槐树、梧桐树后,利用园地的自然条件,安排一个找槐树的游戏,让幼儿在活泼愉快的情绪中,学会灵活地、四面八方观察寻找的方法,既训练了幼儿的观察力,又巩固了幼儿对槐树的认识。

第四,教师要把观察和活动结合,如把观察植物与种植劳动、收集种子、拾落叶等活动结合起来。要把集中观察和经常观察结合起来,重点观察和一般观察结合起来,集体观察和分组的、个别的观察结合起来,使幼儿在多种多样的活动中,观察兴趣得到保持,观察活动引向深入,能观察到事物的变化,获得比较全面的感性经验,观察力、思维能力等都得到较多的锻炼机会。

第五,教师要以恰当的语言指导幼儿观察,在观察前教师用语言使幼儿明确观察的任务,启发幼儿感知客观事物、周围现象。观察过程中,教师通过语言教会幼儿用语言表达观察到的现象,引起幼儿的注意,把幼儿的观察引向深入。观察结束时,教师以语言帮助幼儿把所得的经验和认识予以整理、综合、提高。总之,教师只是以语言指导幼儿观察,而不要用语言来代替幼儿自己的观察。

观察教学既是扩大幼儿眼界、丰富知识的有效方法,又能发展幼儿的智力、语言表达能力,激发幼儿的求知欲,培养幼儿的学习能力。而当幼儿开始具有学习能力时,将给幼儿主动地积极地感知周围世界、获取知识,带来极大的可能。

实现四个现代化,需要各方面的人才,无论是科学研究工作者,还是操纵自动化机械的工人、农民,都需要有主动、积极的学习精神,敏锐的、细致的、持久的观察力，科学的逻辑思维能力。而这些能力的发展，需要长期的教育、训练培养。因此，我们建议自幼儿入园起，即根据幼儿发展水平，幼儿园的实际条件，有目的有计划地组织幼儿广泛进行观察活动，可以观察植物、动物、气象等等自然现象，也可以观察周围人们的生活和劳动，通过这些生动有趣、适合幼儿认识特点的活动，发展幼儿智力，培养学习能力。

1979 年 12 月

影响孩子创造力发展的几种因素

幼儿的创造力能否在幼儿园得到充分的发展，受教师的教育思想和教育态度、教育手段、教学方法、教育环境和设备配置等诸多因素的影响。本文试就这个问题谈一些看法。

一、教师心目中的“好孩子”

我们在对幼儿观察和测查中，常常发现这样的现象：一般富有创造力的孩子，往往活泼好动，好奇心强，对周围事物有探索的兴趣，有时显露出独特的思想或表现出意想不到的行为，还不时地犯些“小错误”，搞些“小破坏”，他们容易触犯教师所规定的某些“清规戒律”。正因为如此，他们处于萌芽状态的创造性很少得到教师的鼓励和扶植。而那些“文静”“听话”，思维不活跃，在任何活动中都处于消极状态，不妨碍教师工作的孩子，则是教师心目中的“好孩子”，并受到表扬。这是影响幼儿创造力发展的因素之一。

我曾经历过这样一件事：某幼儿园常识课观察金鱼，大部分孩子为观察到鱼缸里的金鱼，随机地改变了坐姿，有的兴奋地描述着金鱼的美丽多姿，有的以自己的身体动作模仿金鱼的游动，孩子们表现出极大的主动性、积极性、应变性，理应得到教师的鼓励。然而在观察课结束时，却是一个在整个观察过程中，处于消极被动状态，坐着不声、不响、不动、不主动观察的小女孩得到了第一个到户外游戏的奖赏。教师的表扬使这些孩子的循规蹈矩的行为方式、刻板的思维方法，得到了强化而不能及时纠正。天长日久，原来好思索、有创造性的孩子，也会按教师喜爱的模式塑造自己，努力成为被教师赞扬的“好孩子”。

因此，要培养幼儿的创造力，在教师心目中必须重新确定“好孩子”的标准。

二、教师使用的权威

教师正确使用权威，以取得良好的教育效果，很有必要。但是滥用教师的权威，是影响幼儿创造力发展的因素之二。

根据我们平时的观察，有些教师惯于发号施令，没有商量的余地，孩子只能做这，不能做那，只能这样做，不能那样做。在幼儿园里，孩子的自主权被剥夺，独立性、主动性受到限制。长期下去孩子只会按教师的指示办事，不愿独立思考，成为拨一拨动一动的“算盘珠”。这样的孩子能有所发现和创新吗？

我们主张教师应经常以平等的态度、民主的方法，多以商量的口吻、讨论式的问题来组织指导孩子的活动。如：“我们现在该做什么啦”“××，你想玩什么，怎样玩”“我们怎样来布置节日的活动室”“××小朋友没有来幼儿园，你们想想什么原因。我们该怎么做呢”等等。这样可促使孩子的思维处于活跃状态，有发展的机会，孩子也才有探索、创新的可能。

教师不恰当地使用权威，还表现在过多地干预孩子富有创造性的活动。孩子在创造过程中，因教师的强行干预不知所措，甚至创造情绪低落。我曾发现一个孩子在游戏时间里自由剪贴，他在太阳旁贴上一只猴子，教师不问青红皂白地指责孩子：“你乱七八糟地贴了些什么？”孩子只得勉强地边撕下猴子，边自言自语：“猴子可以捞月亮，为什么不能捞太阳？”原来孩子将他过去的知识经验，进行重新组合，形成新颖的构思。这样的行动，应该得到鼓励，然而却遭到了指责。

又见一个小班的孩子，颇有兴趣地玩着一块长方形的积木，边玩边说，竖起来“像座高楼”，把它横过来“像辆汽车、小船”，又竖起来“像一个人在走路”，正当他的思维向不同角度发展，想像自由驰骋时，教师走来说：“这怎么能像人走路？”教师粗暴的干预，中断了孩子的活动，他只能呆呆地望着老师，不知所措。

教师主观地、习惯性地干预孩子活动的例子在幼儿园是屡见不鲜的，它明显地影响了孩子们创造性的发展。

在指导孩子活动的过程中，哪些是教师必要的指导，哪些是教师不必要的干预呢？我们认为开始时教师应该适当地保持沉默和等待，先观察了解孩子在想什么，为什么这样做，然后作出怎样指导的决定，就可避免主观、武断的干预。教师还要恰当地评价孩子的创造产品，珍惜孩子的创造成果，支持孩子的创造活动。这样的指导才有利于孩子创造力的发展。

三、教师运用的教育手段

幼儿园所开设的六门课程也是发展幼儿创造力的一种教育手段。不过，能否成为培养创造力的手段，关键在于教师。过去有的传统的陈腐落后的模式化教学方法也是影响幼儿创造力发展的因素之一。

教师在各科教学中应让孩子有机会自编故事，有机会用自己的语言描述所见的事和物，表达自己的思想和感情；允许孩子使用绘画、泥工等画出或塑造构思独特新颖的艺术产品；鼓励孩子以自己的身体运动、歌声舞姿表达感兴趣的、喜爱的形象；给孩子充分的时间去探索设计奇妙的周围世界，尽可能地让孩子动手操作。

总之，教师要放权，给予孩子应有的主动权、自由权；教师要放心，相信孩子能自我实现和表达自己的创造才能。当然，我们所指的放权、放心，不等于放任自流，放弃指导，而是对教师提出了更高的要求，形成更巧妙的指导艺术。

四、教师创设的环境和条件

培养创造型的人才，需要良好的环境。这个环境包括物质的和精神的两方面。

物质环境为孩子们表达新颖、独特的思想，制成创造产品提供必不可少的条件。诸如绘画用的纸、颜料与画笔，塑造用的黏土，剪贴用的彩纸，以及各种可以拼拆的玩具，还有那些半成品和未经加工的原材料等等。

环境气氛是促使幼儿产生创造动机、感情、想像的重要因素。其中教师的期望尤为重要。教师对孩子创造的期望如能渗透于整个环境，随着时间的推移，孩子们将会逐渐体验到创造的气氛，产生创造的愿望和创造的动力。这种精神因素是任何物质所不能替代的，但也是教师们容易忽视的。此外，为孩子创设一个安全的、轻松的、愉快的，没有压迫感、紧张感、惧怕感的环境，也是发展幼儿创造力不可缺少的情感因素。

影响孩子创造力发展的因素是错综复杂的，这里所提的几点肤浅看法，供幼儿园的教师参考。

1986 年 2 月

家庭中的幼儿创造教育

随着现代科学技术的迅猛发展，新的技术革命的到来，经济发达国家早就意识到要适应国际上政治、经济、军事、科学技术的竞争，关键在于培养大批创造型人才，创造发明大量的科技成果，以取得经济和科学技术竞争中的领先地位。

我国当前正处于新的历史时期，国际上面临第四次产业革命的挑战，国内要改变贫穷落后的面貌，建立一个高度文明、高度民主的社会主义强国，这就要求年轻的一代，不仅要有理想、有道德、有文化、有纪律，热爱社会主义祖国和社会主义事业，具有为国家富强和人民富强而艰苦奋斗的献身精神，而且需要有不断追求新知、实事求是、勇于创造的科学精神。

因此，进行创造教育、培养创造型开拓型人才，是适应世界新的技术革命的需要，也是实现四个现代化的需要。培养新一代的创造力，已成为大家关注的问题，也是广大家长感兴趣的问题。

年幼的儿童处于创造力的萌芽阶段，在他们的各项活动中，包括绘画、塑造、音乐、舞蹈、科学小实验、游戏等等，都表现了他们的创造力。如有的孩子拿起一根冰棒棍可为娃娃打针；一团黏土，可以塑造出小白兔、雪人、火车……有的可以把许多积木搭成一个玄武湖；有的孩子看见一个“～”这样的符号，就能想像出波浪、河水、绳子、蚯蚓、枕头套的边、蝌蚪的尾巴、鞭子等。从这些例子，我们可以看出幼儿都有创造力。但他们的创造力，如果得不到成人的承认或鼓励，就会受到抑制。相反，如果家长注意培养幼儿的创造力，那么幼儿的创造才能将会得到发展。

那么，作为家长又应怎样培养幼儿的创造力呢？

首先，要弄清楚几个问题：

1. 什么是创造力？

关于什么是创造力，有两种不同的观点。一是认为创造力是提供历史上前所未有的、具有社会意义的产物的活动，一个人只有当他做出有社会价值的独特成就时，才称得上具有创造力。因此，创造力只有少数人才有，这是一种狭义的创造力观点。

另一种则认为创造力是每个健康的人都具有的一种普遍的心理能力，它有一个从低水平到高水平发展的连续过程，承认人们都以不同程度的创造水平思维着，他们之间只有程度的差异。这是一种广义的创造力观点。

作为家长或儿童教育工作者，显然要从广义的观点出发，承认幼儿有创造力，从而发展幼儿的创造力，为培养创造型人才奠定基础。

2. 什么是创造性思维？

创造性思维包括发散性思维和集中性思维两个方面。

发散性思维是指不依常规，寻求变异，有多种答案的一种思维形式。它要求发挥人的想像力，突破原有知识范围和心理定势，重组眼前的和记忆系统中的信息，发现新的因素和成分。例如：问孩子纸有什么用，他回答纸可以画图、折纸、写字、做信封……还可以做抹布等多种答案，这就是发散性思维。它具有流畅性、变通性、独特性、精细性等特征。发散性思维是创造力的主要因素。

作为创造性思维的另一种形式——集中性思维不同于一般的、得出一个正确答案的思维方式，它是在大量创造性设想的基础上进行综合、分析，再作出合理判断的思维方法。它有一个大前提，即掌握大量的创造性设想，而集中性思维的作用就是在大量创造性设想中挑选出最有价值的设想。

创造性思维的过程，实际上是不断扩散、集中的反复过程。扩散和集中互相促进，产生创造力的良好效果。

3. 创造力与智力、知识、个性有关系吗？

经过不少心理学家的研究，他们的结论是：创造力和智力之间不能画等号，高智商者不一定都有高创造力，高创造力需要具有中等水平的智力，一定水平的智力是创造力高速发展的必要条件。而智力太低会阻碍创造力的发展。

创造力与知识经验彼此联系，相互促进。知识经验是创造力发展的基本条件之一。丰富而又广泛的知识经验为信息的重新组合、转化提供物质基础，有利于思维的发散、创新设想的产生。而创造力强，又能从各个渠道去获取知识，增加知识经验的积累。但是，知识丰富者，由于思维不够灵活，不善于知识的转化、运用，则创造力就不可能很强。

根据心理学家的调查研究，一个人的个性特征在创造力的发展中也起着重要作用，具有创造性的人才，一般都具有独立性、自信心、自制力、恒心、热情、勤勉、勇于克服困难、精力充沛、有判断力、好奇心强烈、好探索等等非智力因素。

1. 创造良好的环境气氛，培养幼儿创造的愿望和创新的心理倾向。

良好的环境是幼儿产生创造动机的重要条件。成人可以从以下几方面着手：

① 使孩子体验到自己是一个独立的个体，而不是依附于成人的附属品。如果父母对孩子有那种“含在嘴里怕化了，抱在手里怕掉了”的心理状态，对孩子的一切处处小心谨慎，包办代替，任何小事不让孩子自己动手，各种活动要在父母的支配下才能进行，孩子就失去了独立活动、独立思考的机会。久而久之，孩子将会完全依赖父母，习惯听成人摆布，丧失了自主性、自信心，缺乏独立能力，更不会进行独立思考。这样的孩子，就很难有创新思想，也不可能开展创造活动。

随着孩子年龄的增长，动作和智力的发展，生活经验的积累，成人要相信孩子能够处理自己的生活琐事，放手让孩子做自己力所能及的事情，解决生活中所遇到的简单问题。例如，一个有教育经验的妈妈，当孩子的皮球滚到床下时，她没有急着帮他取出，而让孩子自己想办法。孩子先用手拿，后用脚够都不能拿到，妈妈仍然没有直接去拿，而是在孩子身旁放上一根棍子，孩子得到启发，用它把球捅了出来。这看来是件小事，但孩子从中体验到自己开动脑筋，想办法解决问题，获得成功的乐趣，并增强了自信心。长期在这种环境里，孩子体会到自己是个独立的个体，有助于培养孩子的独立性、自主性，也有利于孩子思维的活跃，创造愿望的产生，创造活动的进行。

② 使孩子感到安全、轻松自如，没有害怕感、紧张感，没有任何精神压力。让孩子生活在和睦融洽、气氛和谐的环境中，孩子感到生活愉快，精神轻松。这有利于创造愿望的产生、创造力的发挥。

反之，如果成人对孩子经常谴责、训斥，父母间不断争吵、打架，孩子的精神会处于压抑、紧张、害怕、手足无措的状态。如有的孩子见到父母打架、吵闹时的心情是这样反映的："爸爸妈妈吵架，我就一个人轻轻地睡觉""爸爸妈妈打架，我就跑到隔壁人家去""他们打架，妈妈哭，我也哭"……从这里可以看出，在这种环境中，孩子的心理是害怕、紧张、躲避、悲伤……孩子们的幼小心灵，很难承受这种精神上的压力。经常处于压抑状态下的孩子，处处需要自卫、需要安全，就不易产生创新的思想，进行创造活动。

③ 使孩子感到成人期望他去创造。年幼的孩子对成人对他的语言、表情、举止行为是敏感的。当他们发现，自己对周围世界表现出的好奇、好探索的行动和精心制作的创造产品，得不到成人的鼓励和承认，而规规矩矩、顺从听话，能得到成人的赞赏，在这种环境里，孩子们为博得成人的欢心，他们的好奇、好探索、爱创造的心理就会日益减弱，而为顺从、听话所取代。

因此，成人应该把对孩子的创造期望渗透于生活中，逐步培养孩子的创新的心理倾向。父母对孩子创造的期望不是随意说一下，而是表现于对孩子创造力的态度，对孩子创新要求的支持和鼓励，对孩子表达创新思想的行动和产品给予承认、赞扬和珍惜。当孩子自编一个故事，制成了一个玩具或画了一幅画，跳了一个自编的舞蹈，父母表示欢迎、赞扬，孩子将会感到成人是欢迎我这样做的，这种积极的强化，将使孩子产生再次创造的愿望。

反之,成人对孩子的创造活动、产品采取冷漠、阻止、干扰,甚至讥笑的态度,会抑制孩子的创造愿望,影响创造力的发展。例如三岁多的××,一会儿以一根松树枝作运动员的领队牌,边哼进行曲边踏步,一会儿又拿松枝扫地,正在一物多用,从各个角度思考问题,以各种行动表达他的创新思想时,年老的奶奶走来,一声吆喝:“别把衣服弄脏,快扔掉。”奶奶的一句话,孩子的创造活动立即遭到了阻止,而其后果,是使孩子感到不能“越规”。又如一个五岁左右的孩子画了一个机器人,高兴地给爸爸看,可父亲不以为然地说:“像什么机器人。”以成人的眼光轻易地对待孩子的创造产品,挫伤了孩子创造的积极性,这就很难培养孩子的创新的心理倾向。

2. 丰富幼儿的知识经验,发展他们的智力。

丰富的知识经验和一定水平的智力是创造力发展的基本条件。家长可以通过各种活动,丰富孩子的生活,使他们与周围世界接触,与成人或小伙伴交往,以开拓他们的眼界,丰富他们的知识经验,为创造力的发展提供信息资源。例如:在节假日带孩子去公园散步,引导他们观察丰富多彩的大自然,观赏五光十色的树木花卉,看看多种姿态和不同活动方式的动物,也可以带孩子去参观商店,接触社会,看看老爷爷、老奶奶、叔叔阿姨们不同的服装,观察成人怎样购买物品,营业员怎样为顾客服务等等。即使是平时在接送孩子的路上,同样也可以启发孩子关心周围世界,获取多种信息。

做父母的还可以为孩子购买适合他们阅读的图书,让他们观看有益的电视节目或电影等等。

从多种渠道、各个方面丰富孩子们的日常生活,积累经验,为知识贫乏的孩子们提供创造力发展的物质基础。

家长还要帮助孩子学会使用各种感官,即用眼去观看周围事物,用耳朵倾听各种声音,用鼻子嗅各种物体散发的不同气味,用舌品尝各种滋味,用手触摸各种物体的质地,这样,孩子能从各个感官获取不同的信息,从而较完整地去认识某一物体的属性,对于开始认识物体的孩子是很重要的。例如一个三岁左右的孩子,见到一只苹果,他只看见苹果的颜色，而不去看它的形状，更不会用语言去表达他触摸到的苹果的光滑和硬的感觉，父母应适当地启发孩子。又如在吃饭前，就可以让孩子猜猜今天吃什么菜，要求孩子用嗅觉去分别各种食物散发的气味；进餐时，与孩子谈谈什么菜好吃，你最喜欢什么味儿。平时拿到某样物体时，询问一下他们有什么感觉。父母如能时时事事处处做有心人，孩子的感觉能力将会迅速得到发展，就能主动获取周围世界的信息，自己去认识周围事物的属性，认识物质世界。

家长还要帮助孩子发展交往能力，使孩子在与人交往过程中得到信息，这对独生子女尤为重要。

此外，还要培养他们的观察力、想像力、思维能力、记忆力等等，为孩子创造力的发展创造必要的条件。

3. 结合各种活动，发展孩子的发散性思维能力。

发散性思维是发展创造力的核心，家长可在幼儿的生活中，适当的场合下，发展孩子的发散性思维。如在夏季乘凉时，看到天空中圆圆的月亮，除了引导孩子观赏月亮外，可提问：“××，你想想还有什么东西也是圆的？”当孩子喝水时，问：“水有什么用处啊？”当孩子因人矮小而不能拿到高处的玩具时，成人不要急于拿给他，可让孩子自己想办法去拿，而仅在必要时给予帮助。这样，有助于活跃他们的思维，从多方面思考问题的答案和解决问题。

父母还可以和孩子讲故事，成人先讲一个开头，让孩子讲各种结尾，他们不仅感到有趣，而且思维也能得到发展。

在训练孩子的发散性思维时，同样不要忽视孩子集中性思维的培养。如当孩子爬到椅子上拿到高处的玩具时，还可以问“你想想除了这个办法，你还能用什么方法，什么方法最好”等等。这样既有思维的发散，又有思维的集中。当然，不要每件事都勉强要求孩子运用集中性思维。

此外，做父母的还要有意识培养孩子良好的个性品质，如独立性、自主性、自信心、自制力、坚持性、勇于克服困难等良好个性和好奇、好探索等心理品质，为创造型人才的培养奠定良好的个性品质的基础。

4. 为年幼儿童创造力的发挥提供必要的帮助。

幼儿的创造力是通过多种活动来实现的。因此，为孩子创造活动的开展给予各种材料和充分的时间，使孩子既有活动的物质基础，又有开展活动的时间保证，孩子的创造才能才有可能发挥。如为孩子准备一些作画的纸和笔、塑造用的泥团、建筑用的积木等等，还可帮助孩子收集游戏的材料，如成人作为废物的硬纸板、泡沫塑料、线团、石子、贝壳、小瓶等等，还可根据孩子的兴趣和爱好，给予所需的成品、半成品，使孩子有丰富的物质材料，进行创造活动。家长还要为孩子存放这些宝贝材料准备一只盒子，以便随时拿取、运用。

成人要避免不适当地要求孩子识字、写字、做算术、背口诀等等，把孩子大量的时间耗费在孩子智力水平达不到的、不愿做的活动中去。

此外，在孩子活动时，不要干扰、干预孩子的活动，以免影响孩子的创新思想，而要在他们专心活动时多观察、了解，给予必要的帮助，使孩子的创造活动可以顺利地开展，从而充分发挥他们的创造才能。

最后，在家庭中要对孩子进行创造教育，家长必须有正确的儿童观、教育观。即父母要承认孩子是人，不是玩物或动物。他们既有生理的物质的需要，又有精神的情感的需要，如果仅是满足于给孩子吃得好、穿得好，成人高兴时玩玩，情绪不佳时，把孩子当出气筒，又骂又打，这样，孩子情感上得不到满足，精神上受到压抑，很难产生创造动机，开展创造活动。如果父母对孩子适当地关爱，而不是溺爱、娇惯，尊重孩子的人格，以平等的态度对待，孩子精神舒畅，独立性得到培养，创造力才能得到发挥。

父母还要承认孩子是儿童而不是“小大人”，即孩子有他们的年龄特点，有他们认识事物、观察世界的方法，他们的创新思想、创造产品都与他们本身的发展水平紧密联系。父母只有站在孩子的角度来观察、了解他们的思想、要求和创造产品、创新的活动，才能发现孩子的创造才能，承认、爱护他们的创造成果；如果以成人的眼光来对待他们的创造活动，就难以理解和承认，甚至讥讽，这会极大地挫伤孩子创造的积极性。

父母还要懂得孩子是发展的人，他们随着年龄的增长，身心的发展，将有不同的表现与要求，家长除了满足其不同的需要外，还要扩大他们的交往范围，充实他们的生活内容，丰富他们的信息源，以及适当地增添材料，促使孩子创造活动的进一步展开，创造力将会得到更好的发展。

培养幼儿的创造力，为培养开拓型、创造型人才奠定基础，是一个新课题，也是一个重要的任务。愿教育工作者和家长们共同努力探讨和研究，使创造教育日趋完善！

1986 年 8 月

幼儿园的教学

第一节　幼儿园教学的一般概述

一、幼儿园教学的概念

随着历史的前进，社会政治、经济、文化的变化，教育、心理等学科的发展，以及近十余年来国外教育学和心理学理论的引进和我国教育、教学改革的实践，幼儿园教学的概念也在逐渐地起着变化。我们认为：我国幼儿园的教学，是教师和幼儿的共同活动。教师根据教育目标、教学大纲，有目的、有计划地指导幼儿的学习活动，以上课为基本模式的班级集体或小组的活动，日常生活中由教师参与和指导的分散的、个别的活动以及幼儿的自发的学习活动等，它们有机地结合，相互影响，促进幼儿的发展。

幼儿园的教学是幼儿全面发展的教育手段。通过教师指导下的上课活动和幼儿比较自由的自发学习活动，幼儿获得生活的、社会的、自然的、数学和艺术等方面的知识经验，形成简单的概念，学习人类交往的重要工具——口语，发展幼儿的智力，学习智力活动的方法，培养幼儿初步的学习兴趣和习惯。

通过具体形象的教材，生动活泼的教学形式和方法，使幼儿懂得正确与错误、是与非的具体观念，为幼儿学习、模仿提供正面的行为榜样，进而培养幼儿对周围的人和事的正确态度和积极情感。在教学中，幼儿积极、主动的智力活动，努力克服困难的过程，以及作业完成后的成功感，将有益于幼儿的意志品格的培养和独立性、主动性、创造性、自信心、自制力的发展。

在教学中有计划的体育活动，各种基本动作和技能的训练，以及日常生活中生活卫生知识和基本动作、技能的指导，可不断提高儿童的身体素质，增强体力，促进动作、技能的发展和卫生习惯的培养。

通过有计划的音乐、美工的艺术教育和个别的绘画、塑造、唱歌、舞蹈等活动，可发展儿童艺术的感受能力、审美能力和艺术兴趣。大自然中的教学活动和诗歌欣赏活动又为幼儿带来美的享受。

因此，幼儿园的教学是幼儿全面发展教育的手段，是游戏、劳动等活动所不能代替的一个方面，是幼儿园整个教育中不可缺少的一个组成部分。但它不是幼儿园的惟一活动，必须和游戏、劳动、日常生活等紧密联系、有机结合，共同实现全面发展的教育目标。

二、幼儿园教学的特点

幼儿园教学由于受幼儿身心发展条件的制约，有它自身的特点，现分述如下：

（一）幼儿是通过亲自的摆弄、操作、观看、触摸、倾听等感知客观事物，从不同角度认识事物的外部特征，发现事物的变化和关系，获取感性经验的。因此，让幼儿通过自己身体的活动，运用各种感官和肌肉运动，直接接触周围世界，在与环境、物体相互作用过程中去认识事物和现象，这是幼儿园教学的特点之一。

（二）幼儿通过与成人和同伴的相互交往、相互作用，通过游戏、观察、学习、模仿教师、同伴或周围熟悉的人们的语言、表情、声调、技能、举止行为，来学习易于理解、力所能及的语言、道德行为、习惯、技能等等。所以，给予幼儿相互交往的机会，向良好的榜样、正确的范例和示范进行学习，是幼儿园教学的又一特点。

（三）随着幼儿语言的发展（第二信号系统的发展），幼儿不仅可以直接感知认识事物，而且能通过语言的描述、讲解，来认识更多的不能直接感知的事物，还能接受成人的言语指示来调节行为，并且通过自己的言语来调节自己的行为。

但是幼儿的第二信号系统的概括性还很差，第一信号系统仍占优势，思维有很大的具体性，如果单纯以言语强化方式建立新的暂时神经联系比较困难，只有在两种信号系统协同活动下，暂时神经联系效果才会大大提高。由此可知，幼儿期可通过语言进行学习，但语言必须和具体事物结合。运用口头语言，不用抽象的文字符号，是幼儿园教学的又一特点。

（四）幼儿好奇心强，容易被外界的新异刺激引起探究的兴趣，但幼儿兴趣不持久。因此，幼儿园有目的、有计划的上课教学必须激发幼儿的好奇心和兴趣，引发幼儿学习的内部动机，使幼儿主动学习，同时鼓励幼儿的好奇心，支持和参与幼儿在日常生活中产生的自发探究学习活动，这也是幼儿园教学的特点之一。

（五）由于幼儿知识经验贫乏，思维具体形象，注意力不集中，抑制能力差，神经系统容易兴奋和疲劳等，因此，幼儿园的教学以易于理解的、简单的、具有启蒙性的知识经验为内容，通过有趣的游戏、自身的操作活动、直观的教具、灵活的形式进行教学。

此外，为了避免幼儿过多的学习负担，幼儿园不布置强制性的家庭作业，也没有考试制度，不记分、不留级，而是在活泼、轻松的气氛中学习、游戏、生活。

三、幼儿园教学的发展

幼儿园的教学实践和理论研究开始于 19 世纪 40 年代。德国教育家福录培尔在 1840 年创办幼儿园的同时，实践并研究了他的学前教育的理论体系和幼儿园教学方法。基于唯心主义的哲学思想和儿童的发展理论，他认为孩子自出生就具有活动、认识、艺术、宗教四种本能，教育者的责任就是要使这些本能在萌芽状态时期就得到充分的发展。他主张发展儿童的感觉器官，扩大儿童对周围生活的认识；发展儿童的创造力和语言；养成儿童的集体生活习惯和守秩序、自我照料的习惯，授予儿童所能了解的道德教育的要素。他研究了教学玩具和教学方法，建立了以"恩物"为教学玩具的作业体系，通过教师的教和儿童机械的模仿与重复练习，来认识各种简单的几何形体、空间概念等等。这样的教学限制了儿童的智力活动和主动性、创造性的发展。他的教学实践和理论，不仅对当时一些国家的幼儿园有影响，当前，联邦德国和瑞士还再次以他的理论为指导，组织幼儿的活动。

20世纪20年代前后，蒙台梭利教学法兴起。她的教学法以自由为惟一原则，主张充分尊重幼儿的自由，使幼儿在自由活动中达到自我教育的目的。实施的教育方法是感官教育、知能教育、筋肉教育（即体育与劳作）、实际生活练习。其中以感官教育为重点，不仅有专门制作的教具，还有理论和训练的方法。蒙台梭利教学法曾一度衰落，到50年代后期，她的教育主张在美国又重新引起重视。通过各种途径，如语言、美术、自然、社会科学、计算以及游戏活动使幼儿得到发展；强调儿童的自律性，要求幼儿在集体活动和有规则的活动中能遵守集体秩序、有条理，培养对集体的正确态度和自信心、自尊心。但专门的教具，严格的有规则的操作顺序和方法，限制了幼儿的自由探索和创造力的发挥。

与蒙台梭利教学法兴起的同时，以实用主义教育家杜威的哲学思想为指导的，以儿童为中心的设计教学在美国和世界各国盛行。杜威强调儿童的兴趣、需要和经验，主张学习通过儿童的做和经历，实现自我的发展。他的教育思想在美国和其他国家至今仍有其影响。

杜威的学生，比利时教育家德可乐利所创的德可乐利制教学法（又称比利时设计教学法）在西欧各国流传较广。

20世纪中期，苏联著名学前教育家乌索娃最先把“学前教学”这一术语引进苏联的教育学。她强调学前教学在儿童整个发展中的重大意义，她确定学前教学的任务、内容、方法以及教师在教学中的主导作用，她认为教学是教师直接影响儿童的一种方式。它最有效地保证学前共产主义教育的根本任务的完成。她的教学思想除在苏联得到重视外，在东欧和我国也有较大的影响。

我国著名幼儿教育专家陈鹤琴从20世纪20年代起，精心研究了幼儿教育、儿童心理，并在南京创建鼓楼幼稚园，对幼稚园的课程和教学方法进行了一系列的实验研究。第一阶段为自由散漫期；第二阶段为理论组织试验期；第三阶段为中心制课程试验期。经过三个阶段的试验，终于探索出渊源于杜威的设计教学法，是结合我国国情和幼儿身心特点的单元教学。它主张教育的设计性、整体性、灵活性三者结合的“整个教学法”，强调从幼儿的认识水平、能力、经验、兴趣出发，在他们所直接接触到的自然与社会环境中选取中心，各科（常识、音乐、故事、图画、手工等）围绕中心选取教学素材，把各科的教学内容自然地结合起来进行教学，以取得横向联系。陈鹤琴的教学思想对当时我国的幼儿园教学起过重大的作用。近几年来，在教学改革过程中，有些幼儿园又一次实验和采用他的单元教学。

近二三十年来，由于科学技术的迅猛发展，各国对早期教育日益重视，儿童发展心理学、教育学理论的发展和科学研究的进展，各国，尤其是经济发达国家，对早期教育的课程理论的进一步研究，于教学的理论和教学方法的发展有很大影响。如美国当前较流行的早期教育流派和课程模式有以下种种。

浪漫主义派，发展成熟论模式。

这是一种根据格赛尔的发展成熟论提出的课程模式。强调成熟的作用，认为成熟是按一定顺序、固定模式完成的；发展过程有阶段性，而各阶段转化又依赖于自然的成熟；学习只是对成熟起一种促进作用，关键在于成熟本身，不成熟就无从学习。它的教育目的是发展儿童的自信心、创造性、敏感性和实效性。在教学方法上强调开放式教学，即一切活动都不必按照一定的顺序，听凭儿童自己的兴趣进行。儿童可以自己选择、自由活动，不受任何拘束。教师的任务就是设置一个良好的环境，教室作为儿童的创作室，让儿童的内心世界得到充分发展。制定个别儿童的工作计划，以促进儿童的独特性、新颖性及个性的自由发展。

文化传递派，行为环境模式。

这一课程模式来自心理学的行为主义学派。伯瑞特和英格曼是当前美国学前教育领域中的代表人物，他们认为行为是通过外界的影响形成的（如鼓励、惩罚），即刺激—强化，认为只有通过环境的作用，才能使儿童得到发展。其教育目的是加快儿童的学习速度，提高儿童的学习技能。大纲内容有语言、美术和音乐，而主要精力放在语言上。在教学方法上，要求教师首先要制定严格的教学大纲，然后，让儿童五人一组按大纲顺序进行教学活动。儿童每天上三节课(每节课20～30分钟),儿童根据教师的要求学习和活动,甚至可以促使儿童去做他们并不想做的事情。它强调快速和反馈,即教师提问后要求儿童立即作出反应,当他们的回答不正确时就立即予以否定和纠正,对正确的回答立即予以奖励,以练习律和效果律的观点对待儿童的学习。

行为派的另一种模式——新行为主义,即社会学习论模式,由心理学家班图拉在20世纪60年代提出。他认为影响、决定儿童道德行为的是环境、社会文化关系、客观条件、榜样和强化等。因此,他要求施教者应充分利用这些条件和方法,奖励儿童的适当行为,使之逐渐巩固和发展。他还认为儿童道德行为是可以通过后天的学习来改变的,环境、教育、榜样同样在儿童道德品质和行为形成中起很大作用。他提倡通过观察、模仿来学习,认为儿童的行为通常是观察别人的行为,照样仿制的结果。美国第一套学前儿童电视节目《芝麻街》,就是根据社会学习论的思想制作的。教学方法重视模仿,反对说教;教育目的是发展儿童智力,培养儿童解决问题和掌握社会行为规则的能力。大纲内容包括认识字母、数、形状,辨别、分类、排列、推理、解决问题,以及普通常识和社会知识等,通过电视演示大纲的各种内容,让儿童学习其形式,模仿其动作。

这种课程模式强调把儿童的兴趣与教学内容结合起来,充分利用儿童所熟悉的事物,直接向儿童传递各种知识,以达到发展儿童的智力,培养儿童的社会行为的效果。

进步派,认知派模式。

进步派来源于杜威。杜威和皮亚杰在儿童发展观上都是摒弃成熟论和环境决定论的。20世纪60年代以来,受皮亚杰认知发展论的影响,认知派课程模式在美国发展很快。皮亚杰认为儿童的发展既不是直接的生理上的成熟,也不是直接学习的结果,它是通过内因和外因相互作用而不断发生认知结构上的质变的过程。他们虽强调内外因的相互作用,但又强调发展;虽强调发展与环境有关,但又认为环境只是必要条件,并不起决定作用。教育目的是发展儿童的思维能力,鼓励儿童自己去发现问题和进行实践探索；发展儿童的表达能力，强调儿童的自我指导和自我纪律。在认知派的大纲中，则着重于发展儿童的分类、序列（大小、数量、性质）概念，认识时间、空间（位置、方向、距离）及事物的因果关系等。教学方法要求教师首先要提供认知方面的材料及完成的步骤，然后再让孩子以小组方式进行教学活动，鼓励儿童自己动手参加各项活动，并在活动中主动发现和探索问题、解决问题，教师应少说多问，从而促进儿童相互间的讨论和交流。

美国早期教育教学模式有 30 种之多，以上仅是几种。教师可选择任何一种理论作为指导思想，采用任何一种教学模式。

日本幼儿园一般开设健康、社会、自然、语言、音乐、绘画制作等六门课程。教学的组织、教材和方法各幼儿园不尽相同。教师可自编教材，自行设计教学方法，以促进幼儿的发展。在近几十年中，教育和教学也有了发展。如在横地清教授指导下探索的“集中保育”的教学结构。其特点是有明确的教育目的和内容，以儿童感兴趣的活动为中心，按专题进行教学。强调调动幼儿的积极性，强调幼儿动手制作并完成作品，使他们在活动中自然地学习知识和技能，体会制作和完成作品时的欢乐。还有为开发幼儿才能的铃木镇一先生的“铃木教育法”。他主张早期教育从一出生开始；强调诱发孩子的学习动机；让最好的教师去教孩子；以质的提高为目标，反复练习；强调环境对能力的作用，坚持开发某个领域的能力，并达到最高水平等。认为掌握某个领域最高能力水平的人，在其他领域也可以达到同样的高度。他在培养孩子的能力，尤其是音乐能力方面作出了重大成绩。

苏联学前教育理论认为“在这科学飞速进展时代，人们要求儿童吸收的知识越来越多、越复杂，要求儿童智力发展水平更高”，主张“有计划推进儿童智力发展作为幼儿园的任务”，强调系统的教学，并把教学引进了托儿所，要求婴儿从第九、十个月起就分组进行短时间的教学。苏联还重视教学大纲的研究和修订，使教学大纲更具体化、系统化、科学化，并认为传统教学的弱点是教学的重心在教的方面，而现在教学重心移到学的方面，并要有效地组织幼儿的认识活动。

以上，阐述了某些经济发达国家早期儿童教学理论和实践的发展。随着各国教学改革的深化，早期儿童教学的理论将会得到进一步的发展。

我国在20世纪初期幼儿教育机构初建时，幼儿园的教学曾受福录培尔、蒙台梭利教学法的影响。20世纪20年代到40年代，我国幼儿教育专家陈鹤琴所实验研究的单元教学曾在我国各地盛行。

新中国成立以来，幼儿园进行教育改革，全面地采用了苏联的教育理论和方法，以苏联幼儿教育专家乌索娃为代表的教学理论和作业教学模式，成为我国幼儿园教学的惟一指导思想和组织形式。在长期的教学实践中积累了经验，同时影响了我国幼儿园教学理论和实践的发展。

在动乱的十年里，幼儿园的教学近于取消状态。

近几年来，为了适应现代化的建设，培养一代新人，广大幼儿教育工作者（包括幼教的理论工作者和幼儿园教师）分析、总结了我国幼儿园教学实践的经验，引进了国外儿童心理发展理论和学前教育理论及有益的经验，对幼儿园的教育和教学进行了探索性的研究。与教学有关的如：课程模式的研究，各科教学的研究，活动教学、发现教学以及教学方法的研究等等。这些研究成果，推动了当前幼儿园的教学改革，在以下几个方面已产生不同程度的影响。

（一）在教学中，既注意各科教学本身的体系和系统，还注意了各科间的相互联系，上课前后各种活动的联系与整个教育的联系。

（二）在教学中，改变了过去只注意教师怎样教的倾向，逐步意识到应该观察、了解、研究幼儿怎样学的问题。

（三）在教学中，改变了过去只注意教师传授、灌输知识，忽视幼儿主动学习知识的倾向。

（四）在教学中，开始改变封闭式的教学模式，逐渐地注意为幼儿创造良好的学习环境和条件，使幼儿在宽松的环境中、活动中，在与物体、人、环境的相互作用中自由地、主动地学习。

（五）在教学中，不仅注意幼儿知识经验的积累，技能、技巧的练习，还注意发挥幼儿的创造性、独立性、自主性，重视培养幼儿的情感，以及情感因素在教学中的作用。

（六）在教学中，不仅注意全班幼儿集体的学习，还注意个别化的教学，重视个别儿童的需要、兴趣与个性的发展。

第二节 幼儿园教学的过程

一、幼儿园教学过程的理论基础

（一）以辩证唯物主义认识论为哲学基础

辩证唯物主义认识论承认物质世界是不依赖人们的意志而客观存在的，人的认识是客观世界在人的意识中的反映。列宁指出："从生动的直观到抽象的思维，并从抽象的思维到实践，这就是认识真理，认识客观实在的辩证途径。"[1]毛泽东详尽地阐述了人的认识过程："第一步是开始接触外界事情，属于感觉阶段，第二步是综合感觉材料加以整理和改造，属于概念判断和推理的阶段。"[2]毛泽东认为认识过程到此没有完结，"检验理论和发展理论的过程，是整个认识过程的继续。"[3]"认识从实践始，经过实践得到了理论的认识，还须再回到实践去。"[4]这是任何人实际上走着的认识过程。

幼儿园的教学过程是幼儿在教师引导下学习前人的知识经验，把前人的认识转化为自己认识的过程。在这过程中也必然贯串着人类总体认识过程的基本规律。因此，幼儿园的教学过程应以马列主义认识论为指导。在教学过程中注意以下几点：

1. 让幼儿从感知开始进行学习，为幼儿充分接触周围世界、感知外界事物创造条件，帮助幼儿积累丰富的感性材料。

2. 在丰富的感性材料的基础上，帮助幼儿进行简单的抽象概括，

〔1〕 列宁：《黑格尔〈逻辑学〉一书摘要》（1914年9—12月），《列宁全集》第38卷，第18页。

〔2〕《毛泽东选集》第一卷，横排本，第267页，人民出版社，1966年。

〔3〕 同上，第269页。

〔4〕 同上。

形成初级的有关事物的概念。

3. 让幼儿在实际活动中获得经验，迁移、运用已获得的知识经验，并使其得到巩固和丰富。

（二）儿童神经系统的结构和机能理论提供了学习的生理基础

儿童出生时大脑还未发育完全，脑的沟、回还不明显，大脑皮质上的神经细胞体积很小，神经纤维的长度和分支也不够发达；骨髓神经纤维上的髓鞘还没有长成。新生儿的脑重量大约有 390 克，相当于成人脑重量的 1/3。此时新生儿的整个生活过程主要是由皮下中枢来调节，在外界环境影响下，新生儿皮质的抑制机能开始发展，所以区别各种事物的能力很差。

三岁左右的儿童，由于大脑皮质神经细胞体积不断增大，神经纤维日益增长，神经纤维的髓鞘化过程迅速进行，脑重量增到1 000克左右，约相当于成人脑重量的 2/3。三岁儿童大脑皮质细胞机能的分化基本完成，大脑皮质的抑制机能已有所发展，加强了皮质对皮下的控制和调节作用，从而使儿童的冲动性逐渐减少。这时期，儿童的抑制过程还很差，兴奋和抑制还很不平衡，容易激动、疲倦和受外界刺激物的影响。

七岁儿童的脑重量达 1 220 克左右，基本上接近成人的脑重量，神经纤维的长度和分支继续增长，髓鞘化接近完成，大脑的结构和机能逐渐完善。大脑皮质兴奋和抑制都在不断加强，已能初步控制和调节自己的行为。

根据巴甫洛夫的学习理论、条件反射学说，所有的学习都是暂时神经联系的形成。他的两个信号系统学说，又阐述人除了能形成具体刺激物的暂时神经联系外，还能形成以词为刺激物的暂时神经联系，由此产生了动物和人的学习的本质不同。幼儿已能形成第二信号系统的神经联系，但必须词和具体事物紧密结合，两个信号系统协同活动。

巴甫洛夫还认为条件刺激的不重复出现会使已形成的暂时神经联系消退，类似条件刺激的出现会产生泛化，而条件刺激的不断强化，则使暂时神经联系得到巩固。

由此，得到的启示是：

1. 幼儿神经系统的结构和机能的发展，为幼儿认识外界事物，调节控制自己的行为提供了生理前提，为幼儿园教学过程的展开提供了可能。

2. 在教学过程中提供的刺激物应为中等强度，避免幼儿过于兴奋，教学时间不宜过长，内容不能单调乏味，机械重复，否则容易引起大脑皮质的疲劳，影响教学效果。

3. 在教学中须经常复习，不断强化原来条件刺激物而不强化类似刺激物，促使幼儿对刺激的分化，清晰地认识外界事物，巩固已有的认识。

（三）皮亚杰的认识发展理论对幼儿园教学的影响

皮亚杰关于儿童发展阶段理论、认知结构理论及对知识的分类理论为幼儿园教学提供了心理学基础。皮亚杰认为知识可分为物理知识、数理逻辑知识和社会知识。物理知识来源于个体对物体的运动，是个体作用于物体，并可以观察到的物体的属性和现象，如物体的大小和轻重等。数理逻辑知识来源于个体对物体的运动的结果，这种知识不存在于物体本身之中，而由主体作用于客体的动作所引起，是个体作用于物体从而理解动作的协调结果。社会知识来源于人们之间达成的协议，是外界输入的有关信息。没有专门的输入，儿童无法知道桌子不能站，星期日不上学，某个物体叫镜子等。

皮亚杰认为认知的发展，不是由内部成熟或外部教学支配的，它是一个积极主动的建构过程。在这个过程中，儿童通过他们自己的活动（外显的物体操作活动和内隐的智力活动），逐渐建立分化的和理解的认知结构。

皮亚杰认为儿童发展分四个阶段，即：

1. 感知运动阶段（出生至二岁）

2. 前运算阶段（二至六七岁）

3. 具体运算阶段（六七岁至十一二岁）

4. 形式运算阶段(十一二岁至十四五岁)

从皮亚杰的认知学说,对幼儿园教学有以下几点启示:

1. 幼儿的学习、知识的获得以及智力的发展,是幼儿主体与客体相互作用的过程,是幼儿主动建构的过程,而不是消极的接受,只有幼儿主动作用于客体,才能获得知识,得到发展。为此,激发幼儿学习的主动性,促进其与客观事物的相互作用甚为重要。而发现学习在幼儿学习过程中值得尝试,它将有利于幼儿主动探索和积极性的发挥。

2. 幼儿认知结构的建立、智力的发展,是通过幼儿自身的活动(外部的动作和内部的智力活动)与外界环境接触,主客体相互作用而得到发展的。为此,提供幼儿活动的机会和物质条件,吸引幼儿主动参加多种活动,是展开生动、活泼、积极主动学习教学的前提。

3. 幼儿是以他们已有的认知结构同化或顺应周围世界的新事物,以丰富或改变原有的认知结构,建立新的认知结构,达到新的平衡。这要求在教学过程中观察了解幼儿原有的认知水平,提供适合同化或顺应的环境刺激或教材,促使幼儿产生新的不平衡,使幼儿的知识得到量的丰富、质的提高,不断发展。

4. 皮亚杰的知识分类,提示我们在教学过程中,应分析知识的类型,根据知识类型和知识深度、教材等考虑教学方法。有的可以通过幼儿自身的活动,自己获取;而有的需要教师直接传授,如事物的名称,以取得最佳效果。

5. 皮亚杰的儿童发展阶段理论提示我们,幼儿园的教学过程应根据该阶段(前运算阶段)的思维特点组织教学、提出教学要求。教师应意识到教学应适应前一阶段发展的过程,并为发展到后一阶段作准备。而皮亚杰又认为,儿童由于各人智力水平和社会环境教育影响,各阶段的出现有不同速度,也可在不同领域处在不同的阶段,我们考虑教学过程既要注意发展阶段,又不要拘泥于发展阶段理论,并应注意儿童的个别差异。教师应具有敏感性和灵活性,观察幼儿的行动,了解他们的意愿、兴趣,使每个幼儿在不同水平上都能主动学习,得到发展。

以上，我们简述了影响教学过程理论的几个方面，可供组织幼儿教学时参考。实际上，由于心理科学、教育科学的发展，指导幼儿学习过程有多种理论，如巴甫洛夫的古典条件反射、斯金纳的操作条件反射、布鲁纳的认知理论、班图拉的社会学习论、弗洛伊德的精神分析说以及心理动力学理论等等的有益部分，都可供幼儿园的教学过程和课程设置借鉴。

二、幼儿园教学过程的基本因素

幼儿园的教学是教师与幼儿教和学的共同活动，在这个过程中，教师通过一定的教学内容和教学手段，和幼儿相互作用，促进幼儿的发展。因此，教师、幼儿、教学内容和手段是教学过程不可缺少的基本因素。

教师 是教学活动的一个方面，是教学过程中基本的因素，自始至终发挥他的重要作用。但在各种形式的教学中，教师的作用不尽相同。在幼儿集体上课时，教师根据教学大纲，有目的、有计划地运用各种教学手段，向幼儿传递信息和技能；幼儿处于接受学习时，教师起着明显的主导作用。而当幼儿分组或个别进行发现学习时，教师仅为幼儿提供物质材料等条件，参与幼儿的学习活动，支持、启发、鼓励幼儿发现问题，提供探索问题的机会，帮助幼儿自己找出问题答案，获得知识经验，得到能力的发展，指导或辅助幼儿的学习。

教师对教学对象的了解程度、教师本身的素质和专业水平、技能技巧，以及独特的教学风格和机智情感等，都会影响教师在教学过程中的作用。

幼儿 是学习的主体。在教学过程中，幼儿是否处于学习的最佳状态，发挥出主动性、积极性，是教学过程成败的重要因素，它关系到教学内容能否转化为幼儿自己的知识、技能技巧、能力，能否影响幼儿的情感、品德和行为习惯，使自身得到全面发展。

除了教师、教学内容、教学手段对幼儿的学习有重要的影响外，幼儿的成熟度（即个体的生理组织的结构、机能和本能行为）、智力水平和知识经验、内部动机（由好奇、兴趣、需要所引起的内部学习动机）、个性品质，以及外部的教学环境气氛，都与幼儿在教学过程中发挥主体的积极作用有密切的关系。

为此，教师不仅要关心自身怎样教，还要多思考幼儿学习的环境气氛和幼儿已有的知识经验是什么，如何学，学什么，学得怎么样等等，使幼儿在教学过程中真正成为学习的主体，愉快地进行学习。

教学内容 是教师对幼儿传递的主要信息，是幼儿认知的主要原料，是促进幼儿发展的中介，是教学过程中不可缺少的基本因素。教学内容应能引起学习主体的兴趣、好奇，激发学习的积极性、主动性，应是幼儿所必需的，既能使幼儿适应周围的生活，又为入学奠定基础。教材还应有较高的发展价值，能促进幼儿体、智、德、美和创造力、主动性、自主性、独立能力诸方面的全面发展。

幼儿学习的教材有的属符号类教材，如语言、数；有的为知识内容教材，如自然、社会；有的属艺术教材，如造型、音乐；而有的是身体动作的技术教材。无论何种教材，必须难度适当，彼此能有机联系，才能使学习处于最优化。

教学手段 包括教师运用的教具、幼儿操作活动的具体材料、教学方法等，它是教师有效地传递信息、促使主体与客体相互作用，发挥主体学习积极性、主动性的重要因素。由于幼儿的注意的无意性占优势，知识经验贫乏，以及记忆、思维等具体形象的特点，教学手段的选择和运用，显得尤为重要。

以上四个基本因素，互相联系，有机结合，构成教学过程。通过教学过程进行教学，对促进幼儿的发展是至关重要的。此外，还要考虑教学的时间和参加教学活动的人数等因素对教学过程的影响。

第三节 幼儿园教学的原则

幼儿园教学原则是根据教学过程的客观规律制订的，是幼儿园长期教学实践经验的总结，是教学工作必须遵循的基本要求。

教学原则对规定教学计划、教育纲要，选择和使用教材，确定教学方法和运用各种教学组织形式都具有指导作用。正确地贯彻各项原则，是提高幼儿园教学质量，完成教学任务的保证。

一、科学性、思想性原则

幼儿园的教学工作为实现我国的社会主义教育目的，培养体、智、德、美全面发展和具有创造才能的人才打基础。在教学中不仅要让幼儿学习简单的知识技能，还要进行道德品质教育，促进其个性的形成和完善。幼儿年龄小，知识贫乏，辨别能力差，不易分清正确与错误、是与非，因此，在幼儿园教学中贯彻科学性、思想性原则尤为重要。

教学内容要具有科学性和思想性，促使幼儿正确地感知客观事物和现象，帮助幼儿形成正确的概念和对事物的正确态度，并结合各科教学内容有机地进行道德品质教育。

遵循幼儿发展规律和认识事物的规律，组织教学，选用正确的教学方法。

贯彻科学性、思想性原则有赖于教师的教育思想和专业知识水平。为此，必须不断提高教师的思想觉悟和专业知识水平，以保证这一原则的贯彻。

二、积极性原则

教学过程是教师的教和幼儿的学两个方面的统一过程。幼儿是学习的主体，在教学过程中激发幼儿学习的积极性，诱发幼儿内部的学习动机，是非常重要的。如果幼儿始终处于消极被动的地位，不可能取得良好的教学效果。

幼儿学习的积极性，首先，表现在有积极好学的态度，对学习活动有浓厚的兴趣，能保持较持久的注意力，有充分信心完成学习的任务。其次，表现于幼儿积极的外部操作活动和内部的智力活动，能积极感知、探究、发现周围事物，获取感性经验；能积极思考，对感知材料进行储存和加工，并能以语言、动作或其他方式表达所学的知识和技能。再次，能把所学的知识、语言、技能进行迁移，积极地运用于所遇到的各种情境中，来分析问题和解决问题。

为了在教学过程中发挥幼儿学习的积极性，教师要采用多种方法激发幼儿学习的兴趣和求知欲，引起幼儿想学习、想活动的内部需要。

随着幼儿年龄增长，还要逐步使幼儿知道各项学习活动的目的和要求，使其努力完成任务。教师要运用启发式教学，启发幼儿积极的智力活动，如以“整体性的指示法”，即把全部活动程序整个教给幼儿，提出开放性的问题，即可有多种答案的问题。这些方法为幼儿的思维和动作的发展开辟了更为广阔的天地，幼儿的积极性、独立性、主动性和创造性更能得到发挥。教师为幼儿创造独立活动的条件，如在每一节课中，教师都能安排一定的时间，给予幼儿独立的观察、操作、绘画、手工、语言等机会，使幼儿独立地进行智力活动，充分地调动幼儿的积极性。教师及时鼓励幼儿的努力，正确评价幼儿的成功，将有利于幼儿学习积极性的发挥。

在教学过程中，教师与幼儿相互交流，也是促使幼儿积极主动学习的一个方面。如果在教学中仅是教师的单向传授，幼儿成为知识的接受器，幼儿则往往处于消极被动状态。如能采用双向或多向交流的教学形式和方法，使教师与幼儿、幼儿相互之间得到及时的交流和反馈，就可促进幼儿学习积极性的发挥。

此外，在教学过程中，教师还要注意与幼儿进行体态语言的交流。如教师从目光、表情、语调、动作等等表现出对学习对象的兴趣、好奇，对幼儿的期望、鼓励、爱护、赞许等，都能提高幼儿学习的积极性。因此，教师适当运用体态语言的交流，对发挥幼儿的积极性有重要的作用。

教师必须从各方面调动幼儿学习的积极性和主动性，以取得良好的教学效果。

三、活动性原则

根据皮亚杰的发展理论，儿童是在活动中建构他们的认知结构，发展智力，参与社会行为。在教学过程中，幼儿在他们原有的发展水平上，通过与物体相互作用的操作活动，与教师和同伴的交往活动，建构他们自己的认知结构，发展其智力，体验与理解自我与他人间的相互关系和情感。为此，活动对幼儿的学习是非常重要的。

为了贯彻活动性原则，教师要为幼儿提供丰富的物质材料和充分的活动时间，以及与同伴、教师交往的机会。教师既要相信儿童，放手让幼儿进行操作活动、交往活动，又要进行必要的指导。

要避免教师在幼儿活动中放弃指导或以活动作点缀的现象。

教师还要鼓励幼儿在活动中的积极性、主动性和创造性，使活动真正成为幼儿发展的手段。

四、发展性教学原则

发展性教学就是通过教学使幼儿得到个性的全面发展，即智力、体力、道德、意志、情感等的发展。

发展性教学思想的提出者——苏联著名心理学家维果茨基认为，“教学与发展过程是互相依赖的过程，在教学与发展之间存在着复杂的关系”，“教学的重要的特征即是教学创造着最近发展区这一事实，教学激起与推动一系列内部的发展过程”，“只有走在发展前面的教学才是良好的教学”，否则“只是充当发展的尾巴”。这意味着教学不应当跟在发展的后面，不应当在已达到的发展水平上进行，而应当在没有完全成熟的，但是正在形成的心理功能的基础上进行。教学应当促进儿童从现在发展区域向最近发展区域过渡。

发展性教学原则要求教师选择给幼儿的学习内容，应有一定的难度，而且是逐步加深的，需要幼儿作出一定的努力才能学会的，并且要求幼儿不断地努力，从而促进幼儿不断地发展。除了完善教学内容外，还要改进教学方法，如采用比较的方法，创造问题情景的方法，启发幼儿思维的提问法等等进行教学。总之，能促使幼儿积极地、主动地开展智力的、情感的、独立的活动，以达到幼儿个性的全面发展。

五、直观性教学原则

根据马列主义认识论的原理，以及幼儿思维具体形象性和第一信号系统占优势的特点，在幼儿园教学中贯彻直观性教学原则尤为重要。正如乌申斯基写的：“儿童的天性明显地要求直观性……你们向幼儿解释一个非常简单的思想，可他不懂你们的意思；你们向同一幼儿解释一幅复杂的图画，他很快就会明白你们的意思。”直观教学能使幼儿对周围世界的事物得到明晰的、真实的、正确的形象和表象，有助于幼儿理解和记忆知识;直观教学能使教学进行得生动活泼,激起幼儿学习的兴趣和求知的愿望;正确地运用直观教学,还能促进幼儿的观察力、想像力、思维能力的发展。

直观手段有实物直观,图片、模型、幻灯等直观以及语言直观。

为了有效地贯彻直观性教学原则,教师要根据不同年龄幼儿的发展水平,运用各种类型的直观手段。从具体的、有情节的事物向无情节的事物过渡,从实物类型的直观向图片、模型等过渡。因为图形直观比实物直观更具有概括性质,它能缓和幼儿现有的概括水平与提出的教学任务间的矛盾,是形象思维向抽象思维过渡的有效形式,是促进幼儿智力发展的重要手段。

根据两个信号系统协同活动,词和实物相互起作用的理论,幼儿的感知活动必须与语言紧密结合,以使直观教学产生最大的效果。教师要以语言引起幼儿注意所学的客体,组织幼儿的感知,指导幼儿的认识,促进幼儿理解教学内容,并要求幼儿用语言描述物体或现象,表达自己的思想。

通过直观教学为幼儿积累了丰富的、生动的形象,也为进一步抽象、概括打下基础。教师要根据教学目的,有针对性地使用直观教具。直观教学不是教学目的,而是一种教学手段,必须正确运用,避免形式主义。

六、巩固性原则

幼儿积累经验、储存信息、掌握简单的技能,是学习新的知识技能的基础,是发展智力、进行活动的必要前提,也是入小学后学习系统科学文化知识需要具备的条件。但幼儿期大脑皮质形成新的暂时神经联系不稳定,为使幼儿学习的知识技能得到较长时间的保持,在教学中必须贯彻巩固性原则。

幼儿所获知识、技能的巩固和幼儿学习时的兴趣、态度,以及所获取的知识是否属于第一手经验和理解程度有密切关系,也有赖于对已学的知识技能的不断练习和多次重复,以及在实际活动中对知识的迁移和运用。

因此，在教学过程中，首先，在学习新知识技能时要激发幼儿的兴趣，促使他们主动、积极地作用于客体，给予适当的学习内容，使其及时理解，及时得到巩固。其次，要创设条件，给予幼儿运用已学知识技能的机会。再次，引导幼儿在学习新知识时联系旧经验，复习原有的知识技能，使幼儿在较自然的条件下，对所学习的内容得到巩固，尽力避免单调机械的重复。

七、个别对待的原则

各个幼儿由于遗传、环境、生活和教育条件的不同，他们的生活经验、知识技能、兴趣、爱好、智力的发展水平等都有差异，在学习活动中的表现也各不相同。有的幼儿学习态度积极主动，自信心强，有的则消极被动，没有信心；有的思维活动灵敏，反应较快，有的思维活动迟钝，反应不灵活；有的掌握知识、形成技能的速度迅速，有的则缓慢；有的独立工作能力强，有的则较弱。为了使每个幼儿都能在原有基础上得到最大限度的发展，在教学中要从每个幼儿的实际出发，个别对待。

为了做好个别教学工作，教师要观察了解每个幼儿的发展水平、已有的知识经验、学习态度、独立工作能力和兴趣爱好，针对每个幼儿的情况，区别对待。除了集体的教学活动外，尽可能给予幼儿个别的、小组的学习活动，使每个幼儿的兴趣、需要有可能得到满足，能力得以发挥，使每个幼儿在不同的水平上有所提高。对发展较差的幼儿要分析原因，给予鼓励、引导和帮助，加强个别教育。如是生理或心理上的障碍，则要及时诊治。对发展较好的幼儿，要创造条件，给予更多的智力活动的机会，满足他的求知欲，充分发挥其潜力，以得到进一步的发展。对某方面有特长的幼儿，也应引起注意，使他们得到更好的发展。总之，个别对待原则的贯彻，将使全体幼儿都能在各自的基础上得到更好的发展。

以上教学原则都是彼此联系、相辅相成的，教师必须在理解各个教学原则的实质和它们之间联系的基础上，结合各科教学的特点和幼儿的实际情况，全面正确地加以运用，以提高教学质量。

第四节　幼儿园的教学方法

教学方法是指教学活动中，教师借以进行全面发展教育所采用的方法。它既要考虑教师怎样教，还要考虑幼儿怎样学。由于幼儿受身心特点和认识能力发展水平的制约，采用不适合的教学方法，不利于幼儿的发展。因此，总结和研究幼儿园的教学方法，改革幼儿园的教学，是极其重要的。

幼儿园的教学方法应是多种多样的。由于教学要求、内容和性质的不同，由于幼儿的感知觉、思维、记忆、注意的发展水平不同，以及每个幼儿学习方法的不同，要使每个幼儿都能顺利地进行学习，保证教学教育任务的完成，必须运用多种多样的教学方法，仅用有限的几种教学方法是不恰当的。

幼儿园的教学方法，应使幼儿有操作活动的机会，能激发幼儿的兴趣和好奇心，引起学习动机，促使幼儿有充分感知和思维活动，以及进行自我检查，并有助于教师对教学的领导。

幼儿园一般有以下几种教学方法：

一、直观的方法：有观察、示范、演示、范例、电化教学手段的运用

（一）观察

观察是指幼儿在教师指导下，有目的地感知客观事物的过程和幼儿自发地观察的过程。它是幼儿园教学的基本方法，也是幼儿发现学习的必要方法，符合人的认识规律和幼儿认识特点。教师在教学中运用观察方法，通过幼儿与客体的相互作用，可以丰富幼儿的感性经验，扩大幼儿的眼界，有效地刺激幼儿的各种感觉器官，锻炼幼儿感知觉的敏锐性和大脑机能，发展幼儿的智力，尤其是观察力；能促进幼儿语言的发展，激励幼儿的求知欲，培养幼儿对周围事物的关注和积极的态度。因此，观察法是向幼儿进行教学的有效方法。

为了有效地领导幼儿观察，教师必须根据教学目的，为幼儿提供和选择生动有趣的观察对象，拟订周密的观察计划，安排各种观察活

动，引起幼儿观察的兴趣。

在组织幼儿观察活动时，首先教师要向幼儿提出明确、具体的要求，在观察过程中教师要以语言不断组织幼儿的注意，以语言和适当的手势指导幼儿感知观察对象，引导幼儿观察事物的主要特征、变化和细节，启发幼儿发现问题，开动脑筋，自己分析问题、解决问题。教师不要过早告诉幼儿观察的结论，也不要用过多语言代替幼儿的观察。教师要充分发挥幼儿语言的作用，引导幼儿以语言描述观察到的事物和情景，及时教给幼儿表达事物的必要词句。允许幼儿在观察中相互交谈，鼓励幼儿提出问题。观察结束后，进行必要的总结性谈话，使幼儿的经验和印象得到整理和巩固，并形成概念。

运用观察的方法，不仅要使幼儿获取感性材料，还要在观察过程中教会幼儿观察的方法，发展幼儿的智力，培养幼儿对周围事物的情感。

观察法可用于观察自然，也可用于观察社会，在美工、语言等课程中也同样需要运用观察法。有短时观察，也有长期的连续观察；有个别物体观察，还有两种或两种以上物体的比较观察。

除了教师有领导的观察外，还应支持幼儿的自发观察，这有助于丰富幼儿的感性经验，扩大幼儿的眼界。

（二）演示、示范和范例

演示、示范和范例等方法符合直观性教学原则，也符合幼儿思维的特点，是幼儿园各科教学中常用的方法。

演示是教师通过向幼儿陈示各种实物或直观教具，引导幼儿按一定顺序注意物体的各个方面和各种特征，使他们获得对某一事物或现象较完整的感性材料。由于实物、教具生动形象，能收到较显著的效果。语言、常识、计算教学常用演示的方法。

示范和范例是教师通过自己的或幼儿的动作、语言、声音，或以经过选择的图画、剪纸和典型事例，为幼儿提供模仿的对象，是幼儿模仿学习必用的方法。在美工教学中，教师有时运用示范和范例，教会幼儿绘图、剪贴、塑造等技能；在音乐、体育教学中通过示范和范例，教给幼儿唱歌和舞蹈、体操动作等；在语言教学中，让幼儿模仿成人的声音、语调和讲述等。

教师在运用演示、示范和范例时，必须伴随语言的讲解，演示、示范要正确、逼真而富有感情，要面向全班幼儿，保证每个幼儿能看得到，听得清，以取得良好的教学效果。

（三）现代化教学手段的运用

电化教学就是把现代化的视听工具——录音、电影、电视、幻灯、录像等声光设备作为教育手段，把声、形、色结合起来，使事物化小为大，化静为动，化远为近。它具有生动、具体、形象、富于吸引力和感染力的特点，使教学成为有趣的活动，容易引起幼儿的兴趣，集中幼儿的注意力，使幼儿便于理解、易于记忆。通过这种有效的直观手段对视觉、听觉等感官的作用，丰富幼儿的感性认识，扩大幼儿的眼界，为幼儿进行抽象、概括、分析、综合提供感性材料。

幼儿园采用的电化教育设备有幻灯、录音机、电视、电影，以及其他电化教具，如声光结合的计算器，游戏用的电化玩具等等。电化教具在幼儿园的使用，须服从于教学的目的和任务。运用时必须深入分析教学内容和教学过程，周密考虑使用的步骤和恰当的场合，以取得最佳效果。

目前，有少数幼儿园已把电子计算机运用于教学中，进行初步探索，其教学效果，还待总结。

二、口语的方法

口语是教师与幼儿相互交往的主要媒介。教师经常以口语指导幼儿的学习活动，教师借助于口语为幼儿提供信息，解释事和物，提问、启发，作出指示以及进行评价等等，以使幼儿获得知识经验，促进智力发展，影响品德行为等等；幼儿以口语进行学习和反馈。口语是教学活动中不可缺少的重要方法，经常采用的形式有下述两种。

（一）讲解

讲解是教师通过口语向幼儿陈述或解释某事某物的一种方法。

讲解很少单独运用,多种教学方法都要与讲解紧密结合,才能发挥其作用。通过讲解,可以使幼儿知道教学的目的,理解教学内容,懂得是什么,怎么做,怎么行动。因此,它是幼儿学习新的知识技能、巩固已学的知识技能、进行道德品质教育不可缺少的一种教学方法。

教师在使用讲解方法时,要考虑幼儿原有水平和针对要说明的问题,语言要清晰、生动、形象而富有感情,易于听懂,方能引起幼儿的兴趣,必要时要重复讲解。

(二) 谈话法

谈话是由教师提出问题和幼儿回答问题所组成,也可由幼儿提出问题。恰当的问题有助于活跃幼儿的思维,启发学习,引导幼儿回忆已有的经验和知识,帮助幼儿把零星的知识系统化,也有利于幼儿获得新知识和发展智力,培养语言表达能力和语言习惯。

为了使谈话取得预期的教学效果,必须注意以下几点:① 谈话必须在幼儿已具备的感性经验基础上进行。② 教师提出的问题,事先必须经过周密的考虑,问题要围绕主题,紧扣目的,具体明确,富有启发性,既要有一个精确答案的集中性问题,又要有一题多答的发散性问题,以利于创造性思维的发展。③ 提问要面向全班幼儿,提问后需有一定的等待时间,不能急于要求回答,不能满足于少数幼儿的回答,要调动全体幼儿思维的积极性。④ 教会幼儿注意倾听问题和同伴的回答,并能针对问题用响亮的声音进行回答,以达到多向交流,活跃思维,培养幼儿的听说能力。⑤ 教师要耐心听取幼儿的回答,使幼儿意识到教师对他的发言很感兴趣,对正确的回答要给予肯定,错误的也要鼓励幼儿能勇于回答问题,并予以纠正,做到及时反馈,最后,教师要以简短的语言作出正确的小结。

三、练习的方法

练习是幼儿在教师指导下,巩固知识,熟练技能技巧的方法。

教师使用练习法时,必须让幼儿明确练习的目的要求,采用多种形式以引起幼儿的兴趣,使幼儿在愉快的气氛中进行练习,避免单调乏味的机械练习。练习要结合幼儿实际情况,逐步提高要求。发现不正确的做法，要及时纠正，以免形成错误的习惯，难以纠正。对于个别有困难的幼儿，要多作指导。

由于幼儿园集中教学的时间短，集体的练习不易指导，在游戏、日常生活中应有较多的小组的或个别的练习活动，以使幼儿的知识技能得到巩固。

四、游戏法

运用游戏的方法是幼儿园教学的特点。教师应充分运用游戏的方法，提高幼儿的学习兴趣，调动幼儿智力活动的积极性，以取得良好的教学效果。

教学中经常运用的有智力游戏、音乐游戏和体育游戏。智力游戏的主要作用，是通过幼儿主体与客体的相互作用，以获得或复习、巩固已学的知识、技能，发展幼儿的语言，学习数的概念，进行智力活动。一般用于语言、常识和计算教学。体育游戏则为练习各种基本动作服务，音乐游戏的作用在于训练、培养幼儿的音乐能力和兴趣。

教师在教学中运用游戏方法的实质是游戏化的教学活动，与平时的游戏活动有所不同，其目的在于，按照预定的计划完成一定的教学任务。通过游戏活动，使幼儿有实际体验，有愉快感、轻松感。活动可以组织全体幼儿进行，也可以是小组的个别的。在运用时，还要和其他教学方法结合使用，切忌盲目追求兴趣，不利于完成教学目的。

在教学中，各班运用游戏的分量应有所不同。对年幼的小班儿童，可以较多地以游戏方法进行教学。随着幼儿年龄的增长，知识经验的日益丰富，语言和智力的发展，在大班采用游戏的方法应相对减少，而增加讲解、谈话等口语方法的比重，以利于过渡到符号学习。

教师除了运用游戏的方法外，还可用游戏的口吻进行教学。如教师手拿一只熊猫玩具，并以它的口吻说："今天，我要请小朋友到我家来做客。"这样的一句话，引起了幼儿的注意，激发了幼儿的兴趣，活跃了课堂气氛。

在运用游戏方法时，切忌盲目追求兴趣，影响教学目的的实现。

五、发现法

发现法为美国心理学家布鲁纳所倡导。他认为,“发现不限于那种寻求人类尚未知晓之事物的行为,正确地说,发现包括着用自己的头脑亲自获得知识的一切形式。”也就是说,发现法和创造发明不同,其主要要求不在于发现新事物,而在于发挥学习者的主动性,把学习过程作为个体对感知获得的信息进行选择、转换和应用的过程。对幼儿来说,既有在教师指导下,通过幼儿自己的感知操作,与客体相互作用,发现事物的属性、特点和事物之间的关系,也有由周围环境的刺激物引起幼儿的好奇,自行探究、发现问题和解决问题,而教师仅是予以鼓励、帮助的自发的发现学习。

发现法容易引起幼儿的兴趣和内部学习动机,有益于幼儿的主动性、积极性的发挥,有利于幼儿智力、创造力和独立能力的发展,还能丰富、扩大幼儿的知识经验,并使知识易于记忆、迁移和运用。

发现法也有其局限性,如幼儿获得知识经验过程比较缓慢,教师对集体学习的教学过程不易组织和指导等等。

教师要为运用发现法创造学习环境和物质条件,提供幼儿充分活动的时间,教给发现学习的方法(感知、观察),听取幼儿在活动过程中的想法和问题,及时地给予指导和帮助,促使幼儿相互间交流和小结评价,鼓励幼儿再学习的欲望。一切不信任幼儿能有所发现,或袖手旁观,或放任自流,都是不对的。

发现法是在幼儿原有知识经验基础上运用的,也不是幼儿园教学的惟一方法,须与其他方法结合使用。当前发现法运用才开始,须通过教学实践和科学研究不断研究和总结。

教学法是多种多样的,它们是辩证统一的。进行任何教学活动,总是几种方法结合在一起,互相联系,互相补充,从各个方面起作用。因此,教师要根据各科的教学目的、内容,以及本班幼儿的发展水平,灵活选择适当的教学法,以最佳的效率完成教育任务。

1989 年 2 月

关于儿童观的研究

儿童观是儿童教育理论体系建立的重要出发点，是建构儿童教育课程方案的基本依据，也是教育、教学方法论和教育实践不可缺少的根本指导思想。

在面临21世纪的挑战、实现我国第二个战略目标转移的今天，无论是科学地教育儿童，提高儿童素质，还是建立科学的儿童教育理论体系，研究儿童观都具有深远的社会意义。

一、儿童观是人类文化发展的产物

儿童观随着人类历史的发展、文明的进步和科学技术的发展而发展。人们最初是假说、推导儿童的本性，现已发展到使用观察、实验等等科学研究方法，以及从哲学、人类学、生物学、生理学、心理学、生态学等不同领域研究儿童、了解儿童、熟悉儿童。随着人们对儿童认识的深化，人们的儿童观不断地发展，并逐渐具有科学性。

回顾几千年的历史，儿童观的演变与人类文明的进步息息相关。

1. 古代社会的儿童观

在古代，由于生产力低下，经济落后，人们愚昧无知，几乎没有儿童的观念，更谈不上儿童的地位。人们普遍认为儿童从属于成人，受成人支配，父母和社会对儿童握有生杀之权。有的则认为儿童有罪，杀婴、弃婴、性别虐待等等现象比比皆是。后来，在文化发展较早的古希腊，个别的哲学家、思想家提出了最初的儿童观，如柏拉图假设儿童的本性是“善良”的，相信教育在儿童早期成长中的重要作用；亚里士多德则认为儿童具有可塑性，强调灌输道德、审美观念和发展强壮身体的重要性。

在中古时期，儿童从属于成人社会，没有儿童期的概念，儿童仍然没能摆脱被忽视、轻视、丢弃等不幸的遭遇，人们完全以成人的要求对待儿童，即使是饮食、起居、穿着等等生活方式，也都是以成人的一套用于儿童，在成人眼里没有儿童，只有小大人。而在某些地域或民族，由于受教会的影响，他们的儿童观带上了宗教色彩。如地中海信基督教的人们，认为儿童无能无用，他们有专门的需要，需要爱；而迦太基人则认为儿童有罪，杀子以求上帝宽恕赎罪，等等。在我国古代，著名的思想家、教育家对儿童观和教育提出了独特的见解。如：孔子提出“性相近也，习相远也”，着重说明了教育的必要性；墨子认为人性如“素丝”，提出“染不可不慎”；孟子以性善说为基础，重视环境与教育的作用，并认为学生的学习要自求自得，才会心有所得，主张自我主义；荀子则认为“人之性恶”，认为在周围环境中，人性有因教育不同而永久成为恶的可能性，同时亦因教育的作用而有改变为善的必然性。他们的观点和思想是我国古代社会经济和文化繁荣的反映。

2. 近代社会儿童观的发展

在近代，儿童观发生了明显的变革。儿童的被发现和儿童期的确立，成为该时期儿童观发展的显著标志。这种变革是因新兴的资产阶级迫切要求摆脱人身依附和行为的束缚，要求自由劳动，要求建立符合资产阶级发展的新的思想体系而发生的。“人文主义”就是该时代文艺复兴运动在科学、哲学、文学、艺术和教育等文化领域的反映，它的特点是提倡以人的地位为中心，反对中世纪神学的以神为中心，歌颂人的伟大，强调人的价值，要求维护人的尊严，提倡人的个性自由发展。在此文化背景下，伟大的人文主义思想家卢梭，努力从事发现儿童、研究儿童、了解儿童的工作，极力主张“自然需要在儿童成长为成人以前，儿童就是儿童”，提出要“尊重儿童期的独特价值”，从而发现、建立了儿童期。这是资本主义经济的产生、文艺复兴时期人文主义文化的产物。

3. 现代社会的儿童观

现代社会对儿童观的研究，已由假说、推导，发展到运用科学的手段如观察、实验等等方法研究儿童，对儿童的认识和态度也日趋深化、科学化。

① 人类学观点认为，儿童是人，不同于任何其他动物，他们有不同于动物的大脑，有一部完善的“机器”，具有极大的学习潜能、接受教育的可能。

② 人类个体发展观认为，儿童是儿童，不是小大人，儿童不仅需要生理儿童期，还需要社会儿童期。儿童期是人类发展中的一个特定阶段，是走向生活、社会的准备阶段。

③ 马列主义观点认为，人类及其个体，就社会本质而言，乃是能动的主体，婴幼儿所表现的，仅是人的独立性、自主性的萌芽状态，只是幼芽，它可能发展成长为独立的人格，也可能夭折和枯萎。

④ 行为主义观点认为，人是不定的，是受外部刺激支配的、消极的有机体。人的行为由外界刺激产生、发展和控制，来自于外部。强调了人的可塑性。

⑤ 相互作用观点认为，人是主动的有机体，开放的学习者，不是封闭系统，儿童在与外部相互作用过程中得到发展。儿童在动态地与周围世界、与人们和物体相互作用时，以一个整体的方式，动员了他全部的能量——社会的、认知的、情感的，共同参与，连续地不断地与周围世界相互作用，以提高它们在发展中的效能。

⑥ 社会生态学观点认为，任何儿童的发展，总不能离开特定的时间、空间，处于某种社会的文化场之中，家庭、学校、社会三方面的教育构成儿童的活动空间和受教育的环境，三方面教育功能的协调或不协调，将对儿童的发展产生正反的影响和导向。

二、儿童期的确认对人类社会产生的巨大影响

1. 儿童的地位得到显著的提高

儿童期的确认，扭转了以成人社会的要求来对待儿童的观念和态度，儿童开始有了自己的世界——儿童世界，有了儿童的教育、儿童的文学、音乐以及儿童自己的生活方式，儿童的服装、鞋帽、食品等等。更重要的是，人们除了关心、抚育儿童外，出现了种种儿童法，以保障儿童的生存和发展等等权利。

2. 开始了专门的儿童工作

自儿童期理论的建立，人们开始关心儿童、研究儿童，尤其是心理、生理、医学、教育、哲学、文学、社会学等工作者，他们的实践和研究，开辟了儿童工作的专门领域。

① 出现了儿童教育多种理论和课程方案

儿童期的确立，儿童的研究，儿童观的发展，成为各种教育理论的产生和发展的重要因素，也为学前教育机构和多样课程方案的建立提供了重要理论依据。

近代教育家洛克认为“人类在出生时像一张白纸”。他强调一切知识来自外部经验，强调儿童的可塑性和外部控制，教师的榜样和训练。洛克说：“我敢说，我们日常见的人中，他们之所以或好或坏，或有用或无用，十分之九都是他们的教育所决定的。人类之所以千差万别，都是由教育之故。”他还说：“教育上的错误正如配错了药一样，第一次弄错了，决不能借第二、第三次去补救，它们的影响是终身洗刷不掉的。”他强调教育起决定作用。

卢梭认为儿童是“自然”的人，本性善良、纯洁。他认为，儿童的发展来自内部自然的冲动与外部压力必然的相互作用。他强调保持儿童的“自然人”的本性，教育要适合本性，要“遵循自然，跟着它给你画出的道路前进”。他坚决反对压抑儿童的个性和束缚儿童的自由，反对严格的纪律和死记硬背。卢梭的遵循自然的原则和儿童中心的思想，成为自由教育理论的发端。福录培尔、蒙台梭利就是相继追随卢梭的自由教育理论家。

幼儿教育鼻祖——福录培尔认为，“儿童既不是一堆蜡，也不是一团土，而是一个自动的个体。人出生时是善良的、完美的、自动的。自动就是儿童渴望从事某些事，是儿童内部的自我需要，是内部倾向的一种外部形成，而内部是基本的。”他还认为，“人的发展就是内在的东西的萌发，人的教育就是助长这种萌发。”因此，他的理论中有一句名言：“教育、教学和训练，在其根本的特征上，必然是被动的跟随的，决非命令式、戒律式或强制性的。”蒙台梭利认为生命是主体，环境是从属的。她在“幼儿之家”为生命发展创造的条件是:“完备的环境、消极的教师、科学的教具。”在这种外部条件下,开始使生命遵循自己的法则发展。他们在自由教育理论指导下,各自建立了幼稚园和幼儿之家等学前教育机构,以及福录培尔的幼稚园课程和蒙氏教育法,对幼儿教育产生了巨大影响。

著名的哲学家、实用主义教育家杜威认为,儿童是个主动的学习者,早期教育的独特方法就是利用儿童的自由冲动和本能,并利用它们扩大和加深认识,促进行为和控制力的发展。他认为,教材对儿童永远不是从外面灌进去的,它包含心理的积极开展,包括从心理内部开始的有机的同化作用,决定学习的质和量的是儿童而不是教材。杜威还认为,人的成长是各种能力慢慢生长的结果,成熟要经过一定的时间,“揠苗助长”没有不反致伤害的。杜威的“儿童中心”思想和尊重儿童期的观点与卢梭的“遵循儿童自然”等思想是完全一致的。当然,他的儿童观有了发展。他认为,“儿童的发展不是孤立的”,而是在“机体与环境相互作用中发展的”,并强调儿童的做和经历过程,包括物质和智力活动。做意味着与物体和当时环境中问题的直接接触,意味着符号和思想方面的转换,当然这些必须联系儿童的需要。他还强调儿童自身的经验等等,建立了从儿童出发,通过儿童的做和经验的“儿童中心”课程。

认知心理学家皮亚杰深受卢梭和杜威的儿童观的影响,他认为儿童是天生的主动的有机体。儿童是由个体与外部世界相互作用,通过同化或顺应,或是把外部现实的材料并入个体已存在的结构,或是改变已有的内部结构适应现实,以取得平衡,得到发展。

在皮亚杰的理论影响下,人们还建立了个体和外部世界相互作用的活动课程(包括婴儿期活动计划)。

行为主义学派以对动物和人外部显示的行为的研究为依据,假设人是中性的和被动的,所有的行为都能被运行在连续的机械的条件下。行为主义者华生认为所有人的行为是由外部条件决定的。他说:“给我一打健康的婴儿,好好地塑造,带他进入我的特定的环境,我将保证把任何人训练成为我选择的任何一类专家——教授、律师、艺术家、企业家或是乞丐、小偷。他的天才、嗜好、倾向、能力、才能、祖先的特性毫无价值。”华生的追随者，行为主义心理学家斯金纳则是极端的外部条件决定论者，他认为必须探究决定行为的条件。斯金纳相信最影响决定行为的是强化。他反对使用那些含有不能看见的条件的术语，诸如“想像、驱使力、道义、兴趣”。在强化理论的指导下，他考虑了强化有步骤的程序——“教学机器”为自我教育的最理想的条件，而教师是儿童行为的建筑师和建筑者。此外，他还把教师经常使用的自然强化，诸如微笑、点头、给糖果、奖饼干和小纪念品等许多可以触摸、知觉的强化物作为奖励，以及使用经济强化，形成一个体系，以控制行为。在他们的理论影响下，建立了行为主义课程。

② 出现了儿童心理学、儿童营养学、儿童卫生学，儿童玩具、服装、食品等等。

三、正确的儿童观与科学育儿

随着社会生产、经济、文化的发展，专家、学者们在哲学、心理学、教育学、社会学等各领域的研究所得出的对儿童的看法，已由分歧而日趋接近统一、科学。

综合众家之说，我认为科学的儿童观应具有如下几方面的正确看法——对儿童本质的正确认识；承认和接受儿童期的存在及其价值；对儿童的发展规律和影响发展的诸因素有一个全面正确的理解；对待儿童的正确态度。

1. 儿童是自然的人，也是社会的人，是一个主动的完整的有机体。他不是被动的接受器，也不是机体各部分割裂、互不联系的个别要素。他有祖辈传下来的遗传素质、人类的共同特征和个别特性，更具有社会生活所带来的种种影响。

2. 儿童是儿童，处于人的发展的特定阶段——儿童期，包括生理儿童期和心理儿童期，有它独特的价值，人的任何其他发展阶段都不能取而代之。儿童有未成熟性、可塑性、开放性、独特性。他们具有发展的潜力、学习的潜能、教育的可能。儿童有儿童自己的世界、兴趣、需要，独特的人格，观看世界、理解世界的方法。儿童不是小大人，不是成人的缩影，更不是成人的附属物或由成人任意摆布、处置的玩物或棋子。

3. 儿童出生后，无论是他的智力、身体，还是情感、道德，都处于形成和迅速发展时期。它们都不是固定不变的，它们的发展都是有阶段的，各阶段都有水平的不同，但又互相联系。每个儿童的发展都由于先天的和后天的影响而出现发展速度的不同和水平上的差异。每个儿童既具有该年龄阶段的共性，又存在各个儿童的个别特性。

4. 儿童的发展不是完全由遗传因素决定的，也不是完全由外部环境决定的。他们的发展都是在个体与外部世界相互作用中发生的(包括个体与物质、与成人、与同伴的相互作用以及个体自身的体力的、智力的、情感的相互作用)，是整体的，而不是分裂的，是相互联系的整合的整体发展。

5. 儿童是在一定的文化场中生活，他的成长和发展，都受到学校、家庭、社会的影响，任何个体的发展，都不是与世隔绝的。

任何成人对上述诸方面看法的正确与否，都直接地、不同程度地影响着对儿童的态度与教育方法。

在人类文明进步、科技发展的当今社会里，虽然儿童观日趋正确、育儿方法逐步科学，然而，旧的儿童观的痕迹，或以传统的方式或以现代的方式，依然出现在成人对儿童的观念、态度和方法上。诸如：把儿童当玩物，成人高兴时，与孩子任意打打骂骂、吵吵闹闹，以求一时快乐，不顾不良影响；把儿童当装饰品，给孩子涂脂抹粉、化妆打扮，以求他人夸耀，不考虑孩子虚荣心的滋长；把孩子当出气筒，成人情绪不佳时，任意打骂、恐吓、虐待，缺乏爱心，影响儿童心理健康；把孩子当作小太阳、小祖宗，溺爱、纵容、百依百顺；希望子女成龙成凤，强迫孩子学习，不考虑儿童接受能力，灌输知识；希望孩子健壮成长，进而盲目进补。凡此种种，都给孩子带来不良后果，有的孩子专横独霸，有的孩子柔弱娇嫩，有的孩子畏惧、焦虑，有的厌学，有的“性早熟”，更严重的是，有的孩子在父母毒打、虐待下失去了生命。这些现象都与成人的儿童观有关，成人或是把儿童作为“私有财产”，误认为儿童完全由成人支配，可以随心所欲，任意摆布；或是把儿童当作“小大人”，误认为儿童和成人一样，与成人有同样的体力、智力、需要和爱好。其实质是没有儿童的观念，无视儿童期的存在，或是持有错误的儿童观，等等。

鉴于此，我认为，在当前以及将来的很长时间内，我们有如下一些迫切需要的工作要做：

1. 提高人们的文化素质和修养，宣传正确的儿童观，教育人们以正确的儿童观对待儿童、教育儿童。

2. 对柔弱、娇嫩、未成熟的儿童，应着重满足他们的生理和心理需要，保障儿童的生存，关心、保护儿童的正常的生长、发育。

3. 观察、了解、理解儿童，承认儿童有他们自己观看世界的方法、独特的需要，尊重儿童期，尊重儿童的需要、兴趣。不要以成人的眼光看儿童，不要以成人的要求去要求儿童，而要满足儿童在情感上、身体上、智力上的正常需要，在儿童的实际水平和能力的基础上教育儿童，不揠苗助长。

4. 正确理解儿童是一个主动完整的有机体，在教育上要动员儿童体力的、智力的、情感的整体参与，促进儿童整体的协调发展。

5. 尊重儿童的个性，了解儿童发展上的个别差异，重视个别化教育。

6. 把握正确的导向，充分发挥学校、家庭、社会三方面的教育功能和整体效应，防止产生负效应。

7. 以科学的儿童观为依据，建立科学的、系统的学前儿童教育理论体系，以指导学前儿童教育工作。

总之，要使我们当代的儿童、未来的儿童，在正确的科学的儿童观的指导下，有一个真正得到成人尊重的童年，健康成长的童年，欢乐的童年，潜能得到充分发挥、各方面全面发展的童年！

1994 年 1 月

幼儿园教育活动概述

幼儿园的教育活动是有目的、有计划地引导幼儿主动活动的、多种形式的教育过程。它包括幼儿语言教育活动、数学教育活动、科学教育活动、音乐教育活动、体育教育活动和美术教育活动等。

幼儿园的教育活动，是我国现代学前教育中出现的一个新的概念，它既是20世纪80～90年代我国幼儿教育改革的产物，又是长期以来我国幼儿教育的延续、继承和发展。

进入80年代后，我国幼儿教育迎来了一个新的时期。在改革开放日益深化的过程中，封闭式的幼儿教育逐步走向开放，新的教育思想通过不同的渠道，进入了幼儿教育领域。广大幼教工作者不断吸收有益的理论和经验，提高了专业理论水平。例如：树立正确的教育观和儿童观、强调幼儿的主体地位、重视幼儿发展的目标、强调幼儿在活动中学习和发展、重视环境和物质材料在幼儿发展中的作用以及了解各种课程理论和模式，等等。同时，幼教工作者们还展开了丰富多样的理论和实践研究，其中语言教育活动、科学教育活动、音乐教育活动、数学教育活动、体育教育活动和美术教育活动的理论和实践研究，取得了一定的成效。幼儿园的教育活动的概念，就此产生于80年代开始的幼儿教育改革中的实践研究，又由国家教育委员会在1989年颁布的《幼儿园工作规程（试行）》中加以肯定，并作了解说。通过教育活动促进幼儿发展，这种新的思想已被幼教界普遍接受。

幼儿园的教育活动的概念，产生于改革开放的年代，体现了改革的精神，它也反映了我国历史、文化、教育的传统。

长期以来，我国实施的是有计划、有目的的体、智、德、美全面发展的幼儿教育和学科教育，强调教育的目的性和计划性。而幼儿园的教育活动既强调幼儿的主体性、活动性和幼儿主动参与性，又强调活动的目的性、计划性和教师的作用；它既吸收了西方的教育观点和思想，又不照搬照抄，全盘西化；它既继承、反映了我国教育的传统，又摒弃了不适应现代社会的陈旧的教育观点。因此，可以这样认为，幼儿园的教育活动是我国现代教育的一个新的概念。

那么，怎样全面理解、掌握并在实践中正确地应用幼儿园的教育活动这个概念？这需要有个从实践经验向理论概括的转化过程，也需要有从理论到实践应用的转化过程。本文拟从理论上对幼儿园教育活动作简略的探讨。

第一节　幼儿园教育活动的理论简述

幼儿园教育活动理论实质上是一种教育、教学的方法论。

在人类教育的发展进程中，在教育、教学的方法论上，长期存在着截然对立的两种观点，即教育者直接传授知识、道德准则、行为规范与幼儿在活动中积极主动地吸收、建构知识和社会需要的行为规则的对立。而教育者对教育、对幼儿不同的看法，是形成方法论上分歧的主要原因。其分歧的主要表现见下表：

幼儿教育方法论分歧的主要表现

只重视教育的社会价值，忽视成长中的个体，考虑的只是把社会价值一代一代传递下去。	不仅重视教育的社会价值，还重视成长中的个体。
只关心教育目的，不关心教育方法，只是灌输知识。	既关心教育目的，又注意教育方法。
只关心培养出“完人”，不关心儿童的发展规律。	注意幼儿的发展规律，促进儿童发展，培养社会需要的人。
把幼儿看作受教育的小大人，进行注入式、填鸭式的教育，促使幼儿尽快成长。	认为幼儿具有自己真正的活动形式，在活动中得到发展。提供条件，促使幼儿在活动中交互作用，得到发展。

续 表

幼儿教育方法论分歧的主要表现	
直接传递知识、道德规范等。幼儿从外界接受十分完善的成人知识与道德,成为被动的接受器。	幼儿在活动中积极主动地吸收建构知识。幼儿是活动的主体,主动的学习者、探索者。
教育引向服从。	教育培养自主性。
如果有活动,期望模仿。	活动不仅是模仿,期望丰富、发展。

我们要研究的,即是“通过活动,使幼儿得到全面发展”的教育方法论问题。

关于通过“活动”向幼儿进行教育的思想观点,早在 18 世纪卢梭就提出来了。以后,又有不少教育家提及。卢梭认为,“儿童具有他自己的真正活动,而不真正利用这种活动并扩展它,教育就不能成功。”他的这一理论发现,使卢梭成为教育界的“哥白尼”。

此后,裴斯塔洛齐的活动学校里,出现了学生的自发活动;福录培尔则提出,教育以幼儿的自我活动为基础,通过自我活动实现内部的发展;杜威的著名观点“学习通过做,学习通过经历”,反映了幼儿通过自己的活动学习的思想;蒙台梭利则认为,幼儿最早阶段更多通过行动去学习,而不是通过思维去学习。

幼儿通过活动学习,活动在幼儿发展中具有重要作用的教育思想得到了发展。

随着儿童心理的研究和发展,“活动”教育方法论更有了科学的基础,日渐为广大的儿童教育工作者接受,并应用于实践,在全世界有着极大的影响。

我国教育家陈鹤琴先生提出的“做中学”“做中求进步”的思想和陶行知先生的“解放手、解放脚”等观点,都倡导幼儿自己参与活动学习,以促进幼儿身心的发展,增添学习的兴趣。他们的思想在 20 世纪 50 年代以前,曾为幼教界广泛应用。在改革开放以后,幼教界日益普遍地借鉴皮亚杰的认知理论、活动教育理论，开展各种教育活动，以促进幼儿的身心发展。那么，什么是活动呢？幼儿的活动特点又是什么呢？活动又怎样促进幼儿的发展呢？

一、活动的特点和幼儿活动的发展

按照马克思主义的学说，直接实践的感性活动是活动的主要的基本形式，内部的脑力活动是外部活动的派生物。

活动由主体和客体构成。活动的主体是人或动物（本文所指的活动主体是幼儿），客体可以是活动的对象或产物，即可以是对象本身的外部存在，也可以是形成的观念或心理的反映。对象的不同，决定着活动内容的不同。

活动是人积极地对待客观现实，建立起与客观现实之间联系的一种形式。

（一）活动的特点

活动的特点主要有以下几点：

（1）外部活动必须有动作，每一个动作都有一两个最富有特色的操作，操作使一个动作在外形上不同于另一个动作。操作必须按照严格规定的顺序进行。例如，把手举到头的上部，然后向后运动或向前运动就是梳头动作的操作轨迹，它就不同于洗手的操作。动作有不同的职能，一是改变物体，二是实现主题。

（2）活动都有过程，在过程中主体和客体相互作用，它既表现为主体在物质世界中的主动干预的过程，又表现为对象世界在人脑中的反映过程，两者统一于活动的过程中。

（3）由于活动的对象不同，就产生了不同类型的活动，如交往活动、运动活动、游戏活动、学习活动和劳动活动，等等。

（4）人是完整的有机体，在任何活动过程中产生运动的（主要是骨骼、肌肉）、思维的（主要是神经系统）、情感的（主要是内脏）等整体的反应，而非孤立的反应。

（5）作为活动的主体，人可以积极主动地对客观现实施加影响，也可以积极主动地反映客观现实和有选择地接受客观现实的影响。

而活动主体的知识、经验、能力以及整个发展水平都影响活动的水平。而活动对象的性质，不仅反映不同的活动内容，还制约主体的活动方式和活动过程。

（二）幼儿活动的发展

限于幼儿的发展水平，幼儿的活动不同于成人的活动。他们通过不同性质的动作和行为，表现出活动特有的形式和性质，标志着幼儿的发展水平，也体现了幼儿活动能力的发展。

随着幼儿生命的延续和机体的成熟、经验的丰富，他们的活动也随之变化和发展，形成不同水平的活动。

1. 交往活动是婴儿期的主要活动

婴儿自呱呱落地，就处于同成人连续不断的接触中，如果机体的需要得到充分的满足，就产生新的需要（第一个社会需要），形成第一种形式的主要活动，即与成人交往。

约在婴儿出生后的第二个月，当成人对他抚摸、微笑和说话时，就会引起积极反应——静息不动，注意力集中于成人，向成人微笑，出现运动性的活跃和咿呀的声音，形成快活情绪，有了积极活动的需要。婴儿这种活动的目的在于吸引成人的注意，保持和加深同成人的交往。

在与成人的交往过程中，婴儿不仅满足了交往的需要，还使他获得各种印象，满足运动活动的需要；成人的动作又成为他们模仿的对象。而模仿对婴儿智力发展起着特殊的作用，成为婴儿摆弄物体动作和形成物体概念的基础。

2. 实物活动是学前早期儿童的主要活动

婴儿在其后期的模仿中获得相当复杂的摆弄物体动作，并能把已掌握的动作应用于新的物体。但这种摆弄的动作，仅限于获得物体的外部特征。

随着儿童年龄的增长，经验的丰富，学前早期儿童同物体发展了另一种关系，物体不仅是作为摆弄的对象而出现，而且是作为具有一定的用途和具体的使用方式的物体而出现，即物体具有一定的功能。

儿童的兴趣也迁移到采用新的动作来摆弄物体。这时，儿童已向实物活动过渡。实物活动成为学前早期儿童的主要活动。

实物活动的特点在于了解物体的功能，而不是它们的外部特性。幼儿必须注意于物体的特性及其同其他物体的关系。在幼儿掌握的有相互关系的动作中，幼儿通过这些动作就能感知两种或几种物体的各个部分的某些空间的相互关系，形成知觉动作。

在实物活动过程中，首次展现出各种物体之间的联系，一物体作用于另一物体的可能性。在成人帮助下，幼儿能掌握简单的工具。这样以间接方式表现出来的动作，既要合乎使用工具的规律，又要确定工具和客体之间的联系。动作和物体的联系方式的改变是幼儿的实物活动发展的一个重要方面。

实物活动除了发展幼儿的知觉，还形成了思维的主要成分，使幼儿理解动作与物体或物体与物体之间的相互关系和联系。

幼儿实物活动发展过程出现如下的进程：

(1) 摆弄物体初期，处理物体的行动是没有分别的，不管对待哪一种物体，幼儿都采用所熟知的摆弄方式。

(2) 在掌握物体功能的过程中，确定了动作与物体之间的严格的同一意义的联系，只以直接的用途来摆弄物体。

(3) 在新的水平上自由摆弄物体——幼儿熟悉物体的基本功能，动作具有相对独立性。

(4) 概括物体的技能产生，开始区分动作与物体，然后产生符号机能，出现没有物体的行动或行动与物体不相符的动作，动作失去了自己的实际意义，变成了实际行动的形象或标志，后又产生物体的标志，进而过渡到以符号为中介的认识，发展为新的活动形式——主题角色游戏或生产性活动(绘画、建造)。

3. *游戏活动——学前期儿童的主要活动*

这一点已在有关教材中阐述，本文从略。

这时期，幼儿形成了生产性活动(最简单的劳动)、学习活动、模拟活动等，它们都与游戏密切联系，具有形象性，带有高度的情绪性，他们反映世界的创造因素都和游戏相似。

以上阐述了幼儿活动的发展和活动发展水平，为教育者对不同活动发展水平的幼儿的活动进行相应的教育、教学提供了理论参考。

二、幼儿教育活动

（一）活动在幼儿发展中的价值

活动是人积极地对待客观现实，建立起与客观现实之间联系的一种形式。活动也是个体发展的基础和保证。

人有爱好活动的倾向，尤其是幼儿有活动的需要。他们更喜欢身体的、双手的、五官的活动。活动给儿童带来欢乐。

幼儿在活动过程中，与物质世界和社会环境相互作用，得到身体的、认知的、社会的、情感的发展，形成幼儿的个性、才能以及对周围事物的态度。幼儿的发展离不开活动，就像人离不开空气一样。

幼儿作为一个完整的有机体，在各种活动中产生运动的、智力的、情感的整体反应，对骨骼、肌肉、神经系统和内脏起着整体的作用。活动促进幼儿体、智、德、美和谐地发展。

1. 活动与幼儿的认知发展

幼儿在活动中学习，获取经验，活动是幼儿认知发展的关键，这是由幼儿认知发展水平决定的。

根据皮亚杰的理论，幼儿处于前运算阶段，他们的思维和推理是有限的，极大地依赖于经验，更多地与外部显露的动作相联系。经验是幼儿学习的核心，认知发展的基础。广泛、丰富的经验，有助于幼儿主动建构认知结构、知识的扩展和再建构，有利于内化为知觉、表象和概念，有助于直觉行动思维向形象思维、抽象思维过渡和思维的发展。

然而，幼儿只有通过自身的活动，亲自参与活动、感知和操作，与周围物质世界、人们相互作用，才能获取直接经验（包括物理经验和数理逻辑经验）。

幼儿参与活动的机会越多，与外界接触越广泛，获得的经验也越丰富。这有益于认知的发展。

大脑神经系统是智力发展的生理基础。大脑需要外部的刺激。

幼儿参与活动,反复进行操作,直接刺激大脑,有益于神经系统的发展和神经细胞的生长、成熟,从而促进智力的发展。

幼儿具有智力潜力,参与活动,才能使其转化为实践智力。在活动中还直接锻炼儿童的感官,有益于感知觉的发展。

总之,幼儿的认知发展,始终是幼儿自身活动的结果,而不是教师、家长活动的结果。成人(教师)只能组织幼儿的活动,使幼儿在活动中获取经验,理解知识,发展智力,而不只是通过口头语言来传授。

2. 活动与幼儿社会性的发展

社会性的发展是幼儿身心发展的重要方面,它关系到幼儿成长后能否与社会、团体、他人建立良好、协调的关系,成长为合格的社会公民,以良好的个性积极地影响社会。然而,诸如对自我有正确的认识和评价,能以友好的态度对待他人,建立积极的自我概念,形成友爱、互助、合作、分享、谦让、同情、关心他人等亲社会行为,都不是与生俱来的,也不是通过成人说教就能形成的。这些只能是在幼儿自己参与的活动中,尤其是交往活动中,不断实践、感受、体验,日益积累直接经验和情绪体验的过程中逐渐形成发展的。

活动为幼儿社会性的发展提供了不可缺少的机会,成为与同伴、成人相互作用的中介。以“分享”行为为例,在活动过程中,幼儿一般可以实现:

(1) 注意、观察、模仿他人的“分享”行为;

(2) 理解“分享”行为,表现“分享”行为,一般说来,幼儿在行动中理解、解释“分享”概念,而不是以文字、符号形式理解“分享”概念;

(3)“分享”行为得到同伴、成人的赞扬、肯定,幼儿获得了行为的正反馈和直接感受,感受积极的情绪体验;

(4)“分享”行为的再表现、肯定、赞扬,使行为得到保持、延续和发展。

从上所述可见,幼儿社会性的发展,离不开幼儿亲身参加的交往活动和其他的实践活动,活动使幼儿的社会性得到积极的发展。

3. 活动与幼儿身体的发展

幼儿的身体正处于迅速生长发育时期，而活动，尤其是体育活动，在幼儿身体的健康成长过程中占有重要的地位。我们经常看到同年龄的幼儿，有的高大健壮，有的则瘦弱、矮小、多病。形成这一现象的原因，成人往往想到的是遗传素质、营养等等，却忽视了重要的因素——活动。

一般身体正常的幼儿，除了成人精心的护理、合理的营养和休息、睡眠外，活动对于幼儿身体的正常生长发育、增强体质是非常重要的。犹如人们需要食物一样，肌肉的“饥饿”需要活动锻炼。

(1) 在个体发展中，个体生命的健康存在是保证幼儿发展的物质基础。幼儿健康发展的障碍或终止，意味着个体物质和精神发展的中断或结束。所以，机体健康是幼儿整体素质结构中的重要成分，是幼儿全面发展的基础。活动促进机体(细胞)的新陈代谢过程，为幼儿身体健康带来积极的影响。

(2) 幼儿身体各部分器官和系统尚未发育完善，身体形态尚未定型，适量的活动，将促进幼儿各部器官、各系统的充分发展。例如，幼儿期骨化过程旺盛，骺软骨生长活跃，适当的负荷，能改善血液循环，增加骨细胞的营养物质供应，有助于骨的生长，增加身高。又如，幼儿的肌肉含水分较多，蛋白质和无机盐较少，肌纤维细嫩，富于弹性，肌肉力量较差，体育活动和其他活动的开展，将发展大肌肉群和小肌肉群，促进肌肉的全面发展。再如，适当的体育活动，能使幼儿心脏承担一定的负荷，得到锻炼，有益于心脏发育；使幼儿呼吸系统的抵抗力提高；还能促进神经系统反应灵敏以及增强消化系统的功能等。

总之，活动，尤其是体育活动，能全面增强幼儿的体质，促进幼儿身体正常、健康地发展。

4. 活动与幼儿美感和审美能力的发展

美感是一种复杂的情感，是人们对美的事物的一种愉悦的情绪体验。审美能力则是一种对美的事物进行鉴赏的能力。

幼儿的美感除了具有与情绪体验紧密联系和肤浅、表面的特点外，还有行动性的特点。幼儿感受美的东西时，往往喜欢看一看，摸一摸，听一听，闻一闻，通过一定的动作和操作活动来感受美。为此，各种活动为幼儿感受美、表现美和鉴赏美提供了机会。例如，幼儿科学教育的散步活动、观察自然现象等活动，让幼儿感受大自然的美；音乐、舞蹈、美术等艺术活动，对幼儿有着极大的吸引力，充分感受到音乐、色彩和造型美；而在诗歌、散文等文学活动中能感受语言美；在体育活动中又感受到形体美、姿势美，等等。各种活动还给予幼儿表达美的感情和培养理解、欣赏美的能力。幼儿就是在各种活动中接受美的熏陶，发展美感和初步的审美能力，以及陶冶情操，激发情感，热爱现实生活中的美好事物的。

活动还给予幼儿从事独立操作的能力，获得成功的可能和充分的发挥创造力的机会，得到完成任务、克服困难的锻炼。因此可以说，活动有利于幼儿体、智、德、美的协调发展，自信心、独立性、创造性、责任感、意志力等个性品质的培养，是幼儿教育的最重要的手段、方法。

（二）幼儿教育活动的类型

幼儿教育活动的主体是幼儿，但活动的对象多种多样，构成因素亦不同，也就形成了不同的教育活动。从不同出发点划分，有不同的教育活动类型。

1. 以幼儿活动的性质划分

以幼儿活动的性质来分，有运动活动、交往活动、认知活动、艺术活动、游戏活动等。

2. 以幼儿一日活动的组织划分

以幼儿一日活动的组织来分，则有生活活动、学习活动、游戏活动。

3. 以教育内容划分

以教育内容为划分标准，有六种活动类型：

（1）以语言为教育内容的幼儿语言教育活动；

（2）以数学为教育内容的幼儿数学教育活动；

（3）以科学常识为教育内容的幼儿科学教育活动；

(4) 以音乐为教育内容的幼儿音乐教育活动;

(5) 以体育为教育内容的幼儿体育教育活动;

(6) 以美术为教育内容的幼儿美术教育活动。

本文主要阐述的是上述六种教育活动。

此外,还有以多种内容综合的幼儿综合教育活动和以主题内容进行的幼儿主题教育活动。

4. 以组织形式划分

如以组织形式来区分,则有:

(1) 集体教育活动(正规性教育活动),是组织比较严密、教师直接指导的有计划、有目的组织全班幼儿或分组的教育活动。根据幼儿不同的年龄班,每日组织 1~2 次 10~40 分钟的教育活动,它保证每个幼儿学习到各种教育活动内容。

(2) 自选教育活动(非正规性活动),是组织比较松散,教师以创设环境、提供物质材料及间接影响为主的教育活动,如活动室、活动角、活动区的各种教育活动。一般有阅读室(区)、科学探索发现室(区或角)、美术活动室(区)、音乐活动室(区)、数学教育活动区,以及游戏活动区、建筑积木区等等,供幼儿根据自己的兴趣、需要,自主选择参与各种活动,教师只有较少的指导和干预,以满足幼儿的兴趣,促进幼儿在各自的爱好和水平上得到发展。

(3) 个别教育活动,是按照个别儿童的特殊需要进行的教育活动,包括具有特殊才能或发展有障碍儿童的个别教育。

(4) 幼儿自发活动,是个别的或自由组合的自发进行的活动。如偶发性科学活动,教师既不提供材料,又不组织儿童参加。对由幼儿内部动机引起的自发性活动,教师如能及时发现、关心,积极引导、支持、鼓励,使活动健康进行,则幼儿不仅能得到好奇心的满足,更能获得愉快感,增强其内部动机,发展幼儿的主动性、积极性;教师如忽视这类活动,不仅失去重要的教育机会,而且活动有自生自灭和带来消极作用的可能。

第二节　幼儿园教育活动的原则

幼儿园教育活动是现代幼儿教育的一个新概念，它具有丰富的实质性内容，涉及教育的各个领域，包括语言、数学、科学、音乐、体育和美术等各种教育活动，以及教育活动的目标、内容、过程、方法、环境设备和评价等多种因素。它们既相互联系，又各具特色，形成教育活动错综复杂的结构。如何才能综合各种理论，使教育活动形成科学的合理的机制，并有效地运转，产生积极的效果呢？本节将探讨可用于各种教育活动的基本原则。

一、教育活动目标的整体性以及目标和内容、过程、方法、环境、评价等的一致性

幼儿园教育活动的目标是整个教育活动的核心，它反映社会对幼儿的期望和要求，也反映该年龄阶段幼儿的一般水平，为幼儿园教师教育新一代指明了方向。它是幼儿在有目的、有计划的教育影响下，体、智、德、美和谐发展应达到的基本目标，是教育活动的出发点和归宿，制约着教育活动的内容、过程、方法的选择和设计及环境和设备的供给，也是教育活动评价的依据。

（一）幼儿教育活动目标的整体性和层次性

无论是整体课程、综合主题课程还是学科课程，它们的教育活动目标都必须是整体的，而且是有层次的。

所谓目标的整体性，即指任何教育活动，它的目标不仅反映某一特定的教育活动的自身的教育目标，而且还反映幼儿身体、认知、社会、情感、态度等发展的整体性目标。例如，幼儿科学教育中的“有趣的叶子”活动目标是：通过幼儿的采集、分类等活动，使幼儿发现周围世界有多种多样的叶子，引起幼儿观察大自然的兴趣、热爱大自然的情感，发展幼儿的观察能力和语言表达能力，学习到分类的方法。

上述目标，不仅反映了幼儿科学教育活动的自然科学本身的目标，还反映了情感、态度、智力、能力方面的目标，既体现了整体性，又体现了特殊性。

所谓目标的层次性，就是指任何教育活动的目标，都来自教育的总目标，即第一层次的目标，它统帅着各个教育领域（学科）的目标和具体的教育活动目标。

各个特定领域（学科）的教育目标是第二层次的目标，如语言教育目标、数学教育目标、科学教育目标、音乐教育目标、体育教育目标和美术教育目标等。

第三层次目标是具体的教育活动的目标。有的学科在具体教育活动之上还有年龄班目标。

根据国家教育委员会颁布的《幼儿园工作规程（试行）》的规定，幼儿教育的总目标，即第一层次目标是：

（1）促进幼儿身体的正常发育和机能的协调发展，增强体质，培养良好的生活习惯、卫生习惯和参加体育活动的兴趣。

（2）发展幼儿正确运用感官和运用语言交往的基本能力，增进其对环境的认识，培养有益的兴趣和动手能力，发展智力。

（3）萌发幼儿爱家乡、爱祖国、爱集体、爱科学、爱劳动的情感，培养诚实、勇敢、好问、友爱、爱惜公物、不怕困难、讲礼貌、守纪律等良好品德、行为习惯以及活泼开朗的性格。

（4）萌发幼儿初步的感受美和表现美的兴趣。

上述目标，明显地反映了对幼儿体、智、德、美全面发展的整体要求。

第二层次目标，即某一特定的教育领域的目标，例如，

幼儿美术教育的目标是：

（1）萌发审美感情。

（2）培养基本美术知识和技能。

（3）培养初步表现美的能力。

幼儿科学教育的目标是：

（1）帮助幼儿获取广泛的科学经验，并在感知经验的基础上，形成初级的科学概念。

（2）发展幼儿的智力技能，学习学科学的方法，包括观察、分类、

测量、表达、思考、推断，创造性地发现问题和解决问题。

(3) 发展幼儿的好奇心、对周围事物的敏感性，培养学习科学的兴趣和热爱大自然的情感，以及发展幼儿的独立性、主动性、自信心、创造性等良好个性品质。

上述两个教育领域的目标，都隶属于总的教育目标而又体现各自的层次性和特殊性。

其他教育领域目标见有关各章。

第三层次目标是各个幼儿教育领域的具体活动目标，如“小牛与牧童”——大班音乐欣赏活动的目标：

(1) 通过“小牛与牧童”的游戏，熟悉乐曲的曲调，感受 A 段的悠闲和 B 段的欢快，学习按乐句做动作。

(2) 通过倾听乐曲，创编牧童和小牛的动作，培养幼儿对该曲的喜爱之心；通过牧童与牛、牛与牛相互逗乐的情景表演，学习交往合作的技能，体验交往合作的快乐。[1]

这个幼儿音乐教育的活动目标，是属于第三层次的，是要求幼儿通过自己的活动，达到的活动目标。它反映了幼儿认知、情感、身体发展的整体性，也反映了第三层次的具体可行性。

(二) 教育活动目标与内容、过程、方法以及环境、设备、材料的一致性

在任何教育活动中，目标与内容、过程、方法、环境、设备、材料等都紧密相关，形成一个不可分割的活动整体结构，它们都是教育活动不可缺少的构成因素。

目标是教育活动的核心，把握着整个活动和幼儿发展的方向。活动的其他组成部分虽相对独立，但从属于目标，为实现目标服务，它们是主从关系。

为了幼儿教育活动的顺利开展，促进幼儿整体发展，首先，教师要牢固树立目标意识，必须根据目标开展活动，避免活动的盲目性；其

〔1〕 唐茸：《“小牛与牧童”的音乐欣赏活动设计》，《幼儿教育》1995 年第 1 期。

次，确定目标（指具体活动目标）后，教师必须思考、选择、组织与目标相应的内容、方法、过程和环境、材料等其他组成部分，以取得它们的一致性；再次，在教育活动过程中，仍然要围绕目标，有顺序地展开活动；最后，在评价时，还是要根据目标，作出整体性、一致性的评价。

以上阐述了幼儿教育活动目标的整体性、层次性和目标与它的组成部分的一致性。这是幼儿教育活动实施时首先要遵循的原则。

二、保证幼儿教育活动中主体与客体的相互作用

幼儿是在活动中学习的，幼儿的发展是他们自身活动的结果，幼儿的学习离不开活动。在教育活动中，作为主体的幼儿与客体同处于活动的过程中，主体只有与客体相互作用，才有可能得到身体的、认知的、社会的、情感的协调发展。主体与客体在活动中相互作用越充分、活跃，则主体获得经验、感受、情绪体验也越丰富，越能促进主体的发展。

为了保证幼儿教育活动中主客体的相互作用，教师必须做到：

1. 充分认识活动中主体的价值

幼儿是各种教育活动的主体，是一个能动的、活动的有机体，有着认知的、社会的、身体的、情感的各方面的潜力，幼儿又是一个主动的学习者。在一定的条件下，他们主动地、有选择性地参与活动，与客体相互作用，而主体的内部因素（包括注意、动机、意愿、能力、期望等）对主体参与活动的程度和积极性的发挥起制约作用；主体的一般发展水平和个体差异，也紧密联系着幼儿活动的水平和质量。可以说，主体的内部因素是保证教育活动处于最佳状态的基本条件。

为此，教师必须重视幼儿的发展水平和已有的经验，重视幼儿在活动中的自主性、兴趣、意愿和情感、态度，尊重幼儿的需要和人格，鼓励幼儿积极参与活动，充分发挥主体作用。

2. 充分认识幼儿教育活动中客体的功能

在幼儿教育活动中，活动的客体都有自身的结构，呈现出客体的独特性和多样性，而不同于其他教育活动。客体都是幼儿学习的对象，作用的对象。它除了与教育目标保持内在联系和一致性外，客体

结构的实践性(不是符号性)、多样性、可操作性和可探索性,以及适合幼儿发展水平等等,对于主体能否积极作用于它都是至关重要的。客体只有具备上述各种条件,才能激发幼儿的好奇和兴趣,诱发他们主动参与活动的愿望,在活动中积极与客体相互作用。

3. 参与是保证主客体相互作用、获得发展的关键

离开主体参与则不存在活动,也不存在主客体的相互作用;主体被动参与活动,则会削弱主客体的相互作用。作为教师,必须创造各种条件,运用多种方法,激发主体积极参与活动,使主客体在教育活动中的相互作用处于最佳状态,得到最大限度的发展。

此外,良好的环境气氛、丰富的材料、充足的时间,也是开展活动、保证主客体相互作用必不可少的外部条件。

为了使幼儿得到应有的发展,保证主客体充分的相互作用,是幼儿教育活动的又一个原则。

三、教育活动中经验的连续性和渗透性原则

经验是人通过感官直接接触周围环境,经过亲身经历和体验所获得的那部分经验性的具体的知识。根据皮亚杰的认知发展理论,处于前运算阶段的幼儿,由于思维和推理能力有限,极大程度地依赖于经验,经验性学习成为幼儿学习的特点,是幼儿学习的主要方式。通过各种活动,幼儿获得多样的、丰富的直接经验性知识,成为幼儿各方面发展的基础。无论是概念的形成、理解,智力的发展,语言的丰富,交往能力的发展,社会行为的培养以及美感、审美能力的发展等等,都离不开幼儿获得的广泛的、多样的、具体的经验。教师为幼儿选择不同的经验作为幼儿活动的对象,提供给幼儿,通过主客体在活动中的相互作用,使幼儿获得有关经验,如幼儿在教学活动中获得数理逻辑经验等。

各种教育活动的经验都具有独特性,也有它们的连续性、联系性和相互依从性,形成各自的经验知识体系,如物质世界的经验性知识、语言经验性知识等等。它们都有着已有的经验、当今的经验和未来的经验的连续,活动室内的经验、幼儿园内的经验和周围环境的经验的

连续和联系。这些初级形式的，有体系、有结构的经验知识体系，有助于幼儿理解、记忆和运用，它们更隐藏着知识的复杂化、概括化和广泛发展的基础。

为此，在各种教育活动中，保证经验知识的连续性，保持各种教育活动自身的连续性是非常重要的。例如，幼儿数学教育，有其内在的逻辑顺序，数的经验知识和数的概念、几何形体知识和时空关系等数学教育内容的体系，构成了一系列有顺序的、连续的数学教育活动，以便于幼儿学习、理解和掌握。这与在日常生活和其他教育活动里联系“数”或“形体”的教育是有很大差别的，因而也是其他教育活动所不能取代的。幼儿语言、体育、美术和科学活动也是如此，相互间不能取代，必须保证各种教育活动自身的连续性。

但是，各种具体经验知识、活动内容都不是孤立的，具有相互渗透性。例如，任何物质的存在都和数、形紧密联系；任何事件的发生都和时间、空间有关；语言是思维的外壳，具体的经验和体验都是语言的丰富材料；五彩缤纷、婀娜多姿的自然界是幼儿感受美、萌发积极情感的对象。在各种教育活动中注意相互联系、相互渗透，将有助于幼儿获得广泛的、丰富的经验，以及巩固、运用和扩展知识内容。

贯彻教育活动中经验知识的连续性和渗透性原则，对教育者提出了更高的要求。教师不仅要理解、熟悉各种教育活动内容的内在联系、连续性和体系，还要了解不同教育活动内容之间的相互渗透性，并把各种教育活动科学地、合理地组织安排，从而保持各种教育活动的特定的体系、经验的连续，又不决然割裂，而是彼此联系，使全部教育活动取得最佳的效果。

四、集体教育活动与个别教育活动相结合

集体教育活动是以往“作业”“上课”的延续，是我国学前教育的传统之一。它要求面向全班幼儿或分组开展教育活动，以保证班上所有的幼儿都有接受教育的机会，使他们都能达到教育目标的一般水平。它的优点是：每个幼儿都参与活动，感受到共同学习的乐趣，并能相互交流，相互补充，共同提高，有助于合作、友爱、相互帮助等社会性行为

的发展和培养遵守集体规则、不妨碍他人等良好习惯。

但是，由于遗传素质、社会环境、文化背景、家庭状况和生活条件的不同，同一年龄阶段的幼儿，虽然具有一般的发展水平，但在各个方面的发展速度和水平上都会存在差异，如好奇心的强弱，经验的多寡，动作的灵活与否，思维的灵敏和迟缓，兴趣爱好、语言能力发展的快慢以及学习方法、社会交往等等，都各不相同。依据幼儿一般发展水平的集体活动，不能顾及每个幼儿的发展状况和兴趣、爱好，因此，个别教育活动是非常必要的。当今幼儿教育改革中出现的分区活动、选择性活动，都为幼儿个别活动提供了机会。它的优势是使幼儿在不同发展水平上，得到各自的、不同程度的发展，能力得到充分的发挥，兴趣、需要得到最大限度的满足，还能得到教师适当的、及时的个别指导。在集体活动中增加幼儿的活动机会，幼儿也有可能在各自水平上进行操作活动，满足一定的需要。这也意味着集体活动中的个别化活动。

集体教育活动和个别教育活动相结合，它们相互联系、相互补充，但不能只重视集体活动而忽视、取消幼儿的选择性活动和个别活动，也不能只强调个别活动而放弃集体活动。在幼儿教育活动中，既要保证一定的集体活动时间，又要为幼儿提供充分的、个别化活动的机会，以使每个幼儿都能在自己的水平上得到最佳的发展。在当今的幼儿教育中，有"保证幼儿最基本的发展，而上不封顶"的通俗说法，与集体教育活动和个别教育活动相结合的原则具有相似的含义。

五、教师的直接指导与间接影响相结合

在各种教育活动中，保证主体与客体相互作用是至关重要的。因而教师的作用也是非常重要的，教师的指导是不可缺少的。它保证幼儿教育活动的正常开展和全体幼儿的身心得到协调的发展。这是幼儿教育活动和幼儿自发活动的实质性区别。在任何情况下，教师放弃指导、放任自流都是错误的。

但是，教育活动仍然是幼儿自身的活动，知识经验是幼儿活动的产物，不是教师活动的结果。因此，教师不能取代幼儿的活动或严格控制或过多干预幼儿的活动，以保证幼儿在活动中的主体地位，但也

不能使幼儿的活动自生自灭。即使是对幼儿有发展意义的幼儿自发活动，教师也要关心、支持和引导。

教师的指导有直接指导和间接影响两种。它们既有区别，又有联系，必须结合运用。

教师的直接指导是由教师根据幼儿教育活动的目标，直接向幼儿提出进行活动的要求，发出指令，传递某些知识、技能，教以一定的行为方法，提出需遵守的某些行为规则。诸如动作、语法、行为规则的示范讲解，概念的定义，范例的解释等等，都属直接指导。

教师的间接影响（间接指导）是指教师为幼儿提供环境、物质材料，唤起幼儿的好奇心，引起幼儿的兴趣，激发幼儿的内在动机和参与活动的愿望，教师通过参与活动，以情感、态度感染幼儿，从而影响幼儿，使其积极愉快地参与活动。

教师在活动中的直接指导与间接影响是相互联系、相辅相成的。在各种教育活动中都有直接指导与间接影响，但不同的活动，两种指导的程度是不同的。在同一活动中，两者并存，有时是直接指导，有时则是间接影响，相互交替。

最后，教师在活动中要善于处理好两种指导的关系，以保证幼儿在活动中的主体地位，幼儿活动的时间和空间，幼儿主动性、创造性的充分发挥，主体与客体的相互作用，个别幼儿兴趣和需要得到满足，各种经验的直接获得而不是教师给予。教师要尽力避免过多干预幼儿的活动，以免造成幼儿思维的中断和活动的终止。

幼儿的活动需要教师的指导，而教师的指导是为了促进幼儿的发展。

六、保证教育活动的良好环境和丰富的物质材料

环境是指人类所在的空间、范围和场所，是人类生存和发展的必要条件。

幼儿教育活动的环境是受一定的文化、教育观念的影响所组织的、综合的一种动态的教育空间或场所。它既是物质的，又是精神的，既是开放的，又是封闭的，具有保育和教育意义。它包含心理环境和

物质环境。

心理环境是由成人和幼儿、幼儿和幼儿之间的关系所形成的环境气氛，是开展幼儿教育活动的前提。无论是哪一种教育活动，如果要顺利进行，都需要有一个充满爱意和温情的亲密和谐的环境气氛。在这样的环境里，幼儿感受到被爱、被接受、被尊重，可产生相互信赖、安全和舒畅的心情，没有心理压力。幼儿就会轻松、放心地集中于活动，尽情地与人、与物质材料接触，充分地相互作用，从而获取广泛的经验。

物质环境是室内外幼儿活动的场地和设备、材料等，如大型的运动器械和敲击的小铃等，都属物质设备和材料。

心理和物质环境都直接地、极大程度地影响各项教育活动的开展和幼儿认知的、身体的、社会的和情感态度的发展，是影响幼儿体力、动作、语言、交往能力、智力和审美能力等发展速度和水平的重要因素，是教育活动开展的物质支柱。因此，保证教育活动的良好环境和丰富的物质材料是幼儿教育活动的重要原则。

1. 创设良好的幼儿教育物质环境的目的

创设良好的教育活动环境的目的，在于组织幼儿参与环境、参与活动，对幼儿进行体力的、智力的、社会的和情感的等全方位的信息刺激（如一盒彩色蜡笔、一张纸，将激起幼儿绘画的愿望；一只放大镜会激发幼儿进行科学探索活动的兴趣等），通过多种教育，让幼儿与环境、材料发生交互作用，激发内在的积极性，直接得到各方面的经验和情绪体验，启迪智力，促进体、智、德、美的全面发展。

2. 幼儿教育活动的环境和材料设备的内容

（1）数学教育活动的材料，如点子卡片、时钟、磅秤、尺、计算器以及各种画片、实物等。

（2）语言教育活动的材料，如图书、图片、录音机、贴绒板等材料设备。

（3）科学教育活动的材料，如室外的树木、花草、动植物、石块、泥土等有生命物、无生命物和室内的磁铁、放大镜、水盆、沙箱、发声玩具等材料设备。

(4) 音乐教育活动材料，如钢琴、二胡、手风琴、铃鼓、小铃等大小乐器。

(5) 体育教育活动材料，如大型的运动器械(滑梯、软梯、攀登架、秋千等)和小型的球、沙袋、棍棒、绳子等运动器具。

(6) 美术教育活动材料，如各种彩色蜡笔、铅笔、油画棒、涂料、剪刀、泥团、浆糊、纸张等。

上述列举的材料仅供教师准备时参考，详见有关章节内容。

3. 创设良好活动环境和提供材料的要求

(1) 从整体出发，统一构思，合理布局，综合实施。环境设施要从体、智、德、美全面发展的要求出发，符合该年龄阶段的发展水平，而不是片面考虑某一领域的教育活动。应根据场地面积，如室外运动器械，树木花卉，室内活动区等，统一构思，合理安排，以发挥现有的地面、空间和多种设备材料的整体功能。

(2) 环境、设备和材料要安全卫生、坚实牢固，避免在活动中损伤幼儿或出现不应有的事故。

(3) 环境和材料要美观而富有趣味性，以引起幼儿的好奇心，激发幼儿参与活动，与材料充分相互作用，获取各种直接经验，促进身心发展。

(4) 要因地制宜，因陋就简，要从本地区、本园的实际出发，创设环境，利用潜在空间、边角场地，以扩充幼儿的活动面积；利用废旧物品，制作玩具和活动的各种材料，以供开展各种教育活动之用。

(5) 要协调环境中的不协调因素，不能一劳永逸，固定不变，教师应从幼儿参与活动的积极性和兴趣考虑，根据环境与幼儿发展水平，及时地对现有的环境因素进行调整、协调、变换和补充，以保持幼儿的活动兴趣，积极、愉快地参加各种教育活动。

最后，除了创设良好的活动环境和提供物质材料外，充分利用大自然和社会是极为重要的。大自然和社会为我们开展各种教育活动提供了丰富的资料。在任何地方、任何季节，教师都应带领幼儿多接触自然环境、自然物及社会，从中吸取营养，陶冶情操，发展审美能力，开发智力，增强体质。

上述幼儿教育活动原则，是优化教育活动的保证，它关系到幼儿教育活动的目标、内容、过程、方法、环境设备以及教师的指导等各方面。它们以教育活动的目标为核心，紧密联系，相互制约，直接影响到教育活动的有效开展。对此，教师必须充分认识，认真贯彻，以使幼儿积极参与，愉快活动，得到全面发展。

1995 年 4 月

中篇

学前儿童科学教育

幼儿园大班自然常识教育初步实验研究

幼儿自然常识教育科研小组　王志明执笔

现代科学的迅猛发展，科学知识的成倍增长，对教育提出了新的要求。怎样适应科学发展的新形势，提高下一代的科学基础知识水平，培养他们爱科学、为人民的高尚品德，是当前大家关心的问题。提前向学前儿童进行自然常识的启蒙教育，培养幼儿对科学的兴趣，为入学后学习系统的科学知识打基础，以及研究大班自然常识的要求、内容、方法和对幼儿智力发展的作用，是我们这次实验研究的目的。

1979～1980 年，我们在代代红幼儿园、太平巷幼儿园、南师五台山幼儿园、南师附小幼儿园，对 5～6 岁的大班幼儿进行了自然常识教育的实验研究。现将实验情况介绍如下：

一、实验研究的过程和做法

1. 实验对象：四个大班的幼儿。上学期 142 名，下学期 138 名，大多数为五岁半左右。对比班，上学期 31 名，下学期 29 名，年龄与实验班相仿。

2. 实验教学的内容：① 引导幼儿注意观察某些自然现象，如月亮的位相（满月、半月、月牙）、星星、光的各种颜色、影子、天气（晴天、阴天、雨天）等；② 在幼儿观察、实验的基础上，教幼儿初步懂得一些自然现象和自然物的特征、性质、用途或作用；③ 引导幼儿在观察、实验过程中初步了解某些自然现象之间的相互关系、变化和条件，如动植物和空气、阳光、水的关系，青蛙、小麦的生长变化过程，四季顺序和各季节的主要特征等等。

3. 实验研究的步骤：① 科学研究小组学习有关材料，商定自然常识教育的目的、要求及内容；② 讨论具体教学要求，安排每月上课和活动的日程，用 53 节课，19 个集体活动以及各种分散活动（如幼儿的科学桌、自然角、观察记录等），完成整个自然常识教育任务；③ 拟定每节课的教案（对比班自然常识教育仍按南京市规定的内容进行教学）；④ 对实验班每个幼儿在实验前进行摸底测验和评分，期末检查教学效果；⑤ 对比班在两个学期的期末，以实验班的教育内容进行检查；⑥ 每学期末向实验班幼儿的家长作调查，了解幼儿通过自然常识教育后的反映；⑦ 科学研究小组整理实验资料，进行分析总结。

二、实验研究的结果

1. 幼儿接受自然常识教育效果统计

① 实验班在两个学期的期初、期末测验的结果

表一

成绩 人数百分比 时期		10分以下	10分以上	20分以上	30分以上	40分以上	50分以上	60分以上	70分以上	80分以上	90分以上
第一学期	期初	0.6%	17%	41%	35%	5%	1.4%				
	期末					4%	3%	8%	28%	39%	18%
第二学期	期初	1%	5%	24%	36%	26%	7%	1%			
	期末						1%	3%	9%	23%	64%

从上表可以看出，幼儿学习自然常识的前后，成绩差距很大，说明所教的内容幼儿一般都能掌握。对 5～6 岁幼儿扩大自然常识教育内容的范围，适当提高教育要求是可行的，幼儿是能够接受的。

② 实验班和对比班在两个学期期末测验的成绩对比：

表二

成绩 人数百分比 时期		10分以下	10分以上	20分以上	30分以上	40分以上	50分以上	60分以上	70分以上	80分以上	90分以上
第一学期末	实验班					4%	3%	8%	28%	39%	18%
	对比班			29%	51%	14%	3%	3%			
第二学期末	实验班						1%	3%	9%	23%	64%
	对比班		21%	39%	25%	7%	4%	4%			

从表二可以看出，实验班和对比班期末测验成绩差距很大，说明教与不教大不一样。

这方面的教育既然幼儿能够接受，就应该充分利用这种可能性，丰富幼儿的知识，促进他们智力的发展。

2. 自然常识教育在幼儿发展中的作用

① 开阔了视野，增长了知识。由于自然常识教育的内容不断丰富，把幼儿对自然的认识，从树木花草和鸡鸭鹅等动、植物，扩大到宇宙太空的太阳、月亮、地球、星星，扩大到地面上的泥土、石头，扩大到常用的水、常见的光、常听到的声音等，使幼儿把过去熟视无睹的自然现象作为有目的地观察和认识的对象，进行有意识的感知和主动的学习，从而扩大了视野，增长了知识。以认识太阳为例，开学初，幼儿一般只知道太阳是圆圆的、红红的，有的知道太阳会发光发热，但不知道太阳光很强、热量很大。142 名幼儿中，只有 4 人知道太阳是个大火球，40 名幼儿不知道太阳有什么好处。经过教师有目的地引导幼儿观察和实验，期终有 133 名幼儿知道太阳是个大火球，一般幼儿都知道太阳会发光发热，不少幼儿还会说："太阳比世界上所有的灯还亮，比世界上所有的炉子还热。"几乎所有幼儿都知道人、动物、植物离不开太阳。很多幼儿关心自己种的植物，要给它晒太阳。有个幼儿种的凤仙花，被别人晒的衣服遮住了，她着急地说："你的衣服挡住了太阳，这样花会长不好的。"还有的幼儿懂得太阳灶可以烧饭，就形象地用一把张开的伞比作太阳灶，上面放个大锅，说："长大要造吸太阳热的东西烧饭。"……

又如，五六岁的幼儿对石头并不陌生，但在把它作为认识对象以前，对它的用途并不注意。期初调查时，138 名幼儿总共说出了石头的 15 种不同的用途，有 37 名幼儿不知道它的用途。教师引导幼儿注意周围的石头，主动地去感知它、认识它，到期末，138 名幼儿全部能说出石头的几种用途。他们共讲出 42 种不同的用途，除了知道一般的铺路、筑桥外，还说可以做水泥、堆假山、造石阶、围池塘、筑纪念碑、建宝塔、刻图章、磨刀、打坏蛋。有的还举出中山陵的石人、石狮子、石马、石阶等等。其内容超出了教师介绍的范围。把石头的用途扩大到马路上、陵园里所见的东西,这充分说明随着自然常识教育内容范围的扩大,幼儿的视野随之扩大,知识明显增加。

一年的自然常识教育实践证明,通过有目的地教育幼儿观察事物的特征,观察周围的一些自然现象,了解自然现象的变化和变化的原因,指导幼儿对自然物进行分类、归类、整理、总结,能够促进幼儿把原有零星的经验条理化、系统化,形成粗浅的自然常识概念。以幼儿对四季的顺序和主要特征的认识为例,期初只有26%的幼儿知道四季的顺序,对于四季的主要特征则认识简单、模糊,只能讲出“冬天很冷,夏天热”;有的幼儿说“夏天有太阳,冬天有时有太阳”;“夏天草黄了,秋天麦子长了”……通过有目的地引导幼儿观察四季的变化,丰富了有关四季特征的感性材料,再通过总结性谈话,使幼儿对四季的主要特征有了比较条理化、系统化的认识。期末有97%的幼儿能说出四季的顺序,还能较清楚地从四季的气温、树木、花卉、昆虫、人们的服装等,描绘四季的主要特征。即使期初对四季特征很模糊的幼儿,也能较有逻辑地说:“春天天气暖和,树、草发芽了,花开了,人穿上夹衣了”“夏天天很热,太阳火辣辣的,人穿裙子,树叶一片绿,很茂盛”,“秋天很凉爽,树叶、草有的黄了,小朋友穿毛衣毛裤”“冬天天很冷,树叶掉了,小朋友穿棉袄,戴帽子,做雪娃娃”。幼儿受到自然常识教育以后,对四季的描述显然比期初有条理,语言表达也清楚了。

② 促进了幼儿观察力、思维能力的发展。教师引导幼儿观察自然现象,指导幼儿观察的方法,使幼儿观察能力迅速得到提高。他们常常主动地观察周围事物,注意过去不注意的自然现象,注意观察自然现象的区别和变化。这样不仅提高了幼儿的观察能力,还促进了他们思维能力的发展。以观察蝌蚪的成长过程为例,期末测验时,有86%的幼儿能迅速地用数字符号标出青蛙的生长过程——卵,蝌蚪,蝌蚪生出后腿,然后再长出前腿,蝌蚪尾巴缩短消失变成青蛙。有的幼儿还能说得更细致:“蝌蚪的后腿长、粗,前腿短、细,尾巴慢慢缩短,眼睛慢慢鼓出来,头慢慢变成三角形的……”可见,经过教育,幼儿已

经初步学会了较完整地、有顺序地、细致地对事物进行观察。

我们还通过多种活动，教幼儿学习归类、分类的方法，启发幼儿注意发现事物之间的联系，训练幼儿的分析、综合、判断、推理能力，促进幼儿思维能力的发展。以要求幼儿把动物分为家禽、家畜、野兽等三类的测验情况为例，实验班幼儿期初会分类的占 29%，到期末上升到 89%；而对比班幼儿期初都不会分类，到期末会分类的占 27%。可以看出，实验班幼儿的分类能力显著提高；对比班由于没有进行这方面的训练，分类能力只相当于实验班期初的水平，归类能力则更差。

以未经学习过的新内容——碗筷、盆子、匙和削笔刀、书、书包、铅笔等分成餐具、文具两类为例，实验班幼儿会分类的占 82%，对比班只占 24%。可以看出实验班幼儿经过分类的训练，分类能力已应用到未学习过的事物上。对比班这方面能力就很差。

幼儿思维能力发展的又一重要特征，是逐步学会运用学过的知识分析所见、所闻，解释日常生活中的某些自然现象。如家长们反映，有的幼儿在吃饭时，看到锅盖上的水滴，便说："我知道盖子上的水是怎么来的，这是因为水蒸气上升结成的。"有的幼儿看到妈妈把针掉了，便说"我有办法"，接着就找出磁铁在地板上吸，果然找到了。有个幼儿在早上听她的爸爸说"天冷了，树叶都掉光了"，马上纠正说"爸爸说得不对，常绿树的树叶没掉光"。这些事例充分说明，幼儿在理解的基础上，思维能力及思维的灵活性都有了显著提高。

③培养了幼儿对自然常识的兴趣，激发了求知欲。一年的自然常识教育，使幼儿对科学产生了浓厚的兴趣，具体表现在爱观察自然现象，对自然现象好问好探究，爱做科学小实验，爱看有关图书等。如章梅小朋友自做麦种发芽实验，天天浇水，天天注意麦苗的变化，麦苗长了两片叶子、三片叶子，都被她看得一清二楚。她一直观察到麦子成熟、收获。陈艺玲小朋友每天早晨去幼儿园前先看看天气，如果是阴天，她会一本正经地说："今天天气不好，要下雨了，我要带伞。"由于爱观察，在不知不觉中打开了幼儿认识世界的窗户，使他们在大自然中吸取了丰富的知识。幼儿对自然现象能进行对比和多方面思考，从而

发展了幼儿强烈的求知欲，表现出好问好探究的可贵品质。根据不完全统计，幼儿在家提出的450多个问题，涉及面广，有关宇宙、气象、动物、植物、非生物、光、磁铁、声音、水、交通工具、机器等等。如观察月亮，问为什么月亮有时圆，有时半圆，有时月牙形。介绍光以后，问为什么晴天光线亮，雨天光线暗；为什么火光有红色、蓝色的。做了种子发芽实验后，问为什么树会发芽，草会发芽，大蒜会发芽；为什么人不会发芽，石头不会发芽等等。这一系列问题说明，扩大自然常识教育内容后，活跃了幼儿的思维，启发了他们的心智，培养了他们好问好探究的学习品质。

自然常识教育，使幼儿对小实验也产生了浓厚的兴趣。几乎所有孩子都做了小实验，据不完全统计，实验班幼儿在家共做了305次小实验，其中有种子发芽实验、磁铁吸铁实验、聚光实验、发声实验以及种植饲养等等。

此外，有的幼儿还以猜谜语、叙述、提问等方式在家庭里谈论有关自然常识的内容。有的上街不再要爸爸妈妈买糖果、买玩具，而是要买《动脑筋的爷爷》。更可喜的，是孩子们产生了科学幻想。如有的孩子提出能不能碰碰太阳。刘凯小朋友在夏季乘凉时，幻想插上翅膀或坐上火箭，飞到月亮上去看嫦娥阿姨，并说一定要带一瓶氧气。

幼儿在接受自然常识教育过程中，不知不觉地爱上了科学，正如有的家长所说："自然科学学习，激发了孩子的兴趣和求知欲，丰富了孩子的生活，在他们幼小的心灵中种下了学科学、爱科学的种子，我们家长十分欢迎！"

三、几点体会

1. 恰当的自然常识教育是丰富幼儿知识、促进幼儿智力发展的重要方法。教育实验研究的实践告诉我们，大班幼儿的自然常识教育内容可以适当扩展和加深。正如瑞士心理学家皮亚杰所说："……输入的信息与个体已有的认知结构之间既和谐又有不和谐的因素，也就是有中等程度的不相符合时，才最易造成认知结构的不平衡，因而引起高度的学习兴趣，从而加强并支持学习，而且这样获得的知识会被迅速地有条理地编码在认知结构里，这是启发智力的活知识，它记忆牢固，应用方便。”我们在自然常识教育中，就是在幼儿已有感性经验的基础上，适当给予相应的新知识，并整理、组织幼儿已有的经验。这样做，能够引起幼儿学习的兴趣，使他们在积极的状态中获得新的自然知识，使他们学得愉快、学得活，记得牢固，便于应用，从而促进了幼儿智能的发展。

2. 多种方法、多样活动是充分激发幼儿学习主动性、积极性的保证。在一学年的自然常识教育中，教师有目的地采用了多样活动、多种方法——观察、科学小实验、观察记录、收集、种植、饲养、游戏等多种活动，以及布置科学桌、自然角等各种形式，从课堂、课外直到幼儿家庭，在各个方面创造学习的条件，提供有吸引力的材料，同时授予观察和思考的方法，引导幼儿运用各种感官直接接触自然界。让幼儿自己多动手，可以启发幼儿多思考、多联想、多分析。这些活动是任何单一的上课形式所不能代替的。只靠自然常识课上给予幼儿新知识，是不容易巩固的。在活动中进行教育，幼儿可以自由选择观察或实验对象，自由结合小伙伴，在愉快的情绪中主动学习，持续地进行观察，积极地进行思考，使学习逐步深化，并使课内学到的知识得到巩固，从而促进幼儿智能的进一步发展。

3. 形成初步的自然常识概念是促进大班幼儿智能发展的关键。我们发现当幼儿逐步形成一些粗浅的概念以后，就会提出进一步的问题，激发起更强烈的求知欲，以及分析、解决问题的主动性，甚至会通过观察自然界或做小实验去验证已得的概念。以“磁铁能吸住铁的东西”为例，当幼儿理解并牢固掌握这个概念后，有的提出：“为什么磁铁只能吸住铁的东西，而不能吸铝的东西？”有的幼儿还能运用这个概念，分析其他的磁铁吸铁现象。实验班有95%的幼儿能判断玩具里有无磁铁，而对比班只有42%的幼儿能作出判断。这些都说明幼儿掌握自然科学常识粗浅的概念后，提高了分析问题、解决问题的能力。

时代在前进，孩子在发展。我们认为五岁的幼儿接受自然常识启蒙教育，有利于发挥他们智力发展的潜力。为了促进幼儿智能的发展，为今后系统学习科学文化知识奠定基础，幼儿自然常识教育的内容有必要适当增加，要求也要相应提高，并要把发展幼儿的智能置于重要地位。为此，教学方法须有相应的改进，使幼儿从被动地接受变为主动地探求。

1981 年 2 月

小班幼儿对自然物情感的特点和培养

伟大的生物学家达尔文幼年时期，在母亲的熏陶下，对花草树木建立了情感。他的这种情感，支持了他终身研究自然科学，使他克服和战胜了来自自然和人为的种种险境和困难，在生物科学上取得了一个又一个具有深远意义的成果，终于成为一名伟大的自然科学家。由此可见，自幼培养孩子热爱自然，热爱自然物，培养他们对周围自然界的兴趣，是必要的、有意义的。

我们曾在江苏省委机关幼儿园，就小班幼儿对自然物、小生命的情感特点和表现，以及认识自然和热爱自然的情感发展的关系进行了观察、调查，对如何培养幼儿热爱大自然的情感的规律进行了初步探索。

一、小班幼儿对自然物情感的一些表现特点

1. 小班幼儿对自然物或自然现象的喜爱与否，与该自然物的结构、颜色、形象、声音、味道、气味有关。如小班幼儿对小金鱼的喜爱，100%的幼儿是由于金鱼的外形特征所引起的。他们是这样表达的："金鱼会游泳""金鱼的尾巴漂亮""金鱼的眼睛好看""喜欢金鱼的嘴""喜欢它的泡泡眼睛"。又如有64%的幼儿喜欢猫，他们的回答是："我喜欢猫，它会喵喵喵叫""我喜欢猫亮亮的眼睛"；还有34%的孩子害怕猫，说它会咬人，显然这是由于不安全感所引起的。

2. 幼儿对自然物的情感单纯、外露。三岁多的幼儿见到可爱的小动物时，他们的表现是惊奇地凝视，欢笑，蹬脚拍手，想触摸、搂抱；假如看到感到害怕的动物则表现出躲避、退缩，依附于他人。总之，以

他们的面部表情、动作姿势、声音等显示出他们的兴趣、喜爱或厌恶、害怕等情感。教师如能有意识地观察,是很容易发现的。

3. 幼儿对待自然物的情感不易调节与控制。当孩子希望自由自在地观察他们所喜爱的小动物而未能满足时,容易冲动,他们会急急地推倒妨碍物,毫无控制地追逐他们喜爱的对象,甚至大声叫喊,成人很难制止。

4. 三岁的幼儿对小动物的喜爱胜过植物。小动物只要一出现,就能引起孩子们观察的兴趣,这种兴趣也较持久。而对植物,在开始出现时,往往表现出无所谓,尽管花朵的鲜艳色彩能引起孩子一时的兴趣,但这种兴趣很快就会消逝。

二、小班幼儿对自然物情感的产生与发展

孩子们对自然物的情感随着认识而产生,并随着与客观对象接触时间的延续,教育的深度,认识的发展,而不断变化。而这种情感的发展变化,又反过来对幼儿认识自然物起推动作用或阻碍作用。正如认知心理学家皮亚杰所认为的:认识是和情感平行发展的,情感和认识过程的发展是互相促进,互为条件的。

1. 幼儿对小动物的喜爱之情,与他们对客观对象的接触有关。即使是外貌并不美的猪,由于提供了充分的观察机会,孩子们能尽情地观察,他们对猪的情感起了积极的变化,竟有86%的孩子喜欢猪,并以自己的语言,表达了对猪的喜爱。

2. 随着孩子与自然物的不断接触,认识不断发展,孩子对树木花卉和小动物的情感也不断地发展。例如,当第一次接触鸡冠花时,全部孩子几乎都叫不出它的名称而叫它大花、红花,没有兴趣观察,更说不上喜爱。但通过引导,孩子稍有认识,略知特性后,便对它产生喜爱的情感,如抚摸它,嗅嗅它有没有香味等。又如,有的小朋友原先怕猫,经过饲养、观察,了解猫的特征后,对妈妈说:"我不怕猫,猫会捉老鼠,不咬人。"说明他们在逐步认识猫的过程中,消除了对猫的害怕感。随着接触的增加,观察的深入,他们对自然物的情感进一步发展,有的甚至还要和小动物或花卉树木说话,表示关心、爱护。例如,某天清

晨，当孩子们看见由鸡冠花染红的水滴在鸡冠花周围时，他们着急地对着鸡冠花说："鸡冠花，你哭啦！""鸡冠花，你出血啦！""鸡冠花，谁欺侮你啦！"又如，吃饭时想着小动物该吃啦；下雨时想到鸡淋了雨会"感冒"，要求把鸡搬回活动室；小猫病了，要求教师带它去医院看病；假日前夕，想的是别让小白兔星期日挨饿，要求爸爸妈妈带了青菜来喂它，或是请求把小动物带回家饲养等等。

3. 在认识自然物过程中发展起来的对自然物的情感，又促使孩子们带着积极的情感去观察自然物，使他们观察得更生动，更有情趣，认识得更全面细致。例如，由于他们爱鸡冠花，就经常去观察，不仅认识了花，还发现了花籽；爱小鸡就知道了它们吃什么、不吃什么，怎样吃、怎样拉屎等。

三、小班幼儿对自然物的情感的培养

1. 慎重选择认识对象。由于幼儿的情感产生常由自然物的外形特征所引起，因此，应选择形体幼小、灵活、性情温顺、可供孩子玩赏的小动物，以及姿态美观、色彩鲜艳或芳香的花卉、树木，以引起孩子积极愉快的情绪体验，培养热爱自然物的积极情感。

2. 把认识自然与培养热爱自然的情感结合起来。要创设条件，开展观察、饲养、种植等活动，为幼儿提供熟悉动植物的机会，使孩子们在多次的接触、渐进的认识过程中产生、发展对幼小生灵的情感。同时，要使认识过程带有一定的情感色彩，任何与情感割裂的、呆板而缺乏生气的认识活动，都不利于培养幼儿对自然物的情感。

3. 教师对自然的情感是培养幼儿热爱自然的重要因素。幼儿的情感具有极大的易感性，教师对幼小动物和植物的情感如何，极大程度地影响孩子的情感。如果教师带着冷漠、害怕、厌恶的情感去带领幼儿认识自然物，将给孩子带来消极的情绪体验。而教师以亲切的口吻、温柔的姿态对待小动物或植物，给予孩子爱护小生命的直觉形象，则会在潜移默化中激发和增进幼儿对自然物的情感。

1986 年 2 月

常识教学法

第一章 幼儿园常识教育的意义和任务

常识是幼儿园的一门重要课程，它包括社会常识与自然常识两大部分。自然常识是以丰富多彩、千变万化的自然物与自然现象为幼儿的学习对象；社会常识则以社会的基本结构（如家庭、幼儿园、学校、城、区、乡、镇等）、社会的劳动、社会的生活方式（人们的衣、食、住、行等）以及人际关系为幼儿的学习对象。

在教师的正确指导下，幼儿通过自然常识与社会常识的学习，逐步关心周围世界，扩大眼界，获得有关社会与自然的粗浅知识，增强适应社会的生活能力，培养幼儿热爱大自然、热爱社会、热爱人民的感情，激发幼儿对科学的兴趣和求知欲，促进幼儿智力和语言的发展。

幼儿是社会的人，他们生活在科学迅猛发展、科学技术日益渗透于人们日常生活的当代社会里。例如，农村过去很少见到电视机、洗衣机、录音机等家用电器，而如今，它们都陆陆续续进入了农民的家庭。幼儿需要有一定的自然科学常识，才能适应不断科学化的生活环境。

幼儿是社会的一员，他们需要了解社会生活，需要社会交往，需要学习处理人与人之间的关系，以适应当今社会共同的行为方式、社会规范和习惯。

幼儿是祖国的未来，民族的未来，是建设社会主义现代化的新一代。到 21 世纪，他们是现代化祖国建设的中坚力量，他们既需要有高度的科学文化知识和智力技能，又需要有很强的适应社会发展的社会活动能力，这样才能担负起社会的重任，推动社会的发展。

未来世界需要大量的科学家，大批的社会活动家以及无数的具有高度文化素养的普通劳动者。常识教育将为幼儿今后系统学习科学文化知识奠定基础，为培养新一代的科学和社会活动的人才做好准备。

孩子自呱呱坠地，就生活于社会与自然环境中，开始了社会生活，接触着各种各样的社会和自然现象，自发地在周围环境中学习积累有关经验。但因接触范围狭窄，他们所获得的知识和经验是极其贫乏、片面和零星的，甚至有封建、迷信或错误的。例如，有的幼儿只知家门口的小木桥，却不知道还有拱形的石桥、坚固的水泥桥，更不知道还有宏伟的长江大桥；有的只认识庭院里或邻居家的桃树，却没见过梨树、杏树、枇杷树等；有的孩子走到河边怕“落水鬼”，听到雷鸣怕“雷公公”等。

当孩子生长到三岁左右，随着生活和知识经验的积累以及心理的发展，对周围世界产生了强烈的好奇心。一般发展正常的幼儿，喜欢摆弄一下个别物体，像摸一摸、玩一玩从海边拾来的贝壳、卵石，闻一闻在田野里采集的野花，凝视几只蚂蚁怎样搬走一只苍蝇，观看工人叔叔怎样在平地上建起新瓦房，等等。他们还爱提出“这是什么”“那是什么”“为什么”等多种问题。

与此同时，他们比以往有更多的跟人们交往的需要，他们已不像前两年那样只依恋父母或最亲切的人，而需要与小伙伴共同游戏，和周围其他熟悉的成人交谈，经常询问“他是谁”“他是谁的爸爸啊”“他在干什么”“他是好人还是坏蛋”等问题。他们向往参与社会生活，了解人与人之间的关系，表现出幼儿学习自然、学习社会的兴趣和需要。

随着幼儿年龄的增长，生活和知识经验的积累，到四五岁时，在正确教育下，幼儿能对常见的事物形成初级的概念，能发现熟悉的事物之间的联系和因果关系。幼儿的思维也逐渐地从直觉行动思维向具体形象思维发展，形象思维逐渐占优势，初级的逻辑思维开始萌芽。这为向幼儿进行常识教育提供了可能。

为了使常识教育充分发挥作用，原教育部制订的《幼儿园教育纲要（试行草案）》中（以下简称《纲要》）规定了以下几项任务：

一、丰富幼儿关于社会和自然方面粗浅的知识，扩大幼儿的眼界；

二、培养幼儿对认识社会、自然的兴趣和求知欲望，逐步形成对待人们和周围事物的正确态度；

三、发展幼儿的注意力、观察力、记忆力、想像力、思维力和语言表达的能力。

幼儿园教师就是要根据以上任务，以幼儿经常接触的，丰富的、生动的、变化的周围世界（包括自然与社会），作为幼儿学习的具体对象，以引起幼儿的兴趣。要鼓励幼儿观察、探究周围事物，回答他们提出的问题或启发帮助幼儿自己寻找问题的答案，以满足幼儿的好奇心，促进他们的求知欲、智力和语言的发展。

教师要在复杂多变的自然和社会现象中，选择适合幼儿学习的内容，在幼儿原有的知识经验基础上扩大幼儿的知识范围，使幼儿能够较清晰、正确地说出一些物体的外形特征、习性、性质、用途、来源和名称等，逐步形成有关事物的初级概念，并认识事物之间的简单联系和因果关系。另外，要帮助幼儿认识社会的基本结构，了解社会生活，了解人们的劳动和人与人之间的关系，纠正幼儿对人和事的不正确做法，培养幼儿对待周围世界的积极态度，学习正确处理人际关系，培养幼儿适应社会生活的能力。

在幼儿接触、认识、了解、熟悉周围事物和人们的实践活动中，教师还要培养幼儿关心自然界、关心人们的社会生活，热爱大自然、热爱动植物、热爱科学、热爱人民、热爱社会、热爱生活等情感。

由于幼儿年龄小，生活经验贫乏，以及认识能力的局限，他们对于深奥的、抽象的科学知识和复杂的社会现象，都不易理解，甚至产生错觉或闹出笑话。因此，幼儿学习的自然或社会内容，必须是启蒙的粗浅的知识，也就是幼儿经常接触的、感兴趣的、通俗易懂的、简单而又科学的知识。否则，过于深奥的知识，抽象的概念，幼儿不仅难以接受，而且影响幼儿智力的发展。

为了完成以上常识教育的任务，教师必须努力做到以下几点：

1. 树立科学的世界观，以马克思主义理论为指导，正确地理解自然和社会，这样，才可能以正确的思想去影响幼儿，向他们提供科学的基本常识；

2. 关心周围的事物，培养自己对自然界和社会的兴趣，热爱大自然，热爱生活，以自己生气勃勃的精神和丰富真挚的情感去感染幼儿；

3. 要广泛学习自然科学与社会科学方面的基本知识，提高自己的文化素养，这样才可能在丰富、复杂的自然和社会现象中，选择适当的内容，深入浅出地对幼儿进行教育，并能随时正确地回答幼儿提出的各种各样的问题，取得良好的教育效果；

4. 要不断总结实践中的经验教训，改革教育方法，不断提高教育质量。

第二章 幼儿园常识教育的内容

幼儿园常识教育的内容根据《纲要》的规定和全国幼儿园常识教材(教师用书)(以下简称全国幼儿园教材)所包含的内容，大致可分为以下两个部分。

一、社会常识部分

1. 认识自己

要求幼儿建立“我”的自我概念。对于幼儿来说，需要不断的教育才能形成。

(1) 使幼儿知道“我是谁”。如“我”是一个人，不是猫，也不是一朵花，“我”是小男孩(小女孩)，“我”是家里的小孩子，“我”是幼儿园的小朋友……

(2) 使幼儿知道有关“我”的外形特征和生长变化。如“我”有黑色的头发，黑色的眼睛，黄色的皮肤，等等。“我”从前是一个吃奶的小娃娃；现在长成了幼儿园的小朋友，长高了，体重也增加了；以后长成像爸爸、妈妈一样的大人。

(3) 使幼儿懂得表达有关“我”的情感。如“我”有时高兴“我”就笑,有时不高兴就哭……

通过有关“我”的各方面的学习,帮助幼儿逐步认识自己,建立自我概念。

2. 认识家庭、幼儿园

家庭、幼儿园是幼儿最初生活和学习的场所,是社会的组成部分,它反映了社会生活。让幼儿形成家庭、幼儿园的初步概念是必要的,也是幼儿易于理解和接受的。

(1) 使幼儿知道自己是家庭中的一个成员,还是××幼儿园×班×小组的一个成员。

(2) 使幼儿知道家庭是供给自己衣食住行,抚养自己和生活的地方。教育幼儿热爱家庭。

(3) 使幼儿认识家庭的主要成员,知道他们的工作、职责及在家庭中的地位和作用。教育幼儿尊重家中的长者。

(4)使幼儿知道幼儿园是学习、游戏活动的地方。教育幼儿热爱幼儿园。

(5)使幼儿认识幼儿园的主要工作人员,知道他们的工作、劳动职责、地位和作用。教育幼儿尊重、敬爱园长、老师、保育员、炊事员等等。

(6)使幼儿逐步了解家庭、幼儿园成员之间的相互关系,大家都是互相依赖,互相联系的,不是一个孤立的个体,也不能一个人孤立存在。

(7)使幼儿懂得家庭生活及幼儿园活动之间的区别,以及有关的文明、礼貌、行为规则。

(8) 使幼儿分清哪些是幼儿园的公共设备、用具,哪些是自己的衣服、鞋袜。教育幼儿爱护公共设备和用具等。

(9)让幼儿学习做小组的领导者和小组的成员,参加社会生活,培养适应社会生活的能力。

总之,使幼儿在家庭和幼儿园中,初步了解、参与社会生活,逐渐懂得社会中不同成员的地位和作用，以及人们之间的相互关系和联系，学习遵守社会的文明礼貌和行为规则。另外，从认识家庭、幼儿园扩展到认识周围的邻居、商店、剧院、街道、乡、镇、社会团体，以及公共设施等。教育幼儿热爱家庭和幼儿园，热爱劳动人民，热爱家乡，热爱祖国，为建立较系统的社会结构的概念奠定基础。

3. 认识日常用品和工具

日常生活用品和工具，既反映了社会的生活方式和生产方式，也反映了人类文化技术的发展。深入浅出地向幼儿进行这方面的教育，对幼儿初步了解社会的生活方式、人类的文化发展有重要的意义。

(1)让幼儿认识人们日常使用的生活用具、工具，叫出它们的名称，知道它们的用途。

(2)使幼儿知道上述用具、工具都是人们生活的必需品，知道它们是用什么原料和材料制成的。

(3) 使幼儿知道为了使人们生活得更好、工作得更有效率，人们怎样改进、简化、创造发明新的用具和机器。如工人制造了拖拉机，代替了耕牛耕地翻土，而且工作得又多又快又省力；又如有人发明了电灯，比过去人们使用蜡烛、煤油灯照明更简便而明亮；还有各种交通工具、塑料用具、机器等等的发明创造。使幼儿懂得由于人们的生活用具在不断地改进，大家生活、工作得越来越好，越来越方便。

通过让幼儿认识各种日常生活用具，使幼儿了解社会的生活方式、社会文化技术的发展变化，不要孤立地让幼儿只认识某一用品的名称、性质和用途。

4. 使幼儿知道生活中的主要节日——“六一”儿童节、“十一”国庆节、“三八”妇女节、“五一”国际劳动节、“八一”建军节、元旦、春节、清明节、端午节、中秋节等等。

上述节日有些是反映我国民族风俗习惯的，各地可根据本民族的风俗习惯增删。幼儿欢度各个节日时，要让幼儿知道各个节日的含义，并了解我国和本民族的文化生活以及风俗习惯，从而促使幼儿萌发热爱本民族、热爱祖国的情感。

二、自然常识部分

1. 使幼儿知道春、夏、秋、冬四季的名称、主要特征和顺序。

季节是一个比较广的时间概念，它具有连续的、变化的、循环往复的特点。在幼儿亲身经历过程中建立季节概念是可能的，但也是不容易的。教师应注意引导幼儿对季节时间知觉的体验并观察季节的明显特征。

（1）使幼儿体察到四季自然现象的变化。如气温高低、降雨、下雪、结冰等。

（2）使幼儿观察在各个季节中，人们生活的变化。

（3）使幼儿知道季节和植物的种植生长、成熟收获的关系。

（4）使幼儿了解季节和动物产仔、生长、发育和生活的关系。

2. 使幼儿认识常见的植物（包括稻谷、蔬菜、瓜果、树木、花卉等）。

（1）认识几种常见植物，叫出名称，识别主要特征，在知识经验积累的基础上进行分类。

（2）使幼儿知道有的常见植物是人们生活的必需品。如粮食作物、油料作物、蔬菜、水果等。

（3）使幼儿知道树木、花卉可供人观赏，洁净空气，美化环境。

（4）使幼儿发现植物与水、土、阳光等的关系。

（5）使幼儿知道有些植物可作动物的饲料。

（6）使幼儿知道植物需要人们保护或培植，才能生长得好。教育幼儿爱护庄稼，保护各种植物，不任意采摘、损害植物。

（7）培养幼儿对植物的兴趣和情感。

3. 使幼儿认识常见的动物（包括家禽、家畜、鸟、昆虫、野兽等等）。

（1）认识几种常见的动物，叫出名称，识别其外形特征、生活习性，并在已有知识经验的基础上进行分类。

（2）使幼儿知道有的动物是人们生活的必需品。如鸡、鸭、鹅、牛、羊等等。

（3）使幼儿了解动物的特征、生活习性及与周围环境的关系。

(4) 使幼儿知道动物需要人们保护或饲养才能生存、生长。教育幼儿爱护动物,不随意打伤、杀害小动物。

4. 让幼儿观察各种自然现象及其变化,如闪电、打雷、下雨等,初步了解它们与人的关系及人们对自然界的利用。教育幼儿关心周围的自然现象,培养幼儿观察自然现象的兴趣。

5. 培养幼儿对一些自然科学现象的兴趣,初步了解它们的性质以及与人们的关系。如观察物体的沉浮、糖和盐溶解、水的三态、镜子反光、磁铁吸铁、颜色变化等现象。

为了使幼儿园教师更好地领会《纲要》的精神,较好地使用全国幼儿园教材,安排好上述教育内容,必须注意以下几点。

(一) 常识教育的内容是根据幼儿的年龄特点,分小、中、大三班安排的。整个内容就其广度来说,是由易到难,由近及远,不断扩大的,如只要求小班幼儿认识自己、家庭和幼儿园,中、大班则要求扩大到周围环境中的商店、邮局……甚至首都北京。

如认识成人劳动,从幼儿接触最早、最亲近的家庭成员——父母开始,逐步扩大到幼儿园老师的劳动,社会上常见的人们的劳动。就其深度看,由浅入深,不断深入。例如,自然常识中教幼儿认识季节,对小班幼儿只要求认识季节的明显特征,到大班则要求幼儿认识季节的主要特征和顺序。

又如对小班幼儿只要知道个别物体的名称、特征和用途,对中、大班幼儿除要求认识个别物体的名称、特征和用途外,还要比较认识两种物体间的异同,知道事物之间的简单关系和联系。

因此,在进行常识教育时,教师必须有计划、有步骤地安排教育内容,以保证教育的顺利进行。

(二) 幼儿常识教育的内容应服从于全面发展教育的总任务

在《纲要》和全国幼儿园教材中规定的教育内容,无论是社会常识还是自然常识,都是为全面发展教育的总任务服务的,而不是单纯地向幼儿灌输知识。例如,认识幼儿园炊事员,除了让幼儿了解炊事员怎样烧饭做菜的知识外,还要教育幼儿尊重炊事员的劳动,不浪费饭菜，尊敬炊事员，培养他们对人的正确态度。又如，让幼儿认识兔子时，不仅使幼儿知道兔子的外形特征，吃什么、有什么用等有关知识，还要注意发展幼儿的观察力、语言能力，教育幼儿爱护小动物等等。又如，"保护眼睛"专题，主要让幼儿懂得眼睛的功用，什么有害于眼睛，怎样保护眼睛等知识，更重要的是在实际活动中，注意幼儿的坐姿、室内的光线等，以保护幼儿的视力。

为此，教师必须明确常识教育的内容，在幼儿获得知识的过程中，发展智力，培养适应社会生活的能力，以及对周围事物的正确态度，以促进幼儿的健康，使幼儿得到全面发展。

三、常识教育的内容具有因地制宜、灵活的特点

我国地域辽阔，自然环境和物质生产差别很大；我国民族众多，风土人情又各不相同。各地幼儿都生活于不同的自然环境和复杂的社会生活中，他们所接触的事物和现象又是如此的丰富多彩。因此，在《纲要》里除了统一的要求外，还使各地教育内容可以因地制宜灵活地处理。如要求小班幼儿认识常见的三四种蔬菜、水果，而不规定认识苹果或香蕉；大班要求介绍几个主要的少数民族，而没有要求一定要介绍苗族或维吾尔族。这为教师选择教育内容时留有了余地。因此，教师在使用《纲要》和全国幼儿园教材时，应本着由近及远、因地制宜、就地取材的精神，结合各地的特色，可以适当补充乡土教材。

例如，在水网地区的幼儿园，教师可以经常带领幼儿观察水稻的生长过程，多认识些鱼、虾、贝、螺等水产，认识机帆船、水泥船、木船等水上交通工具。而在高旱地区的幼儿园则可以带领幼儿观察小麦或高粱的生长过程，多认识花生、大枣、葡萄等水果和农产品，以及手扶拖拉机、汽车、卡车、自行车等交通工具。在盛产陶瓷的江西景德镇、江苏宜兴等地，可较早地认识陶瓷器皿，或带领幼儿参观陶瓷工厂。生活在鲁迅故乡——绍兴的幼儿，教师可以带领他们游览"百草园"或"兰亭"，参观"咸亨酒店"。傣族的幼儿教师就可和幼儿共同愉快地欢度泼水节等等。

这样做，既符合幼儿直觉行动、具体形象思维的特点，又使幼儿容

易接受，丰富了常识教育的内容，有利于培养幼儿热爱家乡的感情。

四、常识教育内容具有季节性的特点

随着春、夏、秋、冬四季的更替，动植物的生长、人类的生活都会有不同的特点。如植物春天发芽吐翠，夏天枝叶繁茂，秋天硕果累累，冬天呢，一般植物则生长缓慢或者枯萎。动物在春天产仔繁殖……到冬天有的冬眠，有的深居洞穴，有的死亡。人们则在衣、食、住、行等生活方面也随着季节而不断变化。因此，教师在安排常识教育的内容时，如能有意识地结合季节特点，选择与季节变化相应的内容，既能使常识教育的内容相互有机联系而不孤立，还能取得较好的教育效果。

例如，在大地复苏的春天，带领幼儿到野外春游，组织幼儿清明扫墓，观察农民春耕播种等等；在炎热的夏天，可让幼儿在晚间乘凉时，观看满天星斗、夜晚景色……在金黄色的秋天，稻谷成熟，水果品种繁多，可组织幼儿观察或参加适当的收获劳动；在寒冷的冬天则让幼儿认识各种御寒服装，讨论人们怎样过冬，怎样迎接春节、欢度春节……或利用气温降低的时机，让幼儿做结冰实验。这不仅能使幼儿容易理解季节的特征，还能使幼儿对季节和周围世界的变化产生兴趣，促进幼儿的学习，培养幼儿了解大自然和社会生活的兴趣。

1986 年 9 月

美国儿童科学教育考察报告

1978年,我曾在美国考察儿童科学教育。除了在波士顿惠洛克学院听取了儿童科学教育的课程,阅读有关理论书籍外,我还参观了20多个早期儿童教育机构以及非正式教育机构的科学教育。此外,我还与幼儿园的教师、科学发现室的指导及高等院校的教授等进行了座谈,从而对美国的儿童科学教育的历史、现状、课程的理论依据、内容、方法和材料等有了一定的了解。我认为此行对我国早期儿童科学教育的改革有所启示,在此仅作概括的陈述。

一、美国儿童科学教育的历史回顾和改革

美国儿童科学教育的历史应追溯到100多年以前。19世纪50年代,美国儿童科学教育曾受英国文学中的内容和瑞士教育家裴斯塔洛齐的"物体教学"的影响。前者提出教师和父母在家庭中帮助儿童观察和学习自然现象;后者则强调观察、描述以及记忆动植物、矿物等,以发展儿童的智力、获得知识,为高一级科学学习做准备。

19世纪70年代,赫伯特·斯宾塞影响美国儿童科学教育。他提出了科学和技术的重要性,力求科学成为学校学习的一个方面,要求根据科学的分类和掌握科学术语来组织初级学校的科学课程。由此,开始产生了"儿童怎样学习科学"的问题。

到19世纪末,"自然学习"运动兴起。由于"自然学习"帮助儿童学习他们周围的、能观察得到的环境,从而成为初级学校中流行的课程,取代了"物体教学"。但当时的儿童科学教育仅限于生物科学,又因过分重视定义,孤立、片断的材料及感知、情感和欣赏等等,而不能

促进儿童思维的发展。

到20世纪20年代，杜威等的实用主义哲学思想极大地影响教育和科学教育。他提出了“科学的方法至少相等或者比事实和知识的积累有更大的意义”，还提出了以经验的探索过程作为一种学习方法，为儿童科学教育的发展作出了有意义的贡献。

在此时期，克雷格认为科学教育的实际意义与健康、安全、经济有联系。他既重视科学教育的认识方面，还重视态度、体验和兴趣。他的理论成为美国初级科学教育的里程碑，是后来撰写这方面论文的基础。

在20世纪三、四十年代，在美国国家教育研究年鉴第三十一年的书册中，介绍了从幼儿园到十二年级的、有连续性的科学教育综合计划。

在20世纪40年代的国家教育研究年鉴中，进一步提出了“科学教育不仅有助于实用，而且有责任去发展儿童的智力质量和态度，有利于儿童去处理突然面临的事先未预料到的问题。”

20世纪50年代，由于科学技术的迅猛发展，要求未来的一代不仅有传统的知识和文化，还要有调查研究和灵活转换知识的智力活动能力，使美国的教育理论受到了一次极大的冲击，教育改革得到了迅速的发展。

今日的科学在人类整个活动中扮演了重要角色，在每个人的生活中也起了重要作用。为了使个人在未来社会生活中做好准备，科学教育改革成为整个课程改革的主要方面。

美国科学基金促进协会发起了由科学家、教师、心理学家、学校领导等参加的重要会议，讨论了有关科学教育的几个问题：现代政策与材料；努力为高级中学创建新的课程；教幼儿学科学的实验研究等。

由于科学家、学者、教师的努力合作，经过科学教育的实验研究和教学实践，到20世纪70年代，美国儿童科学教育的改革取得了巨大的成就，先后建立了不少从幼儿园到高级中学的现代儿童科学教育计划，出版了不少教师用的科学教学指导书，儿童阅读的科学图书，创造、制作了许多科学教育材料，以及指导儿童探索学习科学的方法。

20世纪的七、八十年代，美国现代儿童科学教育继续得到发展，改进和建立了第二代现代科学课程计划。它们的目的是：

1. 强调从整体出发教科学；

2. 科学教育应和其他课程结合；

3. 要求更多地意识到教师和学生的情感和态度在科学教育中的重要性；

4. 重视科学的人道主义；

5. 在科学中运用社会和社会争论的课题；

6. 在事实、概念、评价三种不同的水平上教科学；

7. 在科学教育中强调生态和环境的教学；

8. 重视对所有的儿童包括有缺陷儿童和天才儿童进行科学教育。

美国的现代科学教育课程的改革并未至此结束，在全国教师协会的领导下，正在探索和研究更有效的科学课程计划。

二、美国现代儿童科学教育的理论影响

20世纪50年代，科学技术的迅猛发展，促进了美国整个教育改革和科学教育改革。而瑞士的皮亚杰、美国的布鲁纳和加涅三大认知心理学家的智力发展理论和学习理论，广泛地影响了美国现代儿童科学教育，为现代儿童科学课程的建立提供了理论依据。

(一) 皮亚杰的认识理论

皮亚杰认为，儿童的智力发展有不同水平的、连续的四个阶段，儿童必须经过这四个发展阶段而不能跃过任何阶段，但儿童出现每个阶段的时间是不同的，而且有的儿童不能正常发展达到最高的一个阶段。他还认为，后一阶段的发展必须以前一阶段的发展为基础，运用前一阶段已经发展的智力结构，并和它结合为一个整体。

皮亚杰重视个体与环境的相互作用。他认为个体是在与周围环境相互作用中，通过他或她的个体活动，主动建构他们自己的智力结构。他还认为儿童的智力发展从一个阶段转换到另一个阶段，个体与

环境相互作用也起着重要作用。他曾说:“知识不是现实的复写。为了认识一个物体,了解一件事情,不是简单地去看它,从而构成一个物体形象的拷贝;去认识一个物体是要作用于它,去改变、转化这个物体,并去理解建构物体知识的连续的转化过程。”

他还认为儿童不是一个被动的接受器,而是发展他自己的智力的原动力。

皮亚杰认为有物理、数理逻辑和社会三种知识。物理知识是儿童发展中的第一类知识,是基础的知识,是形成其他类型知识的基础,是通过儿童的观察以及与物体相互作用建构起来的。

数理逻辑知识则以物理知识为基础,但又独立且区别于物理知识,当儿童以某种方法,在他们的脑中反映他们的活动和联系,以及组织实物时,数理逻辑知识就产生了。如分类、守恒等等。

社会知识则由个体间彼此作用而产生,在产生社会知识时,舆论起了重要作用。

(二) 布鲁纳的学习理论

布鲁纳大胆假设“任何学科都可以通过某种可靠的教学方法,有效地教给任何发展阶段的儿童”,并建议以“螺旋式”的课程进行教学。

布鲁纳认为“每个发展阶段的儿童都有他自己观看和解释世界的特定的方法,对任何发展阶段的儿童,进行某一主题的教学时,必须反映儿童看事物的方法”。

布鲁纳提出“活动学习”,他认为“活动学习”包含三个几乎同时发生的过程。第一是获得新知识的过程,第二是运用新知识使之适合于新的工作和情境;第三是评价和运用已获得的知识。

布鲁纳主张“发现学习”,他认为“任何时候,尽可能用这样一种方式处理教和学:给予儿童机会,由他们自己去发现概念”。他认为通过“发现学习”,可以在以下几个方面得益。第一,帮助儿童学习怎样学习、调查研究和解决问题的技能,使他运用所学习的知识和技能,处理新的情况,学习新概念。第二,“发现学习”有一个从外部向内部反馈的过程。“发现学习”的动机,是把从来自外部的某些人或事物中得到的满足，转化到内部的自我满足。第三，通过解决问题的练习和发现的努力有一个机会去学习自己发现事物。第四，"发现学习"有一个加强记忆的过程，从发现所学的知识容易记住，并在需要时，容易回忆。

布鲁纳还认为，学校年龄阶段的儿童，思维过程中能真实和有效地陈述某一概念，是凭借他们早期学习的第一个表象，它能使以后的概念更有效和精确。

布鲁纳还强调有兴趣的材料是对学习的最好刺激。

（三）加涅的学习理论

加涅认为学习是发展做某些事的一种能力。这种能力在做以前是没有的。他还假设学习能力是有等级的，一个人学习某一种特定的能力，往往依赖于以前学习到的一种或更多种简单的能力。

加涅深信学习能力有一个顺序，学习有八个等级。它们是信号学习、刺激反应学习、技能连锁学习 、言语联结学习、多种辨别学习、概念学习、原理学习和解决问题学习。

加涅认为一个儿童从幼儿园到学院，应该通过四个水平的科学教育。第一级水平应在初级学校进行。在这级水平中，应教给儿童某些技能或能力，它们将持久地保持在他们的一生中。这些能力包括数的计算，空间和操作技能，以及观察、描述、分类、测量、推断和形成概念。在发展这些技能或能力时，儿童将获得某些科学原理的知识。

以上三位著名认知心理学家的儿童发展理论和学习理论，给予美国现代儿童科学教育课程的建立以极大的影响，并对现代儿童科学教育课程的目标、内容、方法和材料，提供了有力的理论指导。

1. 有力地支持了早期儿童科学教育。他们从儿童智力发展理论和学习理论的不同角度，提出了早期儿童有按照他们自己的智力发展水平学习科学的可能，也从儿童前一阶段的智力发展、技能、能力的水平和已获得的知识是后一阶段学习和发展的必不可少的基础，以及它在整个发展中的作用，给予早期儿童科学教育必要性的启示，从而有力地从理论上支持了早期儿童科学教育。

2. 从儿童各个智力发展阶段的特点，个体与环境相互作用，儿童怎样建构自己的知识，发现学习的优越性等多方面，指出了儿童应该怎样学习，为个别学习、活动学习、发现学习等科学教育的方式、方法提供了理论依据。

3. 他们的发展阶段理论、学习理论，又为儿童科学教育应该学什么给予理论上的启示。儿童应该学习与他们智力发展阶段同步的内容，学习与具体的直接接触的直线科学经验和知识，以丰富的知觉为支柱的初级科学概念，以及怎样学习的技能、能力和方法。

4. 无论是儿童智力发展理论，还是学习理论，都为儿童科学教育必须有充分的物质材料和活动机会提供了理论依据：儿童需要在与物体相互作用中学习，需要有机会去接触物体、作用于物体，在探索发现过程中学习。

三、美国现代儿童科学教育计划简介

在认知理论的指导下，在儿童科学教育的教学实践和实验研究的基础上，美国的科学家、教师、学者建立了不少儿童科学教育方案，主要的三个现代儿童科学教育方案为：

1. 初等科学学习课程方案
2. 科学课程改革学习方案
3. 科学——一个过程手段课程方案

四、美国现代儿童科学教育的特点

① 多种多样的儿童科学教育方案与教师自由选择制订自己的科学教育计划相结合：

在美国，没有统一的现代儿童科学教育方案，教师有自由选择教育方案和制订本班科学教育计划的权利。因此，当我参观访问各个幼托机构时，发现在同一时期各幼儿园或学前学校中，只有相似的许多科学教育设备和材料，而没有一个相同的科学教育计划。各种科学教育方案是教师自由选择的对象。有些教师以“初级科学学习”方案为基础，有的则以“科学课程改革学习”方案为主，有的教师甚至选择各科学教育方案的某些内容，制订自己的科学教育计划。如第佛辛幼儿园的教师使用“科学课程改革学习”方案，他们希望儿童获得丰富经验，以形成初级的概念。他们制订了一个以“种子”为单元的科学教育计划，通过儿童在幼儿园内外寻找“种子”、把种子分类、种植、讨论等等活动，使幼儿获得有关“种子”的第一手经验，形成了以丰富感知觉为基础的初级概念，同时又学习了观察、分类、描述、交换信息等智力技能，发展了思维能力。

② 个别儿童的科学学习活动与教师指导相结合：

美国幼托机构的教师以皮亚杰的认知理论为指导，即，任何人最好通过与环境相互作用来建构自己的知识，没有活动就没有学习，儿童的学习最好通过多种不同的活动进行等等。因此，无论是幼儿园、学前学校的教师，还是日托中心的教师，他们都为儿童的活动创设了各种设备，如玩水桌、平衡器、调色盘、斜面板等等，收集了丰富的自然物和材料，如蜂窝、贝壳、万花筒、放大镜，容易滚动和不易滚动的、容易倒下和不易倒下的物体和材料，还提供了充裕的时间，让儿童按照他们个人的兴趣和需要去选择材料，根据自己的发展水平，运用适当的方法，操作材料，进行探索活动，在他们与材料的相互作用过程中，获得第一手经验，在活动的过程中进行思考，从而开始建立科学的概念，使智力和独立性得到发展。

教师除了为儿童提供开展活动的条件外，还在他们探索的过程中，提出适当的问题以直接指导儿童去观察或思考科学现象或回忆已获得的信息。当儿童需要了解某些科学知识，却不可能通过操作材料发现时，教师及时地为儿童提供儿童科学书，以满足儿童的求知欲，补充某些简单的知识。

有时，教师还与儿童讨论某些科学学习的内容，鼓励儿童通过编故事或绘画等表达他们的观察、发现和思考。

在儿童的个别科学活动中，教师不是一个“旁观者”，也不是一个“讲授者”，而是一个间接的或直接的儿童科学活动的资源提供者、帮助者和指导者，而儿童是一个生机勃勃、专心致志的“活动家”和“实干家”。

美国儿童科学教育，大部分是儿童个别的科学发现、探索活动，仅有少量的小组活动和极少的大组科学活动。

③ 学校与非学校的科学教育相结合：

美国现代儿童科学教育不仅在幼儿园、学前学校、初级学校里进行，而且渗透于博物馆、牧场、水族馆等等非学校机构，尤其是科学博物馆、科学发现室等，成为儿童学习的强大基地。这里为儿童收集和展览各种各样的自然物和材料、科学游戏的设备，如各种岩石、骨骼、标本、磁铁、发声器具、机械手、光学器材等等。

它为不同年龄的儿童提供了观察、触摸、操作、游戏和探索的场所，使儿童迷恋于物体，乐于在有趣的环境中学习。通过儿童的主动、积极的活动，获得直接经验，唤起对科学的好奇，学习探索科学的方法。

在波士顿科学博物馆的科学发现室中，我曾颇有兴趣地观察了一个大约两岁的小女孩在一块大磁铁上进行她有趣的探索活动。她把小铁片一次又一次放在大磁铁上，注意力集中，不厌其烦，她好奇、她喜爱。直到她的父亲带她离开这块使她迷惑的大磁铁。她所获得的早期科学经验、科学兴趣和好奇，将成为她今后学习的基础。

除了由家长带儿童进入科学博物馆、儿童博物馆、科学发现中心，在嬉戏中学习外，初级学校、幼儿园、学前学校的教师还有计划地组织儿童在这些非学校机构中学习。以科学博物馆的科学发现室为例，根据他们 94 天的统计资料，有学前学校儿童 1 721 人，小学儿童 2 579 人，幼儿园儿童 1 126 人，特殊教育儿童 116 人，共 5 542 名儿童在一个小小科学发现室中学习，有力地说明了博物馆等非学校机构为儿童学习提供了优越的设施。两者的结合，为儿童获得早期科学经验，培养探索科学的兴趣，发展儿童科学地思考问题，起到了不可估量的作用。

④ 科学活动与其他活动相结合：

美国现代儿童科学教育的进行不是孤立的，而是与艺术、早期阅读、数等相互联系的。

在初级学校、幼儿园、学前学校里，有无数的儿童科学书，为儿童学习提供精神食粮。儿童需要、喜爱这些书，教师也不失时机地利用这些书籍。有时结合学习的单元，有意识地提供给幼儿有关书籍，为儿童科学操作活动过程作补充，有时由儿童自由选择，个别的或与小伙伴一起阅读这类书。

我曾看到一个小女孩阅读《熊和月亮》后，发现了月亮的外形在不同时期不一样，引起了她天天观察月亮的兴趣和了解月亮外形变化的欲望。我也看到儿童在观察绵羊、蝴蝶、贝壳等以后，教师给予有关的图书，启发儿童阅读。

这种做法，不仅唤起了儿童对科学的兴趣和好奇，还培养了儿童的阅读能力，丰富了儿童的生活。

除了与早期阅读结合，还要重视儿童把所观察的、所思考的有关科学的内容，通过各种活动进行表达。如鼓励儿童以自己的语言表达所观察的物体和现象，由儿童编故事、绘画、制作玩具等等来表达儿童的科学思考。

唱支"虹"的歌，不仅巩固了儿童对"虹"的认识，还表达了儿童观察到"虹"的欢乐情绪，为孩子们带来了愉快。

在美国的儿童教育机构中，我很少看到儿童集体坐在那里学习，但我的确看到了儿童天天在参加他所喜爱的科学活动，学习怎样观察、怎样分类、怎样调查、怎样思考……总之，探索、尝试各种学习的方法，学习科学地思考，发展今日社会的新一代所应具备的智力和能力。

五、几点建议

我通过对美国儿童科学教育的考察，对于怎样进行我国儿童科学教育的改革，有以下建议：

1. 总结我国自然常识教育的经验。我国的儿童自然常识教育有一定的历史，也有丰富的经验，尤其在十一届三中全会以后，幼儿园教师的教学实践和有关的科学研究，都为我国的儿童科学教育积累了经验。因此，总结是非常必要的，好的经验不仅应该保持，还可以向外介绍。如我们究竟是怎样组织儿童的科学活动的？我们有哪些科学活动是自己创造的，而不是模仿的？如能以文字的形式，比较完整地编写出来，我相信是会受到国内外幼教工作者欢迎的。

2. 建立国家和各省市地区的儿童科学教育方案或大纲。中国是一个大国，各省市有其特点，城市和农村有所区别。无论是社会文化背景，还是教师、儿童的水平各不相同，建立本省或地区、城市或农村的方案或大纲，将可增加其实际的有效性。还可以不同的理论依据，建立有区别的大纲。教师可有主动性和选择性。有区别才有比较，有量才有质，在多种多样的儿童科学教育方案或大纲的基础上，若要建立国家的方案，将会有较高的质量。还可以彼此学习，较快地促进儿童科学教育的发展。

3. 加强个别化的科学学习。我国的自然常识教育，一贯是以班级的自然常识课为主、配以个别科学活动。这对儿童在他们自己的水平上，建构智力，发展他们的主动性、独立性是不利的。加强儿童个别化的学习活动，增加儿童按照自己的意愿和方法进行操作活动的机会，更能调动他们学习的主动性和积极性，也有益于在他们原有基础上提高和发展。

4. 收集和制作材料。物体和材料是儿童进行科学活动的物质基础，是儿童与客观物质世界相互作用的关键和媒介物。教师如能有意识地为幼儿开展科学活动，收集和制作物体和材料，丰富儿童的环境，将为儿童学习提供良好的活动条件，为儿童的发展作出富有成效的贡献。

5. 改变以教师讲解、演示、传授知识为主，儿童被动接受记忆知识为主的传统教育方式方法，提倡儿童亲自倾听、观看，以儿童亲自活动、探索学习、主动吸收、积极思考、学习科学的方法等为主，以教师为儿童创设条件、启发指导的现代儿童科学教育，服务于未来社会的一代新人。

最后，如果能在某一城市或农村，某一学校或幼儿园建立起一个儿童科学发现室，以供儿童探索学习；出版大量的儿童所喜爱的科学书，这对激励儿童的科学好奇心和科学兴趣，训练儿童科学地思考将会大有好处。

1986 年 6 月

儿童科学发现室的建立是幼儿科学教育改革的催化剂

一、儿童科学发现室概述

1. 儿童科学发现室就是为儿童创建的一个宽松的学科学的环境。在那里，教师为儿童提供丰富的物质材料，幼儿可以从自己的发展水平出发，按照自己的意愿，运用自己的方法，选择材料，进行有趣的科学探索活动。它是一个受儿童欢迎的学科学的场所。

2. 儿童科学发现室是借鉴西方儿童博物馆、科学博物馆、儿童科学发现中心、儿童科学发现室等机构的有益经验，结合我国幼儿园儿童人数多、地方小、材料少、经济条件差的实际情况，把幼儿园有限的物质材料集中起来，供全园幼儿轮流使用。在这一思想指导下，1988年6月在南京师范大学附属幼儿园建立了第一个幼儿园的儿童科学发现室。至今，在上海、南京、南通等地已相继建立了类似的儿童科学发现室，同样受到了儿童的欢迎。

3. 儿童科学发现室为幼儿创设了一个良好的心理环境。在那里，幼儿能感受到自己是受欢迎的一员，个人的需要和兴趣得到成人的关心和满足，个人的能力得到成人的相信和鼓励，感受到心理的安全，于是他们不怕失败，精力集中地去尝试、去探索。

4. 儿童科学发现室为幼儿展示、开放了丰富多样的有结构的物质材料（即能揭示自然现象的某种相互关联的材料，如磁铁与能磁化和不能磁化的材料），引起幼儿的好奇心，激发幼儿探索的愿望，为幼儿进行科学探索活动提供了物质支柱。

5. 儿童科学发现室是幼儿开展非正规的科学活动的地方。在那里，由幼儿自己决定是否参与科学探索活动和参与什么探索活动，探索时间的长短，探索的方法，以及独立进行还是与同伴合作进行，幼儿有较大的自由度、选择权。教师仅作少量的直接指导，而更多的是提供材料、创设环境气氛等间接影响。儿童科学发现室的科学学习，既不同于教师有计划有目的安排的正规科学活动，也不同于在偶然发生事情的时候，幼儿产生的偶发性科学活动，它的关键特点是幼儿有选择权，这也是儿童科学发现室的特殊性。

二、儿童科学发现室的建立是幼儿科学教育改革的催化剂

（一）儿童科学发现室是科学时代的产物

在当今的科学时代里，新的科技革命形势下，随着科学技术对工农业生产的极大影响，对社会生活的日益渗透，科学不仅是少数科学家的事情，而已成为人类必要的需求。普及科学教育，提高全民族的科学文化素质已成为社会发展的必然趋势。

今日的幼儿生活在充满科学和科技产品的周围世界里，他们需要学科学，才能理解、适应周围环境。

今日的幼儿，未来的社会主义建设者，他们将工作于科学技术迅猛发展的开放社会里。他们不仅要有坚定的政治方向，还必须具有科学文化知识和科学的态度，善于进行科学的思想以及使用科学的方法去处理一切问题，并且具有独立性、主动性、自信心、创造性。

但是，在我国封闭式社会时期建立起来的自然常识教育能否适应开放社会的需要，这是一个值得深思的问题！

自然常识教育的科学研究随着改革开放，吸收了西方科学教育的经验，进行了教学、实验研究，有所改进。

1. 扩大了自然常识教育的内容和范围，开始增添了理、化及科学产品的内容。

2. 注意采用多种方式、方法和通过幼儿自身的活动进行科学

教育。

3. 注意发展幼儿的观察、思维等能力和培养对大自然的情感。

但要使幼儿科学教育为培养科学时代一代新人服务，还存在如下问题。

1. 忽视环境因素(心理环境和物质材料)在幼儿学科学和个性发展中的作用。

2. 过分重视集体的划一的教育和知识的灌输，而忽视了能力、科学的方法、积极态度和情感的培养。

3. 过分重视教师怎样教而忽视幼儿怎样学科学。

4. 过分重视获得知识的结果，而忽视探索科学的过程。

5. 缺少幼儿自身的探索活动，更缺乏幼儿自选的个别化的科学探索活动、自我教育的机会。

这样，不利于幼儿第一手科学经验的获得，初级概念的形成，学习方法和技能的锻炼，智力和个性的健康发展，影响新一代的培养。

幼儿科学教育，尤其是选择性科学探索活动的开展，有利于幼儿主动性、独立性、创造性、自信心的发展，有助于幼儿成长后适应社会的急剧变化，明智地对未来的迅速变化做出反应，以及成功地生活和工作在科技迅猛发展的社会主义社会里。

而儿童科学发现室的建立，适应了时代的需要，使所有的儿童在早期就受到科学启蒙教育，为培养新时代的建设者发挥它的作用。

(二) 儿童科学发现室的建立是对传统的教育观念的冲击，是进步的儿童观的具体体现

儿童科学发现室是根据皮亚杰的儿童认知发展理论、布鲁纳的学习理论以及海伦·罗伯逊的探索教学理论建立的。他们认为幼儿学科学开始于对周围事物的好奇，并由此而产生的对周围物质世界的探索过程。他们认为幼儿有个“瞎忙”阶段，对周围的具体事物都想触摸、摆弄一下，有看个究竟的愿望。例如，想摸一摸发亮的冰块有什么感觉；把颜料放在水中，看一看有什么变化。这种属于“前言语”水平的、由孩子以动作显示出来的问题，是孩子科学探索的开始，是幼儿科

学学习的萌芽。他们通过这类探索活动，达到对科学概念的非言语或言语水平的理解。

他们还认为幼儿在探索过程中，通过对周围物体的触摸和操作，为幼儿对周围世界的感觉经验和直觉知识提供丰富的信息，从而形成概念。也就是说幼儿在探索活动中，在与物质世界相互作用的过程中，主动建构了他们自己的有关物质世界的概念。探索活动还给予他们机会去发现原有概念的不足或错误，修正或改变不成熟的概念，从而发展概念。

在探索过程中，幼儿自由地选择材料，按照自己的发展水平，使用不同的操作方法，将材料进行重新的组合。这样在他们的神经上、肌肉上、感官上接受的刺激，使他们发现材料间有不同的相互作用，从而使幼儿把知觉的经验提高到思维水平上的思考和表达，并建立起事物间相互关联的概念。

幼儿还从探索过程中的感觉反馈，发现事物是怎样活动的，怎样相互作用的，感觉到周围世界是自己发现的，体验到自己"能做"，感受到自己的能力，这一切都有助于幼儿自主性、独立性、自信心的发展，有利于幼儿个性的健康发展。同时，幼儿产生进一步操作的愿望，引起继续科学探索的渴望和有效动机，正如皮亚杰所说的，引起"真正欢乐的内部动机"。

在探索过程中，幼儿还学习了观察、分类、测量、思考、发现、推断等学科学的方法，锻炼了能力。

根据上述理论建立的儿童科学发现室和发展的科学探索活动，具有如下的特点：

首先，思考的是幼儿怎样学科学，重视科学探索过程；

其次，重视环境和物质材料在幼儿学科学和个性发展中的作用；

再次，强调了幼儿的学习动机和通过幼儿自身活动学科学；

最后，使幼儿成为真正的学习主体，主动积极的科学探索者，经历科学探索过程，主动建构了以知觉作支柱的科学概念，学习观察、分类、测量、表达、思考、交往等技能和方法，从而实现认知、技能和方法、情感三者的有机统一。

幼儿在儿童科学发现室里活动的情况，证实了它为幼儿的科学探索活动的开展，提供了符合幼儿心理安全的环境气氛，以及丰富的物质材料。无论是刚入园的幼儿，还是将要入小学的大班儿童，都被多种多样的物体和材料所吸引，他们都以自己的兴趣和爱好，选择材料，主动地、轻松地参与各自不同水平的科学探索活动。他们还相互合作，共同操作，分享成功后的喜悦，他们专心致志地“忙于工作”，很少出现“越轨”行为。

这一切都促使教师教育观念的改变。使教师从不相信、不放心幼儿到相信幼儿，放手让幼儿参与各种科学探索活动；从单一的有计划的统一的常识教育到意识到要尊重幼儿的学习特点、发展水平和个体的兴趣和需要；从过多地强调集体教学，满足于灌输知识到意识到应为幼儿创造学科学的环境，提供物质材料，开展选择性的个别科学活动，重视探索过程；从单一的直接指导转为直接指导和间接指导相结合。

由此，我们认为儿童科学发现室的建立，是对传统的教育观念的一次冲击，是进步的儿童观的具体体现，是幼儿科学教育改革的催化剂。

（三）科学发现室的建立，有助于幼儿科学教育师资的培养

幼儿师范学校是培养幼儿园师资的基地。怎样使幼师的职前教育，就有现代儿童科学教育理论和时间的锻炼，是幼师生今后胜任现代儿童科学教育指导的重要战略措施。

但是，幼儿师范学校的自然常识教学法受传统教育思想影响，存在教学理论与幼儿园实践脱节的现象，忽视学生的科学探索时间，学生缺乏亲身的体验，也无法感受到科学探索的乐趣；忽视学生动手能力的训练和对理科的兴趣的培养。这样，学生毕业以后，难以胜任科学探索活动的指导。因此，在幼师建立较高层次的科学发现室，为幼师生学习幼儿科学教育、进行科学探索创造条件，对幼师的《幼儿科学教育》的教学改革起了推动的作用。

1. 使幼师生的《幼儿科学教育》的理论学习与探索活动紧密结合。学生有可能在设有多种科学材料的环境中进行独立、自主的操作活动，观察、探索、发现丰富的科学现象，经历探索过程，体验探索的感受和乐趣。我们曾对两届幼师生在科学探索室的活动的感受和态度进行问卷调查。有90%的学生表示了乐意在科学发现室进行活动的积极态度，并以"有趣""轻松""高兴""快乐""舒畅""新鲜""回到了童年"等带有情感色彩的语言表达了他们的感受，这对于未来的幼儿教师——科学探索活动的指导者是非常重要的。

2. 提高了学生学习理科的兴趣。一般幼师生对理科学习的兴趣不大，认为学了用处不大。而在科学发现室里，使理、化、生的原理寓于具体的活动中，学生在科学探索过程中进一步理解科学的概念和定律。它不同于实验室做理化实验，而使理论有机地融入探索活动中，它不仅提高了学生学习理、化、生的兴趣，还促进了幼师理科的改革。

3. 锻炼了学生的独立操作能力，发展了学生的思维力和创造力。长期习惯于在课堂里被动听讲的学生，一旦为他们提供了可以独立活动的材料和环境后，他们的主动探索、积极思考的态度油然而生。使他们的动手操作、发现科学现象、思考理解现象共处于探索过程中，既锻炼了他们的动手能力，又促进了他们积极思考。例如，一个学生在探索水的活动后说："我一贯认为一般的容器，灌满水后，放在水中是沉的，但当我把塑料瓶灌满水放入水中时，它却出乎意料地漂浮在水中，好像一只'潜水艇'从而回忆起水的浮力、体积和重力的关系。"这与她单一地听课的思考程度有明显的差别。

4. 学习怎样指导幼儿科学探索活动的技能和方法。在科学发现室中，还要求学生为幼儿的科学活动配备有结构的材料。带幼儿入室进行探索活动，观察幼儿的探索过程，思考怎样指导幼儿等等。在实践活动中，学习、思考、指导幼儿科学探索的技能和方法。

从以上几方面，可看出幼师的科学发现室既是幼师生感受、体验幼儿科学探索活动的模拟场地，又是幼师生生动理解科学原理，创造性地运用理科知识的小天地。它对幼师幼儿科学教育课程和理、化、生课程的改革，同样起着催化剂的作用。

三、建立非正规的社会的科学教育设施

正规的学校机构是儿童学科学的主要场所，家庭、社会是整个教育的有效力量。在经济发达的国家，非正规的社会教育迅速发展，它们与正规的学校教育有机联系，形成了完整的教育网络，发挥着难以估计的力量。

为了开发智力、实施科学启蒙教育，适应现代社会的需要，借鉴国外的经验，在江苏省妇女儿童中心建立了儿童科学发现室，为小学、幼儿园和散居的4～14岁儿童服务。

在科学发现室里设有盥洗 、拱桥、方轮、手蓄电池、穿针引线、锥体上滚、穿环、直角镜、拓扑游戏、魔灯、光学转盘、大视野立体图、魔棍、巧敲积木、静电吸纸、人体奥秘角等科学设备和材料，供幼儿进行科学探索活动。

自1989年5月开放以来，深受儿童、家长、教育工作者的欢迎，还在儿童科学教育中发挥了独特的作用。

1. 改变了忽视儿童科学教育的状况，尤其是忽视早期儿童的科学启蒙的状况。

2. 丰富了幼儿学习和生活的内容，使幼儿学到了在学校课堂里得不到的科学知识。

3. 改变了只能观察展示物不能动手活动的旧传统，幼儿能自主选择进行科学探索活动。

4. 改变课堂搬家的现象，促使学校、家庭、社会科学教育的结合。

虽然这一切刚刚开始，但已在现代儿童科学教育中显示了无穷的力量，推动了儿童科学教育的普及和改革。至于儿童科学探索的改革和研究，还有待继续和深化。如：

1. 研究儿童科学探索的特点和规律，以有效地指导儿童的科学探索；

2. 研究有计划的正规的科学活动和非正规的自由选择的科学活动的结合问题；

3. 研究家庭、社会、学校或幼儿机构的科学教育网络结合的建立、发展和活动的开展；

4. 研究儿童科学探索活动的内容等等。

愿有志于儿童科学教育工作的同仁共同努力！

“幼儿科学教育”科研组
南京师范大学：王志明
南师大附属幼儿园：唐水芬
南师大附属幼儿师范学校：尹坚勤
江苏省妇女儿童中心：陈苏虹

1989 年 10 月

幼儿科学教育

第一章　幼儿科学教育概述

第一节　科学和幼儿科学教育的概念

一、什么是科学

科学是一种复杂的现象，历史上有许多哲学家、自然科学家、思想家等都探索过它的含义，但至今还没有一个完整、统一的定义。一般有以下几种陈述。

科学是实践的产物，是生产实践和科学实践的总结。它是自然界的现象、属性和自然规律的正确反映。

科学不仅是点滴、片断的具体事实和经验的积累，更有一个概念化的组织结构，随着观察和实验资料的集合，从中提炼出科学的概念和原理。

科学是创造性的探索，通过反复实验，反复观察、探索和研究自然现象，直到能够公认为科学。自然科学就是在反复的实验、验证中形成的。

科学是人类的一种认识活动，这种认识活动的进行，总是借助于一定的科学方法。最早使用的方法是观察法，而后有逻辑法——归纳和演绎，后又发展为有科学实验和数学分析的方法。这些方法使科学更加条理化、定量化和精确化。

二、科学的职能和作用

自然科学具有多种职能和作用，随着时代的发展，其职能也有所发展和变化。

正确认识世界是自然科学的主要职能，这种职能是自始至终存在的。

古代的科学虽不发达，但它除认识世界的职能外，也促进了当时生产的发展，影响了人们的思想，并对军事起作用。自然科学在古代的作用是很有限的。

在近代科学初期，自然科学在反对宗教神学和教会势力中起着重要作用。尤其是15世纪以后的文艺复兴时期，自然科学在同经院哲学的斗争，以及对唯物主义世界观的形成中起着重要的作用，对改进生产技术也起了一定作用。

18世纪末至20世纪，即近代科学的后期和现代科学时代，由于蒸汽机的发明和应用，电力技术的发明和电机制造，内燃机的广泛应用，汽车、飞机的出现，电子计算机的创造和运用，以及无线电、广播、电视等的普遍实施，使科学大规模地转化为技术和生产力，使生产过程实现了机械化、自动化、科学化，使生产力达到了空前的高度，促进了生产的迅速发展。自然科学突出地起到了推动生产发展的作用。

自然科学的另一作用是影响人类的社会生活。随着科学技术的不断进步，生产和经济迅速发展，逐步提高了人民的物质生活水平，而在某些方面还起到了协调人和自然关系的作用。

此外，自然科学作为一种思想，直接影响社会意识，推动上层建筑——哲学、艺术、教育文化、宗教等方面的变革，并在政治、军事等方面起着作用。

三、什么是幼儿科学教育

1. 幼儿科学的含义

幼儿科学不像人们所理解的那样神秘莫测、深奥抽象。幼儿科学就在幼儿身边，就是幼儿经常接触到的周围物质世界，包括自然界和渗透于社会生活的科学技术产品。例如：鱼怎样呼吸？蝌蚪怎样变成青蛙？种子怎样发芽？天上的月亮为什么出现盈亏？弹子为什么会滚？水怎样才能进入眼药水瓶？玩具机器人怎么会行走？铅笔盒怎么会关紧等等都含有自然科学的因素，都是幼儿乐意学习的科学。

2. 幼儿学科学的几个要素

(1) 幼儿的态度(对周围世界的好奇)。

(2) 幼儿科学探索的对象(自然现象、物体、科技成品及其相互关系)。

(3) 科学探索的过程(观察、分类、测量、描述等等)。

(4) 科学探索的结果(所得的经验、事实或概念)。

3. 幼儿是怎样学科学的

幼儿学科学开始于对周围事物的好奇,并由此而产生的对周围的物质世界的探索过程。幼儿有个"瞎忙"阶段,他们对具体的事物都有想触摸、摆弄、看个究竟的愿望。例如,摸摸发亮的冰块有什么感觉,把一块石头丢在水里会怎么样。这种属于前言语水平的、由幼儿以动作显示出来的问题,是孩子科学探索的开始,是幼儿科学学习的萌芽。

幼儿在探索过程中,通过对物体的触摸与操作,在与物质世界相互作用的过程中,主动建构了他们有关物质世界的概念。幼儿又在不断地对客观物体的探索中补充、修正或改变不成熟的概念,从而发展概念。

幼儿在使用不同的方法操作材料并进行新的组合时,他们的神经、肌肉和感觉上接受的刺激,使他们发现材料间有许多不同的相互作用,从而使他们把动觉的经验提高到思维的水平上思考和表达,并建立起事物间相互关系的概念。

在探索过程中,幼儿从感觉的反馈中,感受到周围世界是自己发现的,感受到自己的能力和获得成功的喜悦,因而促进了幼儿自主性、独立性和自信心的建立和发展,产生继续探索、操作的愿望,引起再探索的内部动机,从而不断地进行科学的学习活动。

4. 什么是幼儿科学教育

幼儿科学教育就是教师利用周围环境,为幼儿创设条件,提供物质材料和机会,以不同的组织形式(全班、分组、个别),在不同的场合(教室内外、园内外)以多种方式,以不同程度的指导或参与幼儿的探索活动,让幼儿在有计划地学科学和自由的科学探索活动中,主动获取科学的经验，建构初级的科学概念，掌握学科学的方法。

幼儿科学教育是幼儿主动的探索过程，而不是被动地接受知识的过程；教学不是讲解灌输科学知识的过程，而是指导幼儿怎样学科学的过程，是为幼儿的科学探索活动创造条件、提供材料的过程。

第二节　幼儿科学教育的历史回顾和现代儿童科学教育

我国儿童科学教育的历史回顾

1. 自然科学教育的起源

早在原始社会，人类为了生存，从捕鱼、狩猎中获取食物，儿童在跟随成人从事这些活动的过程中，观察、模仿、学习获取食物的技能。成人又把长期与自然作斗争的经验，如怎样去海边拾取鱼、虾、贝、蚌，以什么石头制作捕获猎物的工具，怎样在夜晚燃火防御猛兽等等传授给下一代，这就是人类早期科学教育的起源。自然科学教育与生产劳动紧密结合，成人在劳动中传授自然知识，儿童在跟随成人劳动的过程中接受教育，这是人类早期自然科学教育的特点之一。另一方面，由于人类幼稚无知，认为自然界受神灵主宰，把自然现象神化，如认为太阳是太阳神的火焰车，雷电是天神和雷神的武器。因此，儿童自然科学教育，便带上了神秘色彩，这是人类早期自然科学教育的又一特点。

2. 古代的自然科学教育

在古代的阶级社会里，自然科学教育受统治阶级制约。在统治阶级昌盛时期，科学得到发展，自然科学教育也受到重视；而当统治阶级处于没落阶段，生产力、科学技术遭到破坏，自然科学教育同样遭到扼杀、削弱。但人类为了生存，总是不断地或快或慢地改进生产、发展科学技术，也总要向下一代进行怎样生产，怎样和自然作斗争的教育。因此，在古代阶级社会里，始终存在着与当时生产发展相适应，同科学发展相一致的科学教育。

中华民族在古代科学技术的繁荣昌盛时期，曾为古代中国的科技教育史写下了光辉的一页。如天文学家张衡创造了世界上最早利用水力转动的浑天仪和测量地震的地动仪，数学家祖冲之计算的圆周率，以及闻名于世的四大发明等等。

关于古代的儿童科学教育的内容和方法，可以从下列蒙学读本中发现一些。

西汉史游编撰的《急就篇》中写有："稻黍秫稷粟麻粳，饼饵麦饭甘豆羹"，以帮助儿童认识五谷。

南北朝周兴嗣编写的《千字文》中就有自然界名物的介绍。如有关"天"现象的"日月盈昃，辰宿列张，寒来暑往，秋收冬藏，云腾致雨，露结为霜"；有关"地"现象的"海咸河淡，鱼潜羽翔"。

相传宋代学者王应麟编写的《三字经》中就有数、日、四时、五行、六谷、六畜这些基本自然常识的介绍。如："稻粱菽，麦黍稷，此六谷，人所食。马牛羊，鸡犬豕，此六畜，人所饲……蚕吐丝，蜂酿蜜……"

宋代方逢辰所编古代蒙书之一《名物蒙求》专门介绍自然和自然界各种名物知识，包括天文、地理、鸟兽、花木、日用品、耕种操作等等，注重介绍常见常用的名物。如地物："高平为原，窈深为谷；山脊为门，山足曰麓。小路为径，通道为衢；闹则市井，静则郊墟。"如自然现象："云维何兴，以水之升；雨维何降，以云之蒸。"

明清流传的杂言书《百花门》中写有："花卉枝叶，根蒂芭葩；果实子核，萼蕊苹芽；牡丹芍药，木樨桂花；海棠石榴，水仙梅花。"

清末张士瀛的《地球词言》中写有："大地椭圆，旋转如球；东半西半，分五大洲；摄引全球，专赖引力；绕日而行，八星居一。"

由此可见，古代的儿童科学教育已含有天文、地理、动植物、农时季节等内容，还有说出自然物和自然现象的名称、解释粗浅的科学概念、说明用途等纯知识性的科学教育，这些教育都与儿童的识字教育紧密结合。此外，一般劳动人民的子女，仍然在家庭中随着父母的劳动和日常生活学习有关科学知识。

3. 近代的儿童科学教育

清代同治年间，开始设立同文馆，同文馆中有格致一科的设置，这是中国设置自然课程的开端。1903年(清光绪二十九年)公布的学堂章程里,初小与高小都有格致一科,这是我国小学设置自然课程的开始。格致内容包括动植物、矿物、理、化、卫生等。从此,我国的儿童科学教育开始通过设置专门的自然课程而进行。

1903年,我国成立了蒙养院。在蒙养院章程及家庭教育法章程内,写有游戏、歌谣、谈话、手技等课程,虽没有专设幼儿自然课程,但在手技这一条目中写有:"……于蒙养院附近之庭院内,播草木花卉之种于地,浸润以水与肥料,使观察其发生以至开花、结实等各种形象。诸如此类,要在引导幼儿手眼,使之习用于有用之处,为心知意兴开发之资。"表明蒙养院已注意在幼儿中进行自然常识教育。

1905年,湖南蒙养院教课说略主旨中写有:"一、谈话;二、行义;三、读方;四、数方;五、手技;六、乐歌。"虽没有专设自然课,但在"乐歌"中提到"应保持本省名山大川胜迹名区,乡贤名宦,动植各物,制为浅显歌词,谱出新腔,令学童歌唱,以乐和之……名山大川胜迹名区地理所关,动植各物理科所关,本省地理、历史、理科是本省学童特中事,先启发其爱乡之情,然后以言爱国。"

自1903年我国第一个幼托机构(蒙养院)建立开始,幼儿科学教育虽然没有设立专门的课程,但它已纳入了学前教育的内容。它的特点是:与种植技术、音乐相结合,除动植物、天文、地理等自然知识教育外,注意了幼儿直接接触、观察自然物与自然现象,发展智力和情感的培养。

1924年,我国幼儿教育专家陈鹤琴先生在《现今幼稚教育之弊病》一文中指出,"孩子与环境的接触太少,在游戏室的时间太多……他与环境和社会接触的机会愈多,他的知识越丰富,他的能力也愈充分,倘使我们不给他玩耍沙土,他断不会知道沙土的性质,倘使我们不让他与猫、狗等动物相接触,他哪里会知道猫、狗等动物的生活。"

陈鹤琴先生又在文章的第二部分指出,"我们主张幼稚园之课程可以用自然、社会为中心。""我们应当把幼稚园的课程打成一片,成为有系统的组织。但是这种有系统的东西,应当以什么为中心呢?这当然要根据儿童的环境，儿童的环境不外乎两种：一种是自然的环境，一种是社会的环境。自然的环境就是各种动植物的现象，社会的环境就是个人、家庭、集社、市尘等类的交往，这两种环境都是儿童天天要接触的，所以我们应利用这两种环境作幼稚园的课程的中心。”他的暂行课程就设有音乐、故事、儿歌、游戏、社会和自然、工作、静息、餐点。

从此，“自然”便作为幼儿科学教育的课程出现于我国幼儿教育中。陈鹤琴先生强调幼儿接触自然环境，并以此作为课程的中心之一，幼儿科学教育从此得到了一定的重视。正如张宗麟在1928年出版的《幼儿教育概念》中所述：“自然为幼稚园新增之科目，先人虽有言及者，然并不重视，此实太可惜也。”

1932年，国家教育部颁布幼稚园课程标准，正式规定幼稚园有社会和自然课程，并明确下列教育目标和内容。

社会和自然目标：(1) 引导对于自然环境和人民活动的观察和欣赏；(2) 增进利用自然、满足生活，组织团体等的最初的经验；(3) 引导对于“人和社会自然的关系”的认识；(4) 养成爱护自然物和卫生、乐群等好习惯。

内容是：(1) 身体各部的认识；(2) 习见鸟、兽、虫、鱼，花、草、树、木和日、月、雨雪、阴晴、风云等自然现象的认识和研究；(3) 月、日、星期和阴晴、雨雪等逐日气候的填记；(4) 附近或本园的动植物的观察采集，并饲养和培植；(5) 知道四肢五官的机能作用。

从上述自然的目标和内容中，可看出那时幼儿科学教育的内容仍然是动植物和某些自然现象。方法上运用了观察、种植和饲养，并注意了科学的经验和事物之间关系的教育，以及爱护自然物的情感培养。

1935年，雷震清副教授编写的《幼稚园的自然》由商务印书馆出版发行。这是我国第一本供教师用的幼儿科学教育的理论书籍。它是在调查、总结幼儿园自然课程教学的实践基础上编写的，全面地阐述了向幼儿介绍自然的目的、教材内容、教学原则、方法和设备，并重视户外教学，但因所处时代不同，在内容、方法上都有一定的局限性。

1937年,《幼稚园常识160课》出版发行,此书是根据我国教育部颁行幼稚园课程标准编辑的,专供幼稚园教师参考的常识教材教法。

至此,我国有了比较完整的幼儿科学教育措施,以及课程、幼儿园教材教法及供幼儿教师学习的比较系统的理论书籍。

4. 现代的幼儿科学教育

新中国成立以后,我国教育经过整顿恢复,根据中国人民政治协商会议共同纲领文化教育政策及中央人民政府政务院"关于改革学制的决定",于1952年制订了《幼儿园暂行规程》(草案)。在草案的教养活动项目中有认识自然环境一项,并有自然环境的教学大纲和教学任务。其提出的任务如下:

(1) 发展幼儿正确认识周围环境的兴趣,充实他们的生活,并扩大眼界,丰富印象,发展语言。

(2) 使幼儿初步认识大自然的起源。

(3) 培养幼儿饲养动物、种植和灌溉植物的兴趣以及责任感,并增进其爱自然、爱科学、爱劳动的优良品质和习惯。

(4) 培养幼儿的感受力和感觉,以促进其观察力、思考力、注意力和知觉的发展。

1956年,由北京师范大学学前专业和北京市、天津市的幼儿教育工作者在总结我国幼教实际工作经验的基础上编写的《幼儿园教养员工作指南》中,有小班、中班、大班的具体自然教学的任务、内容和方法。

1961年,在改革教学、提高教学质量的思想指导下,南京师范学院编写了《语言和认识环境》教材,书中扩充了认识自然的范围,适当提高了要求。如除了认识动植物外,还有认识空气、水等内容。

我国50年代和60年代初的幼儿科学教育的任务、内容和方法,是在全面学习苏联的学前教育经验的基础上制订的。任务和内容上比较重视系统的、由浅入深的知识教育,以动植物和季节变化为主线,进行认识自然的教育;在方法上则以教师灌输为主,伴有儿童的观察、种植和饲养。

十年动乱时期，幼儿科学教育从课程到内容全部取消，幼儿园的常识教育遭到彻底的破坏。

十一届三中全会以后，尤其是全国科学技术大会的召开，为幼儿科学教育吹来了春风，原有的幼儿自然常识课程得以恢复，教材内容开始重建。

1981 年，国家颁布了《幼儿教育纲要》(草案)，规定了自然常识的大纲内容、教材和教法。但由于我国长期处于封闭状态，传统的教育思想仍然影响着该学科的教育，教材内容和方法都缺乏新意。

80 年代早期，不少幼儿教育工作者(包括理论工作者和实践工作者)，鉴于现代科学技术发展的需要和自然常识教育的现状，力图对我国的自然常识教育进行改革。他们借鉴了西方现代儿童科学教育的先进经验，进行了幼儿科学教育的初步研究，扩大了幼儿科学教育的范围，尽可能为幼儿科学教育创造条件，让幼儿通过自身的活动学习科学，学习科学的方法和技能，发展幼儿的智力，培养他们爱科学、爱自然的积极情感。但由于客观物质条件的限制，教师受传统教育观念的影响，怎样使幼儿成为科学的真正主动的学习者，仍是一个问题。

近年来，随着改革开放政策的贯彻和深入，国内外的学术交流进一步开展，促进了幼儿科学教育的改革。

儿童科学发现室的建立，为幼儿学科学创设了良好的环境气氛，提供了材料和设备。以幼儿科学探索为主的学科学活动正在兴起，教师的传统观念正在受到冲击，教师讲科学、儿童听科学，教师是积极的讲解员、儿童是被动的接受器的状态正在改变。儿童是主动的科学探索者，教师是儿童学科学的指导者的可喜场景正开始出现！

社会的儿童科学教育正逐渐受重视，社会的儿童科学教育机构，包括幼儿学科学的场所(如儿童中心)，正开始建立，相信在不久的未来，新中国的儿童科学教育网络体系，将在我国不断建立和蓬勃发展！

第三节　外国儿童科学教育简介

近几十年来，随着生产、科学技术的迅速发展，一些经济发达国家都开始重视人才开发，他们把培养科技人才，尤其是培养高级科技人才看作是促进经济发展，进行经济竞争的重要条件，由此，他们也就非常重视对新一代进行科学教育。

一、美国的儿童科学教育

19世纪50年代，美国的儿童科学教育曾受英国文学和瑞士教育家裴斯塔洛齐的“物体教学”的影响。19世纪末至20世纪初，“自然学习”运动兴起，从而取代了“物体教学”。20世纪20年代，杜威等的实用主义哲学思想极大地影响了儿童科学教育，以经历探索过程作为一种学习方法，为儿童科学教育的发展作出了有意义的贡献。

20世纪50年代，由于苏联人造卫星上天，美国的政界、科技界和教育界深受震动，教育也受到了极大的冲击。他们认为科学在人类的整个活动中都扮演了重要角色。为了保持科学研究和工业技术的世界领先地位，也为了使个人能很好地适应未来的社会生活，他们在课程建设中进行了科学教育的改革。

经过科学家、学者和教师的科学实验研究和教学实践，到20世纪70年代，美国儿童科学教育的改革取得了巨大的成就。

20世纪80年代，美国现代儿童科学教育得到进一步发展和改进，在科学课程计划中要求：

（1）从整体出发教科学。

（2）科学教育应和其他课程结合。

（3）要求更多地意识到教师和学生的情感和态度在科学教育中的重要性。

（4）重视科学的人道主义。

（5）在科学中运用社会和社会争论的课题。

（6）在事实、概念、评价三种不同的水平上教科学。

（7）在科学教育中强调生态和环境的教学。

(8) 重视对所有儿童包括天才和有缺陷儿童进行科学教育。

至此,美国的儿童科学教育,便由 19 世纪 50 年代的“物体教学”、20 世纪初的“自然学习”、20 世纪 20 年代后在杜威实用主义哲学思想指导下以经验探索为主的科学学习,发展到 80 年代要求认知、技能和方法、情感和态度三者结合的以儿童科学探索学习为主,以及幼托机构、家庭、社会相联系的现代儿童科学教育。

美国现代儿童科学教育曾受皮亚杰的认知发展理论、布鲁纳的课程理论、加涅的学习理论以及其他教育家、心理学家,如杜威的哲学思想、海伦·罗伯逊的探索教学思想等的影响。

在各种理论的影响下,美国的现代儿童科学教育,出现了不少自幼儿园到中学的科学课程方案。这里仅扼要地介绍几个课程方案。

1. 初等科学学习课程方案

初等科学学习课程方案由美国国家科学教育协会的资金资助,由科学家、工程师、数学家、教师等参加,于 1959 年开始建立从幼儿园到八年级的科学教育教材,到 1970 年完成了 56 个单元。

初级科学学习课程方案的目标是:

① 鼓励儿童调查、分析和理解他们的周围世界,并激发他们再调查、分析的愿望。

② 唤起儿童对科学的好奇心和理解科学概念的愿望,发展他们对科学的兴趣、积极的态度和技能。

③ 促进儿童的科学阅读、书写能力和一般的智力好奇,而不是企图使所有的儿童成为科学家。

初级科学学习课程方案的学习手段是强调把物体和材料直接交给儿童,从开始就帮助每个儿童用他自己的方法使用这些材料,去嬉戏、活动、探索,从而去感知和理解它们与周围世界的联系,以便从现象中概括出初级的科学概念。

2. 科学课程改革学习方案

该课程方案由国家科学基金会资助,设立于伯克莱加利福尼亚大学。它是根据儿童怎样学习的现代理论制订的。

课程的目标是：

① 给予儿童有关自然现象的第一手经验。

② 建构和理解基本的概念。

③ 发展自由探索的好问的态度。

课程方案学习的主要概念如下：

① 物质，固体、液体、气体，三者和人们感觉器官的相互作用以及彼此间的相互作用。通过颜色、形状、重量、质地和变化反应等的描述来认识物体。

② 能，产生相互作用和变化的能力。

③ 有机体，有生命的个体，植物、动物和人类。

④ 生态，有机体与环境的相互作用，它们的组成部分和能的使用。

教师在使用科学课程改革学习方案时应注意：

① 相互作用这个重要的概念应始终保持在儿童学科学的过程中。

② 当儿童拿取物体做实验，并在适当的行为水平上自发地作用于物体，产生相互作用的探索时，教师应根据不同年龄阶段的儿童怎样学习的现代理论，细心地选择材料，以极少的指导鼓励儿童探索。

③ 当一个儿童探索，创造性地反映，并形成新的思想和概念时，教师必须通过提供定义和名称去帮助儿童描述新的概念。

④ 教师可通过计划活动引导儿童的发现，可依赖一个儿童自己的经验引起发现。

科学课程改革学习方案是一个有关物理和生命科学的科学学习方案，它集中地围绕儿童熟悉的自然现象建立概念。在儿童实验、讨论和分析中含有调查研究。它的学习单元有一个专门的按照科学结构顺序设计的教学顺序。

3. 科学——一个过程手段课程方案

科学——一个过程手段，这个儿童科学学习方案是由美国科学促进会和科学教育委员会建立的。它的目标是：

① 激发好奇心。

② 刺激思考。

③ 促进儿童的科学技能和智力的发展。

它的内容包含物理科学、生命科学、数学、地球科学和社会行为科学。

它的最初级的智力技能是观察、分类、测量、交换信息、空间和时间关系、数的计算等。

① 观察技能：包括使用感觉器官，观察有生命和无生命的物体，观察变化，观察简单和复杂的实验现象并进行分析。

② 分类技能：包括使用生物的自然结构和非生物特征或属性进行分类的简单活动。年幼儿童以他们熟悉的自然物体，按照物体的大小、形状、颜色、质地等特征进行分类，并要求儿童叙述把某些物体分成一组的原因。

③ 测量技能：包括简单的比较测量和使用标准单位测量。年幼儿童可作比较粗糙的测量，他们可用较大、较重或较长、许多或较少等相对量来比较物体。可以使用尺、钟、平衡器、温度计等进行测量。

④ 时间和空间关系技能：年幼儿童可以思考有关上和下、前和后、左和右等空间关系。

⑤ 交换信息的技能：教师要允许儿童使用不完善的词表达他的信息。鼓励他们使用某些方法对任何有意义的科学活动交换信息，以表达他的思想和进行科学活动的结果。

根据美国儿童科学教育课程的发展和改革，美国现代儿童科学教育具有以下几个特点：

(1) 美国有多种多样的儿童科学课程方案，而没有统一的儿童科学教育大纲。教师可以自由选择科学教育方案，制订结合本国和本班儿童的科学教育计划。

(2) 儿童个别的科学探索活动是他们学科学的重要方式，教师仅有少量的指导。有少量的有计划的小组集体探索活动。

(3) 非正式教育机构(即社会机构)，如儿童博物馆、科学博物馆、儿童科学发现中心、水族馆、牧场、电视、广播、图书馆等都为儿童学科学提供条件。形成了学校、家庭、社会三结合的儿童科学教育网络。

(4) 儿童科学教育与早期阅读、艺术等紧密结合。

(5) 儿童科学教育中实施认知、技能和方法、情感和态度三者的统一。

二、苏联的儿童科学教育——“认识自然”

“认识自然”是苏联学前教育的重要课程。他们认为自然是儿童最初取得知识的源泉，智育是这门课程的基本任务，他们还提出在认识自然的过程中应进行德育、体育、劳动教育和美育。

智育的任务是使儿童得到有关非生物、植物和动物的知识，以及儿童能够接受的自然界物体和现象之间的最简单的联系，正确的观念和概念，为学校的无神论教育和学习生物打下基础，为使学生形成辩证唯物主义世界观打下基础。要求把儿童掌握知识和发展他们的认识能力紧密结合，促进他们的感觉器官、逻辑思维、注意力、语言能力、观察力、求知欲等的发展。

除智育的任务外，还要求培养儿童对自然的兴趣、热爱劳动和爱护自然的态度，以及感受大自然的美等。

“认识自然”课程有统一的教育大纲。他们考虑年龄特点，以圆周式的大纲结构，让儿童认识自然，使儿童在幼儿园期间，对同一物体得到多次认识，并得到扩大和加深。

苏联学前儿童“认识自然”课程的特点，是以生物和非生物、季节变化为儿童认识的主要内容，以集体上课为儿童认识自然的主要形式，通过观察、实验、劳动、游戏、讲述、谈话等方法，进行认识自然教育以及德、智、体、美、劳的全面发展教育，重视知识体系，重视热爱大自然的情感和态度，强调在认识自然的同时发展智力和技能。

三、日本的儿童科学教育——“自然”

“自然”是日本幼儿园的重要课程。从 1965 年制订的日本《幼儿园教育大纲》中，可知道幼儿园“自然”课程的任务是：

1. 爱护周围的动植物、热爱自然。

2. 对周围的自然现象有兴趣并愿意进行观察和研究。

3. 掌握必要的简单的技能(使用和操作日常生活中的用具和简单的器械),以适应日常生活的需要。

4. 促使儿童对数量和图形等感兴趣。

日本"自然"课程的特点是:有统一的教育大纲;重视儿童接触大自然,培养他们对自然的兴趣和情感;给予儿童操作活动的机会,注意儿童动手又动脑和安全操作,以及注意数和图形的教育等。

从日本1990年将全面实施的幼儿园新教育大纲中,可发现他们将把现行教育大纲中的"自然"改为"环境",加强幼儿与自然和周围环境的直接联系,通过联系,培养幼儿的探索精神、思考能力以及丰富的感受性、创造性和积极表达的欲望,这是日本幼儿科学教育的一个改革。

第二章　幼儿科学教育的目标和任务

第一节　幼儿科学教育的目标、任务

"把发展科学技术和教育事业放在首要位置,使经济建设转到依靠科技进步和提高劳动者素质的轨道上来。"全面提高青少年和劳动者的思想道德素质和科学文化素质,为国家的社会主义四个现代化建设培养更多的合格人才,这是我国社会主义教育的社会职能。

作为教育的基础,属于未来的学前教育及其分支——幼儿科学教育,从提高全民族科学文化素质出发,提出适应未来社会需要的幼儿科学教育的长远目标是十分必要的。

一、幼儿科学教育的长远目标

1. 把幼儿培养成为一个有科学文化知识的社会主义公民

这样的公民,能进行理性的思考和行动,以避免盲目、冲动地决策社会的重大事件或个人的某些问题。

当幼儿发展成一个有科学文化知识的公民时,他将对科学的概念和概念的框架，科学的技能以及科学的态度和价值有所理解。这样，当他与人们接触，与周围环境相互作用时，他将使用它们去做出正确的决定。他将了解社会和科学的关系，懂得在一生中怎样去学习，怎样去调查，怎样去获得和增长知识。同时，他将利用已经习得的一切作为一个懂得道理的人而存在于世，并去促进人类的发展。

把幼儿培养成为一个有科学文化知识的社会主义公民，是时代的要求，社会的需要。

随着科学技术的突飞猛进，新的发现、发明、创造不断涌现，人类社会进入了新的历史阶段——科学的时代。嫦娥奔月的神话，人身上长飞毛腿、千里眼、顺风耳的幻想，在科学发达的今天都已成为现实。正如英国人类学家玛格丽特·米德所说："我们的孩子的世界，已不是我们自己当娃娃上学时候的那个世界。"

在这科学的时代里，不仅科学日益社会化，而且社会的发展也趋向科学化。科学不仅运用于工农业生产，还极大地影响着人们的社会生活，渗透于人们的日常生活。几十年前，家庭里有一台收音机的很少，今天，电子技术已进入千家万户，一般家庭也有了半导体收音机、电视机、录音机，还有洗衣机、照相机等等。孩子们的伙伴——玩具，也发生了惊人的变化，如借助现代技术发展起来的电子玩具——电子游戏机，电脑控制的玩具机器人，无线电技术操纵的遥控电动汽车，太阳能作动力的直升飞机、自行车、卡车等新型玩具，正在不断出现。

无论是生活于泥塑玩具与电子玩具并存时代里的儿童，还是生活于现代科学技术广泛渗透于生活和社会的成人，都需要具有一定的科学常识，才能理解他们生活中的当代科学文化，适应日益科学化的生活环境。因此，培养有科学文化知识的公民，要从幼儿早期的科学教育开始，这是科学时代对我们的要求，也是世界科学、技术发展的必然要求。

把幼儿培养成为一个有科学文化知识的社会主义公民是实现四个现代化的需要。

在我党的十二次代表大会上，制订了2000年实现我国四个现代化的宏伟目标。而现代化的实质就是科学化,也就是工业技术科学化、农业技术科学化、军事技术科学化。科学技术成了实现社会主义现代化的关键和核心。无论是传统工业的改造,新的工业技术的建立和发展,还是传统农业向现代农业的转化,都需要现代化的科学技术,都需要掌握先进科学技术的专业人才和具有较高科学文化水平的劳动者。

随着电脑和电子工业的发展,新的科学技术改造了自然界,它不但增强了人类征服陆地的能力,还为征服太空和海洋创造了条件;它不仅可以解放人类的体力,还可以解放人类的脑力。它将改变人类生产和生活的传统方式,提高劳动生产率和社会生产力,提高人类物质生活水平,丰富人类社会的精神生活。

这是一次新的技术革命,它要求人们必须更加重视科学技术知识,更好地学习、研究、发现新的科学技术,以及有效地利用科学技术知识。

实现社会主义现代化,需要的人才的质量要求越来越高,数量越来越大,所需要的是不同层次的初、中、高级科技人才,以及能够掌握和使用科学技术知识的一般人才。只有这样,才能保证社会主义现代化的顺利进行。为此,培养有科学文化知识的人才是社会主义现代化建设的需要。

2. 帮助儿童学习正确地和创造性地解决问题

儿童天生爱提出问题和解决问题。科学教育应帮助儿童学习科学地解决问题的技能和方法,当他们使用这些技能和方法解决问题时,他们的判断力和创造力将得到发展。

解决问题的方法,永远不应该给予儿童,而要坚持不懈地鼓励儿童使用自己的方法,通过尝试去解决问题。他们能在自己"做"的过程中和尝试失误中学习,有时还能满意地解决问题。每当一个儿童使用科学的方法尝试解决面临的问题时,他便在成为一个有科学文化知识公民的道路上前进了一步。

3. 进行环境教育,增强环境保护意识

环境是人类赖以生存的条件,环境的生态平衡直接关系到人类的健康和生存。

近几年来，由于自然财富被毁坏的情况日益严重，珍贵的野生动物、奇花异木濒于绝迹，人为的环境污染没有得到应有的治理，造成生态平衡失调，引起世界性的环境危机。维持生态平衡、保护环境、净化环境、防止污染、自然保护已成为世界的根本问题之一。

1980年3月5日，我国加入了国际自然及自然资源保护同盟，联合国环境规划署和世界野生物基金会联合签署的《世界自然保护大纲》，引起了我国政府和人民对保护自然环境、自然资源的重视。

许多国家的政府制订了有关自然保护和环境保护的政策法令，并意识到人在保护自然中具有直接的作用，为了改善人和自然的关系，开始重视保护自然的教育。

如苏联在《学前儿童认识自然》一书中就明确提出："培养人们保护自然资源的高度责任感，使人们合理地利用和增加自然资源，这是每个苏联公民的责任。因此，教师和教养员面临的重要任务，是把儿童领进自然界，教导他们热爱自然和用爱护的态度来对待自然。"并认为"儿童对自然的爱护态度，必须从他们十分幼小的时候就开始培养，使他们习惯于爱护自己园地里、公园里和森林里的植物，并关心动物……""儿童从极小的时候起，就必须教他们不要在果园或森林里，为了寻找巢里的雏鸟而捣毁鸟巢，不要去摸雏鸟和把雏鸟带回家……"

英国在《通过科学学习》一书中写有："在世界人口不断上升和对能源的大量需要的情况下，以科学教育来建立每个人对周围环境的正确态度和明智地使用这些自然资源的教育是不可缺少的。这种态度不能以压服来培养，只能反复地鼓励儿童，慢慢地培养。"

美国在初级科学教育方案中，把儿童理解环境、控制环境问题列为科学教育的一个目标。

我国曾在环境科学学会环境教育委员会第一次会议上讨论了环境教育，认为："要搞好环境保护，首先必须抓好环境教育工作，要向广大群众进行环境教育的普及工作，并建议要从幼儿园到大学，在所开课程内增添环境教育的内容，逐步形成我国自己的环境教育体系。”目前，我国的环境正面临污染蔓延和生态平衡恶化的严峻形势，废水、废气、废物和噪音等污染，致使环境的生态平衡遭到严重的破坏，威胁着人们的健康。正如一位环境保护人士指出：“我们正在自己毁灭自己。”中国科学院国情分析研究小组已把它列为中国的“四大危机之一”。

但是，人们喝着污水，呼吸着不洁的空气，习以为常而没有意识到问题的严重性。数以亿计的人群重复着自毁环境的愚蠢举动，既不贯彻各种环境保护法规，又不利用这些法规加强自我保护。其根本原因是全社会缺乏最基本的环境保护意识。

儿童科学教育应自儿童年幼时，就开始帮助他们理解环境与环境问题，这对儿童成长后增强环境意识、保护环境有重要意义。

4. 帮助儿童自如地适应变化

人们生活在一个迅速变化的世界里，儿童也不例外。

社会是变化的，科学知识是变化的，万物是变化的，这是一个基本的辩证唯物主义观点。科学教育在帮助儿童去预料和适应社会变化的过程中承担着责任。

科学教育应该帮助儿童理解，变化是他们生活中不可缺少的部分，还应告诉他们，科学往往有一种类型和节奏，甚至有一个固定的有顺序的周期，例如季节的转换，月亮的盈亏。由于儿童了解和熟悉了这些变化，因而，在他们遇到变化时不会惊慌失措，而会感到安全和愉快。

科学教育还给予儿童在今后生活中所需要的科学知识、技能和有关周围世界的评价。这样，当他们成长后，在一个迅速变化的社会中，尝试去解决问题时，他们将会更明智地反应和更成功地适应，并会很好地克服困难。

5. 帮助儿童理解科学技术和整个社会的相互影响

科学教育应该考虑到科学和技术对社会的影响。科学和技术是相互联系、相互依赖的。但它们又有区别。科学是一个调查研究的过程，凭借这个过程，人们圆满地解释他们观察到的自然现象。技术一般称为应用科学，是科学知识向新的产品和过程的转化。科学对人类的影响是长期的，而技术对于物质、经济、社会和人类生存的影响则是及时的、直接的。

如果科学和技术的成就的利用有益于人类，那么这种科学和技术的成就往往会引起社会和经济的变革。为此，科学教育必须扩大计划，不仅包括科学概念和技能的学习，而且需要发展一种意识，理解科学和技术的社会、经济价值。

以上概述了幼儿科学教育的长远目标。它既面向现代又面向未来，它是指导教师在进行科学教育时应思考的目标，而不是在幼儿期需要达到的目标。这些长期目标的思想应在幼年期的科学教育中起步。

二、幼儿科学教育的任务

幼儿科学教育的任务是根据科学教育的长远目标和幼儿的发展水平提出的，主要有以下几个方面。

1. 认识方面

进行科学启蒙教育，开阔幼儿的眼界，指导幼儿广泛地获取有关自然界和人造产品的信息，积累科学经验，帮助幼儿在知觉基础上形成初级的科学概念，理解他们的周围环境。

2. 技能和方法方面

帮助幼儿学习学科学的技能和方法。包括观察、分类、测量、表达、思考、推断以及发现问题、解决问题等的技能和方法。

3. 态度和情感方面

鼓励和发展幼儿的好奇心、对周围事物的敏感性、学习科学的兴趣和培养幼儿热爱大自然等的情感和态度。

科学教育三个方面的任务，成为统一的整体，它们相互联系，相互作用。

完成这些任务，将有益于儿童成长为有科学文化知识的人，有助于将来熟练地解决问题，以及评价思维、创造思维的发展；也有助于适应周围世界的迅速变化;有助于以后理解科学和技术的联系和区别,以及两者对社会的影响等。

以上三方面的任务是制订科学教育计划,进行科学教育的核心,是选择科学教育内容,决定使用哪些科学活动,指导技能的发展和建立有效的评价的标准。

第二节　有关幼儿科学教育任务的几个问题

一、早期儿童的科学经验和初级科学概念

1. 早期儿童的科学经验是理解和建立科学概念的基础

科学是由经验所概括和证实的知识体系,是实践经验的结晶,它依赖于经验。但科学不单纯是点滴、片断知识经验的积累,而是随着观察和实验所取得的大量资料,抽象、概括地提炼出来的科学概念和原理,是在丰富的实践和经验基础上高度概括的知识体系和规律。

我们这里所指的早期科学经验,是指幼儿在科学的探索活动中,通过他们的操作,以自身的感觉器官直接接触周围世界所获取的第一手经验和具体事实。例如,有个幼儿说:“我吃的番茄有点酸、有点甜,吃起来水会流下来。”这是这个幼儿所获得的有关番茄的具体经验。另一个幼儿说:“这块冰摸起来滑溜溜的,冷冷的。”这就是她所占有的有关冰的第一手经验。幼儿不断获得经验,日益积累,在他们的大脑中储存了丰富的信息,留下了生动的表象。这正是幼儿学科学的基础。

由于幼儿智力水平和知识经验的限制,学习高度概括的科学知识体系显然是不可能的,如果要通过阅读来学习以文字、符号表示,积累于书本的科学文化遗产更是不可想像的。文字、符号只能帮助幼儿概括已获取的科学经验,解释经验,但不能替代幼儿的科学经验。

幼儿从周围世界吸取的广泛的科学经验,不仅有助于他们在电影、电视、图片、图书中学科学,还能使他们在今后学习抽象的科学定义、科学概念时,回忆、联系已有的科学经验,帮助幼儿理解科学概念,

补充所学科学概念的含义。完善的科学经验，还有助于修正已得的概念，并使其更为精确，科学经验还为幼儿今后学习抽象符号、书面的系统的科学知识做好准备。如一个具有水、结冰、干涸等经验的幼儿，在今后学习水、冰和温度的关系，物质三态（液体、固体、气体）变化的科学概念时，将比没有这方面经验的幼儿容易理解，而后者在学习时将会有困难。这就好比一个没有见过颜色的盲人，他要认识颜色是绝对不可能超过一个具有颜色方面直接经验的人的。正如克鲁普斯卡娅所说："特别要紧的是幼儿园要给儿童一些生活经验，让他们知道植物的生长情况和生活情况，即使儿童对这一切不能理解得很透彻，但这已经使他们成为完全不同的人了。"

幼儿科学概念的形成依赖于经验的获得，而经验影响着初级科学概念的内涵，并有效地丰富和发展着科学概念。

幼儿科学经验的获得有益于幼儿智力的发展，并为初级逻辑思维的发展奠定基础。

幼儿的科学经验在某种意义上说，还丰富了幼儿的生活内容，使幼儿的生活充满生气和活力。

幼儿科学教育的任务就是要促进幼儿科学经验的获得和丰富。

幼儿自出生到3岁左右，不断地与周围世界直接接触，已感知了不少自然物和自然现象，他们看见过天上的星星、月亮和太阳，地上的树木、花草、鸟、兽、虫、鱼、冰、霜、雨、雪；听见过风声、雨声、雷声、鸟叫声、虫鸣声、汽车喇叭声、电铃声等等；经历过春、夏、秋、冬。他们已从自身的周围环境中，自发地获取了一定的科学经验。但由于幼儿生活经历的短暂，认识能力的局限，他们所获得的科学经验毕竟是贫乏、未经加工的，往往可能是孤立、片面、零星、朦胧，甚至是错误的，还可能因缺乏经验而显得幼稚无知。如有个幼儿在农村姥姥家观察猪时，只见到了喜爱的大肥猪的两只大耳朵，却没有全面感知猪的外形特征和生活习性。有的幼儿兴致勃勃地把冰块放入衣服的口袋里，自信地说："带回家给妈妈看，给爷爷看。"很明显，他们还没有冰遇热会化成水的经验。有的幼儿看到水沸腾后上升的蒸汽，却大喊："水壶冒烟了，冒烟了！”把蒸汽与烟雾混为一谈，压根儿没有蒸汽的具体经验。为此，教师应为幼儿选择适合他们发展水平的科学活动和材料，为他们获取广泛的科学经验创造良好的条件，使他们的科学经验不断地扩大丰富，帮助幼儿整理已有的经验，使其条理化、系统化。

2. 帮助幼儿形成初级科学概念

丰富幼儿的科学经验，是科学启蒙教育的重要方面，帮助幼儿形成初级科学概念，也是科学教育不可缺少的。如果仅是满足于幼儿获得点滴、片断的具体事实和经验，显然是不够的。正如毛泽东同志在《实践论》中指出的：“因为具体的事实和经验它们往往是孤立的、互不联系的。”但长期以来，在传统的自然学习中，或是混淆事实、经验和概念的学习；或是低估幼儿发展水平，认为幼儿期不可能形成初级科学概念，只要求幼儿获得经验与熟悉事实的记忆；或是生硬地灌输抽象的概念，只要求幼儿机械背诵代表概念的词语。既不在幼儿丰富的经验基础上形成概念，又不通过幼儿自身的活动建构概念，这都不利于幼儿思维的发展。

既重视幼儿获取科学经验的丰富性和多样性，也要求幼儿在知觉水平上形成概念，运用概念，这是现代幼儿科学教育的特点。

(1) 什么是初级科学概念。

认知心理学家皮亚杰认为，概念是把感知所获得的具体事实与经验，就其相同的特点而组成的类或概念的认识结构。皮亚杰还认为概念是幼儿自己在脑里建构的，是通过幼儿与物体或与其他人相互作用形成的，每个幼儿形成的概念有其独特性，与其他幼儿理解的不完全相同。而幼儿对概念的理解有非言语性和言语性两种状态。他还认为代表人和物体的名称，幼儿不能自己发现，而必须在幼儿需要时，由成人告诉他们。

我们所指的幼儿科学概念是幼儿通过他们自身的各种活动，在他们看到、听到、摸到、尝到、嗅到等直接接触种种感性经验或具体事实的基础上，组合概括的结论。它是由符号(词)代表的具有共同关键属性(特性)的一类物体、事情、情境或性质，而不是直接的经验和具体事实。例如，幼儿指着门前的一棵梧桐树叫“梧桐树”，这时的“梧桐树”仅仅代表这棵特定的梧桐树，是一个具体物体，还没有形成一个概念。而当他们能把种植于不同地方（幼儿园内、人行道上、公园里……）的梧桐树都能叫出“梧桐树”，还能区别出其他树不是梧桐树时，这个词就代表具有共同关键属性的一种树，说明幼儿已形成了梧桐树的概念。又如，放在手上的冰化了，是第一手经验，冰遇热会化成水是概念，这是幼儿在感知觉水平上形成的概念。

科学经验与科学概念是有区别的，但它们又是紧密联系的。尤其对幼儿来说，他们的科学概念的形成依赖于具体的实际经验，并在丰富的实际经验基础上归纳、概括成一个概念化的认知结构。离开了幼儿亲自获得的经验与具体事实，即使在成人的灌输下，他们能鹦鹉学舌般地说出名称，记住概念的词语符号，这并不能认为幼儿已经形成了科学概念。

(2) 幼儿形成科学概念的可能性。

著名发展心理学家赫尔·洛克指出：婴儿出生后26个月，就从前抽象期过渡到获得第一阶层概念的时期，4岁半左右进入第一阶层期，可以获得马铃薯是蔬菜、苹果是水果、蔬菜和水果都是食物等概念，随着年龄的增长还可以获得更高阶层的复杂概念。

苏联的Л. R. 加里倍林等人研究发现，2～7岁儿童在一定的教育下，能够掌握相当复杂的知识和运算，他们不仅能够反映事物的个性，而且能反映事物的共性，不仅能反映事物和现象的外部特征，而且能反映事物的本质联系和相互依存关系。

苏联心理学家文格尔在“学前儿童认识因果关系的发展”的论文中阐明：在幼儿熟悉的现象范围内，在他们的活动经验基础上，幼儿能理解在过去经验中熟悉的自然物、自然现象间的联系和因果关系。但由于年龄、经验以及观察的现象性质不同，幼儿的理解水平也不一样。

一般三四岁的小班幼儿能知道一些他们所熟悉的事物之间的联系、关系，但他们对事物与现象之间的关系或原因的理解，都带有笼统、无分析、表面的性质，而不能理解关系的实质和原因。

儿童发展的理论告诉我们，幼儿有形成简单科学概念的可能。我们的科学研究实践又证明，在有目的有计划的科学教育下，通过幼儿自身的多种活动，在感知经验的基础上，形成知觉水平上的科学概念，包括个别物体概念、类概念以及事物之间因果关系的概念，是可能的。

我们曾发现2岁左右的孩子，往往会把水里游的鱼、虾等统称为“鱼”，鸡、鸭、鹅或称“鸭子”或叫“鸡”，他们的概念是笼统模糊的。即使到了3岁进入幼儿园，他们的概念仍处于混沌未分化的状态中。例如，他们似乎已获得了“树”的概念，但仔细了解，竟是把一棵高大的树和一株花统称为树；好像已形成“花”的概念，然而他们把红的叶子也称为花。经过正确的引导教育，3岁多的孩子能形成个别物体概念。如我们曾在刚入园的3岁班中，教幼儿认识鸡冠花，教育前测试，全班30名幼儿只有一个幼儿认识鸡冠花，叫出“鸡冠花”的名称，有97%的幼儿没有构成确切的“鸡冠花”的个别物体概念，而把鸡冠花称作“花”“红花”“大花”“漂亮的花”。那么他们是否已掌握上位概念“花”而没有形成从属概念“鸡冠花”呢？实际上他们并未掌握“花”的上位概念，而是把红色的叶子、红色的花都称为“花”，说明幼儿的概念尚处于混沌未分化的状态。

经过一个时期具体生动的科学启蒙教育，让幼儿直接观察鸡冠花的外形特征，做寻找鸡冠花的游戏，朗诵鸡冠花的儿歌，为鸡冠花浇水等活动，全班幼儿都掌握了鸡冠花的特征，形成了有关概念，表现在他们不仅认识自然角的一盆鸡冠花，还认识幼儿园花圃中的鸡冠花，公园里的鸡冠花，红色的鸡冠花，同时能分辨出“一串红”不是鸡冠花。这说明，3岁多的幼儿在成人的一系列引导下，对于经常观察、接触的自然物，有可能形成个别物体的概念。

对于四五岁的幼儿，他们在知觉基础上对熟悉的自然物和自然现象，能在科学教育的过程中，把所获得的感性经验进行简单的抽象和概括，归纳形成类概念，说出统一的名称及根据个人的理解解释概念。

如我们对4岁以上105名幼儿进行的形成“鸟”概念的实验教育。

在教育前，我们对幼儿是否掌握“鸟”概念进行了摸底测查，发现有以下几种情况：① 幼儿已认识鸽子、麻雀、燕子等个别物体，不会抽象概括成“鸟”，也不会以概括的词“鸟”代表物体；② 以上位概念“动物”或“会飞的动物”代替从属概念“鸟”；③ 模糊地以个别物体概念“麻雀”代替“鸟”的类概念，只有23%的幼儿能归纳麻雀、燕子、鸽子三个物体为“鸟”；④ 有的幼儿不能区分本质与非本质特征，或以其一非本质特征解释“鸟”的概念，而导致类概念的混淆，把非同类物蝴蝶因为会飞也归纳为鸟类。经过幼儿的多种活动和教师的指导、教育，100%的幼儿能归纳出“鸟”的概念，还能以本质特征解释“鸟”的概念，以及区别出蝴蝶不属鸟类，有的幼儿还能以各种各样的鸟来丰富“鸟”的概念。

在期末的测查中，幼儿都在自己理解的基础上反映概念。

××指着鸽子、麻雀、燕子的图片说：“它们都是鸟，因为它们有羽毛，下蛋孵出小宝宝，都有两只脚，尖尖硬硬的嘴巴，两片大翅膀在半空中飞。”他还说：“八哥、鹦鹉、啄木鸟、猫头鹰、老鹰、秃鹫都是鸟。”他还能分辨：“蝴蝶不是鸟，它没有羽毛，不是下蛋孵出的，是毛虫变的，有四个翅膀，在空中飞。”

××说：“鸟有两只大翅膀、两只腿，会在高空飞，有羽毛，生蛋孵小宝贝。”他还知道“黄莺、画眉、八哥、杜鹃、啄木鸟、山雀等都是鸟”。他还说：“蝴蝶不是鸟，因为身上没有羽毛，有四片翅膀、六只脚，是小毛虫变成的。”

又如，我们曾对105名5～6岁的大班幼儿进行有关事物之间联系和因果关系的调查，其结果如下：

表一

问　题	水为什么会结成冰					冰为什么会化成水				
答　案	不知	冬天	冬天冷	很冷	0℃以下	不知	太阳暖	太阳热	热	0℃以上
人　数	4	6	62	26	7	1	29	35	38	2
百分比	3%	6%	59%	25%	7%	1%	28%	33%	36%	2%

表二

问　题	花怎样才能生长？					
答　案	水	阳光	空气	肥料	土	锄草捉虫
人　次	103	89	57	98	40	21
百分比	98%	85%	54%	93%	38%	20%

表三

问　题	天空出现乌云，将发生什么？		
答　案	不知	1人	1%
	下雨	104人	99%

以上结果表明：幼儿在正确的教育下，通过各项活动，在获得有关的丰富经验的基础上，能形成有关自然物和自然现象之间的联系和因果关系的概念。

但他们的概念是个别化的，既受他们所见所闻的实际经验的左右，又和各人的经验紧密联系，他们对概念的理解包含类似的意义，又不是完全同一的理解。

如："你看到天上乌云密布，将会发生什么？""下雨。"又追问："你怎么知道天上有乌云，就要下雨呢？"有的幼儿回答："因为，有一天，爸爸来幼儿园接我，我看到天上都是黑云，我说：'爸爸快骑自行车，要下雨了。'真的，我们一到家就下雨了。"而另一个幼儿则回答："有一天，奶奶看到天上都是乌云，说快收被子，要下雨了，被子还没收好，雨就下下来了。所以，我看到很多黑云，就想到要下雨了。"

幼儿所形成的事物之间的联系、因果关系概念的概括水平不一，致使他们对概念的理解处于不同层次。见上表。

幼儿对自然物、自然现象间因果关系概念的形成，还随着客观事物或现象的性质的简单或复杂、困难或容易而不同。如，花长得好或坏的原因，幼儿对水、阳光和花长得好的关系比松土和花长得好的关系容易理解；水的凝固和冰的融化与温度的关系比花的生长要浇水的关系难于理解。

以上我们从理论和实践两个方面，阐述了幼儿形成个别物体概念、类概念以及因果关系概念的可能性。

(3) 幼儿形成初级科学概念的作用。

现代认知心理学和信息科学的研究表明，人们在获得无数纷繁的信息时，其认识具有简缩的趋势。掌握一定量的基本概念和原理，比记住大量的事实更为经济省力，也便于运用。

概念的获得对认识活动产生重大影响，使儿童逐渐摆脱具体事物，进入较抽象的符号性和词语性思考，促使幼儿由具体形象思维向抽象思维过渡。

幼儿形成科学概念的作用表现如下。

第一，它能把幼儿已获得的具体、丰富，但又是片断、孤立的科学经验归纳、概括，并以简化的方式，把具体的信息转化为概念性的认识结构，储存于脑中，容易保持和记忆。例如，当教师手拿一盆水果问："这盆里装的是什么?"没有形成"水果"概念的幼儿的回答是："老师拿的是橘子、苹果、香蕉、梨子、石榴……"如果幼儿形成了"水果"概念，他们就会以简洁的词语回答："盆里装的是水果。"或"老师手里拿的是一盆水果。"他们把许多具体的实物，简化概括成一个概念"水果"，容易记忆和保持。

第二，幼儿科学概念形成后，幼儿能将获得的新的科学经验更容易和已形成的概念联系，纳入相应的概念中去。用皮亚杰的认知理论来说，也就是把新的信息同化到已有的认知结构中去，而这种与原有的认知结构相联系的新经验，对于幼儿就更易于理解和接受。相反，孤立存在的新经验不纳入一定的组织结构中去，不仅无助于理解，还可能混淆。

第三，幼儿形成科学概念，可以增加他们所学知识的适用性和迁移价值。概念化的知识比分散的、孤立的经验和具体事实能更好地迁移到新的情境中去,也可能有更多的“发现”。对于经验没有经过加工和概念化的幼儿,要解释同样的情况,就会处于不适应的困难境地。

第四,幼儿科学概念的形成,可以促进幼儿智力的发展,尤其是有利于形象思维向抽象思维过渡,逐渐摆脱以具体事物思考问题,而进入较抽象的符号的词语的思考。

(4) 幼儿科学概念的形成。

根据皮亚杰的认知理论,幼儿是在活动中,在与事物相互作用的过程中,建构他们的认知结构的。因此,幼儿自身的活动是形成幼儿科学概念的必要条件。通过幼儿的科学探索活动,为幼儿提供丰富的科学经验和具体事实,通过幼儿观察、分类、测量、发现、表达等外部操作和内部的智力活动,促使幼儿将信息分化,进行自我加工,逐渐认清事物,减少吸收信息中的弥散、泛化现象,帮助幼儿区别关键特征与无关特征,帮助幼儿使用词语符号,使事物与相应的词有效地结合,形成概念;提供多样的活动、适当的情境或问题,诱导幼儿思考、表达概念、迁移运用和丰富、发展概念。

以上阐述了幼儿科学经验和科学概念问题。两者互相联系、互相促进,是幼教工作者对幼儿进行科学教育时,值得注意的问题。

二、发展幼儿的智力和帮助幼儿学科学的技能和方法

(一) 发展幼儿智力和幼儿科学教育的关系

美国学前教育著名学者斯鲍达克认为,幼儿学科学是一个智力活动的连续和再建构过程。它包括观察、描述(交换信息)、提出有关自然界的问题、使用时空关系、分类、使用数测量、作出结论、表达以及系统地阐述问题。通过这一过程,达到创造或再造想像、行动、联系和理解有关幼儿自己周围世界的自然现象。

(二) 如何通过科学教育发展幼儿的智力

1. 帮助幼儿学习使用感官,发展观察能力

感知是幼儿认识周围世界的基础,感觉器官是幼儿吸收外界信息的工具,不会使用感官感知外界事物也就没有认识。

幼儿认识事物时,是通过感官与外界的联系,而获得物体的第一

个印象的。当大脑作用于感知材料时，形成思维和智力的表象。感知并不是一个被动过程——人们不仅看，更会注意观察；不仅听，更会注意倾听。如果幼儿运用自身的感官越主动、积极，他获取的外界信息也就越多，积累的经验也越广泛、丰富。当幼儿把眼前的感知同过去的表象、经验联系起来时，便形成了对周围环境的认识。为此，使用感官是幼儿学科学的基本技能。

1980 年，我们对初入园的 3 岁幼儿运用感官的方法和观察技能进行了调查，结果发现，幼儿感知具有如下特点：

① 有的幼儿对周围世界不关注，对客观事物视而不见、听而不闻，不会主动感知。

② 不会有意地使用所有的感官——眼、耳、鼻、手、舌等感觉器官，一般都以眼观看物体的外形特征，很少运用触觉、听觉、嗅觉和味觉等去获取各方面的信息。例如，当你拿着两种不同的花问幼儿哪朵花香时，幼儿会指着大的或颜色鲜艳的花说："这朵花香。"而不会运用鼻这个重要的嗅觉器官。

③ 幼儿只感知物体的个别属性，而不会完整地观察物体和现象。

④ 由于语言发展的局限性，幼儿不会运用确切的词语表达事物的特征。他们触摸到粗糙的东西，以"戳人""毛毛的"代替"粗糙"，以"有糖""放盐的"代替"甜""咸"等味道。

幼儿科学教育以其形、声、色、味等自然物、自然现象和物质材料，为幼儿提供了生机勃勃的感官刺激物。幼儿在学习科学、进行多种探索活动的过程中，学会怎样使用感官，感知周围世界，发展观察能力。

帮助幼儿学习使用感官、发展感知能力可从以下几方面着手。

第一，教幼儿认识五官，懂得五种感觉器官的功能。启发幼儿用眼睛观看物体的外形特征，如颜色、形状、大小、长短、厚薄、粗细、明亮与黑暗、快与慢等；用耳朵倾听和辨别物体发出的各种声响，如声音的高低、噪音、乐音、各种动物的鸣叫声、物体的碰撞声、机器发出的声音、自然现象的声音；用舌品尝某些物体的味道，如甜、酸、苦、辣、咸、淡、鲜美等；用鼻子嗅出各种物体散发的气味，如鲜花的香味、煤气的臭味、鸡汤的鲜味、鲜鱼的腥味……用手触摸各种物体的质地，如物体的坚硬和柔软、光滑与粗糙、冷和热、黏和不黏、厚和薄；用手掂出物体的重和轻等等。

第二，给幼儿提供机会，让幼儿用一种或多种感官参与探索活动。如“看看西红柿是什么颜色”“听听谁在叫”“嗅一嗅哪种花香”“摸一摸兔子毛有什么感觉”“尝尝橘子是什么味儿”等问题，启发幼儿使用感官感知个别事物的特征。

第三，鼓励幼儿感知物体的共同点和不同点。如两只红苹果的共同点在于它们颜色都是红的，形状和味道也是相似的，但它们大小和红颜色的深浅度不同。

第四，帮助幼儿在感知水平上，学习顺序排列。例如，教幼儿将物体从大到小，从长到短，从多到少排列等等。

第五，帮助幼儿观察事物的变化。如观察动植物的生长发育，观察颜料放在水中颜色的变化等等。

第六，帮助幼儿学习按一定顺序观察。如从头到尾，从上到下，从中心到四周观察事物的特征。

第七，鼓励幼儿用自己的语言描述、表达所获得的各种信息。

结合有趣的科学活动，帮助幼儿学会怎样使用感官，使幼儿在积极、主动的状态下，愉快的气氛中，获取科学经验，学习感知方法，发展感知能力。

幼儿学会了使用感官的方法，就能主动地去感知、积极地作用于周围世界，获取各方面的信息，这样，就能大大地丰富幼儿的科学经验，为幼儿科学概念的形成、思维的发展奠定良好的基础。幼儿使用感官的主动性和感知的敏锐性，又能增强幼儿的学习能力，这是任何教师上几节课、灌输多少知识所不能代替的。

2. 帮助幼儿学习分类和测量技能

(1) 分类。类存在于各个学科领域，分类是获取和分析信息的有效的和经济的方法。分类技能是幼儿学科学的基本技能之一，它能帮助幼儿把周围事物组织成一个部分或集合，有助于幼儿探索事物之间的关系。

教幼儿学习分类主要学习二元分类法(又称是或否分类),即要求幼儿在感知水平上把物体分成两类。如物体是红的或不是红的,是光滑的或不是光滑的。

帮助幼儿分类主要可从以下几方面着手:

① 按照物体的形状、颜色或气味分类。如有气味或没有气味,是绿色的或不是绿色的,圆的或不是圆的。

② 按照物体发出的声音或味道分类。如是铃声或不是铃声,有酸味或没有酸味。

③ 按照物体的质地分类。如是软的或不是软的,是粗糙的或不是粗糙的。

④ 按照本质特征和属性分类。如是种子或不是种子,是昆虫或不是昆虫。

分类结束应要求幼儿用语言说明,为什么把某一物体放在特定的一组中,以了解幼儿按什么线索分类,并作出恰当的指导。

(2) 测量。帮助年幼儿童学习测量物体的大小、长短、轻重、距离等等是科学教育不可缺少的一个部分。这是因为数以许多方式存在于我们的生活里,是人们生活中精确交换信息的一个重要方面。对于对事物还缺乏比较经验的幼儿来说,在学科学活动中,运用简单的测量以观察、理解周围世界,并以数较精确地表达所获得的信息,是很有益的。

幼儿由粗略的测量开始,将具有明显的重量、大小、长短差别的物体进行比较,以较大、较小、较多、较少、较重、较轻、较长、较短等语言来描述测量的物体。

教师可以设计活动,以简单的工具(如一根短棒、一块积木)来测量周围事物的长短或大小,也可以标准的测量工具(如尺、天平、温度计、钟表)等对周围事物进行测量。

如给幼儿提供四碗水,一碗冰水,一碗热水,另两碗温水,让儿童用手指去感觉它们的不同温度,并从最冷到最热进行排列。一般幼儿能感觉出最冷和最热，但对温水很难感觉出来，这时便可以启发幼儿用温度计测量，以区分其温度。

幼儿在测量活动中也就学会了测量技能。

3. 帮助幼儿学习思考、发展思维能力

发展幼儿的思维能力，学习思维方法——善于思考，是发展幼儿智力的重要任务，也是幼儿学科学必须具备的能力。

幼儿学科学不仅需要良好的感知能力和观察能力，积极主动地吸收周围世界的信息，积聚有关自然界和科学现象的感性经验，还需要把已得的信息，分析、比较、抽象、概括，进行加工，形成概念。从而使信息更好地记忆、储存，并在此基础上加以迁移和运用。但是，幼儿的思维能力和思维方法不是生来就有的，它需要教育、培养和训练。如果听其自然发展，幼儿的思维能力和思维方法就会发展缓慢，甚至会出现某一阶段的停滞状态。其具体表现是：

(1) 他们知识经验贫乏，形象思维不丰富。

(2) 他们虽然接触到不少自然物、自然现象的共同特征或同类事物，但即使到了大班，仍然不会进行分析、比较、综合、概括具体事物的特征，进行简单的抽象，形成概念或分类。

(3) 他们虽然看到了周围世界之间的联系、因果关系，甚至亲自进行有关活动，但还是孤立地看待各个事物和自然现象，不能发现它们之间的关系。

(4) 他们虽然有一定的知识经验，但不善于使用已有的经验进行多方面思考、发现问题，或对某一事物进行评价。

科学教育是发展幼儿思维能力，学习思维方法的有力因素。因为作为科学教育内容的自然物和自然现象，一般都有空间的位置关系与时间的演化过程。有的存在明确的规律，它们有规整的空间结构和重复的时间周期。例如六角形的雪花，十字形的菜花，五瓣的梅花，有头、有身体、有尾巴、有腿的家畜，有羽毛的飞禽，它们都以自身的外部特征和本质特征，形成特定的结构，呈现于外，既易被幼儿感知，又易于根据它们的外形特征进行分析综合，比较分类，归纳演绎，进行简单的抽象，形成概念和分类。

周围世界相互之间普遍存在着各种联系和因果关系，这种关系与联系都寓于幼儿常见的事物之中，如植物生长与水和阳光的关系，动物的色彩与所处环境的关系，动植物的生长、繁殖、休眠、苏醒等与时间、季节、温度的关系，水的三态变化与温度的关系等等，一般都易被幼儿看得见、摸得着，发现与理解。幼儿逻辑思维的发展，将从这些显而易见、容易感受的事物、现象开始。正如俄国教育家乌申斯基所说："我认为自然中的各种事物，乃是最便利于训练儿童的头脑合乎逻辑的……对于儿童来说，自然逻辑是最易了解的有用的逻辑。""在发展儿童的逻辑思维和逻辑语言方面，我们再也不能选出比自然中各种事物更有用的东西了。"

自然界各种物体和现象间关系的丰富性、多样性和不同性，如娇艳多姿的花卉，五彩缤纷的云彩，形状各异的石块，不同物体的声响，用途多样的水等，又为形象思维的发展提供了生动具体的表象，使思维的发散和联想有了可能。

因此，我们认为幼儿科学教育的内容为幼儿思维的发展提供了丰富的物质材料。幼儿科学探索的过程又为幼儿思维的发展提供了良好的机会。而教师又以多样活动、多种方法加以启发、指导，使幼儿思维的发展，在科学教育过程中得以实现。

教师可从以下几个方面来发展幼儿的思维：

(1) 在幼儿学科学的过程中给予幼儿自由探索的机会，以扩大幼儿的感知、观察范围，使幼儿在周围世界吸收多方面的信息，积累具体的科学经验，以建立丰富的表象，为幼儿形象思维、想像力的发展提供物质材料。教师可以用"什么东西像什么"等问题启发幼儿，如在观察柳树时，问幼儿"柳树像什么""它的叶子像什么"；观赏雨花石时，问各种不同形状的雨花石像什么等等。这类问题可以调动幼儿已有的表象，并与眼前的自然物和自然现象结合，进行积极的思考，从而发展幼儿的想像力和形象思维。

(2) 帮助幼儿使用已感知和保持的信息，找出一个正确的答案；

启发幼儿运用已有的知识经验，迁移寻求新颖的不同答案，以发展幼儿的集中思维和发散性思维。如“这是什么”“水为什么会结成冰”等问题，将促使幼儿从已有的知识中找出一个正确的答案。而“石头有什么用”“水有什么用”“在黑暗的室内用什么办法能看到东西”“怎样使冰化成水”等问题，可以促使幼儿从多方面进行思考，运用已有的各种经验，寻求不同的新颖的方法来解决问题。

（3）指导幼儿运用比较、分析、综合、概括等方法，从具体事物中找出共同点和不同点，进行分类和简单的概括、抽象，形成初级科学概念，以促使幼儿的具体形象思维向抽象思维过渡。如“这些东西有什么不同，有什么相同”“它们都可称作‘什么’”（并伴以手势）等问题，都有助于幼儿进行分析、比较、综合、概括等思维活动。

（4）激发幼儿探索科学奥秘的兴趣，以促使他们去发现、讨论自然物和自然现象之间或有结构的物质材料之间的联系、因果关系以及它们的变化，预料、推断事物变化的结果等等。如“春天来了，我们周围有什么变化？树木花草有什么变化……”“这株花为什么长得好，那株花为什么长得不好”“木块、纸片、塑料板、图钉、玻璃弹子、铁钉、乒乓球等放在水里会怎么样”“糖放在水里会发生什么变化”“玩具汽车在哪块板上跑得快”（一块板光滑，另一块粗糙）“老虎的皮上为什么有斑纹”等问题，就可以促使幼儿去发现事物的变化、联系，寻找变化的原因，预料未来的结果，培养幼儿初级逻辑思维的发展。

（5）引导幼儿找出事物的点滴不足之处，以发展幼儿的评价能力。

教学和科学研究的实践证明，这种有意识的科学教育，不仅可以使幼儿获得知识经验，而且还可以发展幼儿的思维能力。

有的幼儿能以自己的知识经验预料事物的变化和提出他们的意见。如有个幼儿由于经常观察天气，清早起来，一看天空说：“今天天气不好，要下雨，我要带伞。”有个幼儿叮嘱爸爸：“你快骑自行车，要下雨了。”

另一个幼儿听爸爸说：“天冷了，树叶都掉光了。”他立即纠正说：

"爸爸说得不对,常绿树的树叶还在。"他恰当地指出了成人的不确切处。

幼儿思维能力的发展,思维方法的掌握,促进了幼儿探索、发现周围世界的主动性、积极性,以及思考、分析事物的兴趣,使幼儿对周围事物的认识,由朦胧、混沌状态,逐渐向清晰、准确转化,并进一步推动幼儿学科学活动的开展。

4. 帮助幼儿学习表达、交换信息的技能

在幼儿学科学的过程中,帮助他们将所感知的有关周围环境的信息,以语言或非语言的方式表达和交换,既是幼儿的需要,又是学科学必要的技能。

在幼儿科学活动中,我们往往看到下列情景:

例1

教师:你们看到这些蚕豆有什么变化?花变得怎么样了?

幼儿甲:有的长着花苞,有的花还没有开,有的花开了,紫颜色的,有点红,有的变黑了,枯了。

教师:那些枯的、变黑的花,花瓣怎么样了?

幼儿乙:花瓣都缩起来了,看不清楚了。

教师:谁能发现那些枯萎的花朵里面长出了什么新东西?

幼儿乙:我看见从花蕊里长出了小小的毛豆。

幼儿丙:不是毛豆,是四季豆。

教师:现在我们再看看那些枯萎的花朵里长出了什么?它是怎么样的?从哪儿长出来的?

幼儿甲:长出了小小的蚕豆,还有枯萎的花包在蚕豆的外面。好像裹了一件衣服……

这是教师带领幼儿在园地里观察蚕豆时,幼儿把观察的情况,用语言告诉教师。

例2

幼儿甲:看!我的水变成咖啡色了。

幼儿乙:我的水变成橘黄色了。

幼儿丙：我调出了绿色！

幼儿乙：用什么颜色才能调出绿色？

幼儿丁：我怎么弄出淡绿色了？

幼儿戊：我的水变成了这种颜色！

这是幼儿在儿童科学发现室用颜色与水进行调色探索活动时，幼儿间的信息交流。

例 3

幼儿甲：快来看啊！我看到对面的房子变颜色了！

这是一个幼儿在儿童科学发现室用三棱镜探索光时发出的惊奇的兴奋的喊声。

从以上实例，我们可以看到在科学活动中，幼儿需要以自己的语言、手势、动作或图像等方法向教师、伙伴们表达、传递自己观察、探索周围事物的过程、思想和结果，提出问题和要求，抒发自己在探索中所感受的愉快的情绪，与小伙伴们分享探索所得的成果，甚至以语言对他人的科学探索作出评价等等。

幼儿通过表达和信息传递，使感知周围世界的第一印象，在脑中形成的表象，又转换为语言或其他方式表达出来。这样，既使幼儿对事物理解得更清晰，又有助于幼儿语言的发展；既促进了幼儿与幼儿间的交往和友谊，又有利于幼儿与教师间的沟通，使教师及时了解情况，改进教学。

要使幼儿有效地学习表达和交流信息的技能，首先，要允许幼儿通过语言或其他方法表达和交换信息；其次，开始时，要求幼儿以简单而精确的语言表达观察的结果；再次，鼓励幼儿用自己的语言描述、表达事物，并在交流前进行思考，避免使用无意义的词；最后，教师可以用问题启发、引导幼儿描述、表达、交换信息。

表达、交流的形式可以是多样的。可以是由教师组织的大组或小组形式，让幼儿讨论、交流所感知的周围世界，也可以比较自由地三三两两，个别传递信息。可以在科学探索活动的同时交流，也可以在观察、旅行之后交流。

总之，给予幼儿充分的机会，让幼儿在表达、传递信息的实践活动中学习表达、传递信息的技能。

三、鼓励和发展幼儿的好奇心

1. 幼儿学科学开始于好奇心

好奇心是儿童学习取得成功的先决条件，并在儿童形成积极的学习态度方面起着重要的作用。

幼儿具有天生的、幼稚的好奇心。他们对周围环境里新颖的、陌生的、不协调的或神秘的（难以理解的）因素，有着积极的反应。他们往往集中注意，接近、摆弄、操作这些事物，以寻求有关它们的信息，进而提出诸如“这是什么东西？什么声音？什么气味？怎么样？为什么？为了什么？为什么不？什么材料做的？怎么做的？用它做什么”等等问题。

这种好奇心成为幼儿学习的内驱力，推动他们去观察、探索、尝试、了解周围的事物，这正是幼儿学科学的开始。

成人如果对幼儿对周围事物的好奇心和好问、好探索的行为不予理睬，敷衍了事，甚至厌烦、埋怨、谴责，那么敏感的幼儿的自发好奇心将被抑制，好问、好探索的积极性将被挫伤，刚燃起的科学火花将被熄灭，才萌生的科学幼芽因此夭折。

2. 科学发现需要好奇心

好奇心是科学发现的重要条件之一，是科学家的重要创造素质。科学家如果失去好奇心就等于丧失了最起码的科学创造力。好奇心促使科学家探索自然的奥秘，从事科学活动。当好奇心与科学的求真精神结合时，将可能导致科学史上的某些重大的突破。无数科学家的发现、发明都开始于好奇、好问，而成功得益于好思索和探究。

正如伟大的科学大师爱因斯坦所说：“我没有特殊的天赋，我只有强烈的好奇心。谁要是体验不到它，谁要是不再有好奇心，也不再有惊讶的感觉，他无异于行尸走肉，他的眼睛是模糊不清的。”

他还说：“推动我进行科学工作的是一种想了解自然奥秘的抑制不住的渴望，而不是别的感觉。我热爱正义，也力求对改善人类的处境作出贡献，但这并不同于我的科学兴趣。”爱因斯坦的科学成就开始于“研究问题的神圣好奇”。

伟大的生物学家查理·达尔文的科学发现同样来自于好奇。他在奇花异草的生物界里，时常处于“非常惊异之中”，探索着“究竟什么力量把大自然装饰得这样美丽”“为什么现代不同类型动物的特征集中在古代同一种动物身上呢”。在公园里，他看到各种金鱼，有红的、灰的、黄的、黑的，还有花斑的，有的戴花冠，有的尾鳍优美，达尔文自问“它们又是怎么形成的呢”。

科学家哥白尼“天体运行说”的问世，在于他探究“地球到底动不动”。

女科学家居里夫人在发现镭以前，她的脑海中也曾浮现：“铀和铀的化合物能够不断放出射线，向外辐射能量，那么这些能量是从哪里来的？这种与众不同的射线的性质究竟又是什么呢？”

以上科学家的科学发现、发明，说明了科学发现开始于科学家的好奇心，科学发现需要好奇。

然而，科学家的好奇心不同于幼儿的好奇心。科学家的好奇心来自于对真理的追求，为了寻找事物间无明显联系的大量资料后面的那些规律。它既是科学家科学研究的出发点，又是科研课题的发生器。未知世界对于具有好奇心的科学家来说是一种精神上的挑战。而幼儿的好奇心则是人类的天性，表现为对新鲜事物的极度敏感。它们两者有相似之处，没有不可逾越的鸿沟。幼儿的好奇心如能在童年早期得到顺利的发展，将成为今后探索、寻求科学真理的良好基础。

世界著名的发明家爱迪生自幼爱动脑筋，爱思考问题，对周围发生的一切充满着好奇心，他一个人看大榆树怎样长出绿芽，看秋风怎么染红枫叶，思索着“为什么清晨的太阳总是从东方慢慢升起，傍晚又躲到西边的山后去；为什么蓝色的天空里会有朵朵白云飘浮”等等。他好奇地蹲在鸡窝里学母鸡孵小鸡，思索着“为什么我不能孵出小鸡，母鸡能呢”。他好奇地捅马蜂窝，探索里面有些什么东西。他还曾思考过鸟能飞，人为什么不能飞；能不能想出一个办法，让人也飞上去。

他的好奇心、好问、好思索等等，在没有任何抑制的环境中不断地得到发展，成为他成年后探索科学真理，发明创造的良好基础。

科学研究也证明，正确的引导，适当的科学启蒙教育，将使幼儿的好奇心得到发展，科学的幼芽得到健康的成长。

四、科学教育促进幼儿好奇心的发展

幼儿周围的自然界和为幼儿探索活动提供的材料，都以鲜艳的色彩，不同的声响、形状、气味、重量等呈现于幼儿周围，并不断地运动和变化着，它们始终为幼儿带来新鲜、奇妙的感觉，激发幼儿的好奇心，吸引幼儿去观察、摆弄和探索。

科学启蒙教育就是以五彩缤纷、生动活泼的自然界和丰富的有结构的物质材料作为科学教育的主要内容。以周围丰富的物质世界作为幼儿学习的对象，自然地与幼儿的好奇心结合起来，支持、鼓励幼儿的好奇心，使其满足、获得愉快，从而进一步发展他们的好奇心，并逐渐使幼儿自发的好奇心转化为具有特定方向的好奇——对科学的好奇、兴趣和探求，这将在幼儿心里播下爱科学的种子，为今后学科学奠定良好的基础。

幼儿的好奇心在科学教育过程中得到发展。几年来的科学研究和科学教育的实践证明，在教师的正确引导和适当的科学启蒙教育下，幼儿能提出一系列有关科学的各种问题，他们的好奇心也从中得到发展。

五、培养幼儿的积极情感和态度

情感是人对客观事物的态度的体验，是人的需要和客观事物之间关系的反映。如愉快、喜爱、善良、同情、厌恶、悲伤、冷漠、残酷等都称为情绪和情感。

情感是人的个性发展的重要方面，也是人类从事活动不可缺少的重要因素。

从幼儿早期就注意培养积极的感情，将为他们良好个性的形成和发展奠定基础，为幼儿各项活动的开展带来不可估量的影响。

情感是人类从事活动的一种内部动力。人无论在社会生活、科学

研究、生产劳动，还是在文艺创作过程中，都不能没有情感的支持，因此，情感对人的活动起着重要作用。正如马克思指出："热情、激情是人类走向他们的对象拼命追求的本质力量。"巴甫洛夫曾说过："科学需要人们最大的努力和热情。当你工作和研究的时候，必须具有强烈的热情。"

近年来，情绪心理学家和认知心理学家认为情绪和情感对调节动机、认知和行为都很重要，认为情感能激发认识，去从事一定的活动，调节人的认识和操作。

积极的情感与情绪使整个认识活动积极化，愉快的体验能有效地强化人的智力活动、思维和记忆过程，大大提高思维与无意记忆的效果。

神经生理学与生理心理学的研究证明，积极的情感和情绪能从人的生理机制上"激活大脑"，对学习过程产生深刻、持久的作用，还能影响未来的学习。

没有情感色彩的学习和认识，乃是僵死的没有生命力的。

认知心理学家皮亚杰则认为认识和情感是平行发展的。情感和认识过程的发展是互相促进，互为条件，和谐共进的。它们和谐相关，会使认识能力和情感陶冶同时活跃起来；不和谐的相关则会抑制思维的强度和效率，使人在情感上感到烦躁。

综上所述，情感和人的认识活动有着紧密的联系。积极的情感促进认知活动，有利于幼儿学习科学。

苏联著名教育家苏霍姆林斯基认为："善良情感、情绪素养——这是人性的核心。"他针对个别孩子中出现的对生物的"冷漠、冷酷、无情、凶狠、残酷"的表现，提出："怎样才能唤起孩子的快乐、善良的情感，怎样在他们心灵中培养起对生物和美好事物善意的爱护态度？"他指出："善良的孩子不会从天而降，那要去培养。……如果在童年培养不出善良情感，那就永远也培养不起来。"他还认为："人在童年时期应当经历一个培养情感的学校——培养善良情感的学校。"

幼儿对大自然的情感不会从天而降，也不可能自然产生或突然发展，它需要在教育过程中，结合幼儿的情况，精心培养。

那么幼儿对自然物的情感特点是什么呢？怎样培养幼儿热爱自然的积极情感呢？一年来，我们在幼儿科学教育中，对小班 30 名幼儿对自然物的情感特点的发展变化进行了观察、调查，发现幼儿对自然物情感的表现有以下特点：

1. 幼儿对自然物或自然现象的积极情感与该自然物的外部结构、形态、颜色、声音、味道、动作有关，他们往往被形象生动、色彩鲜艳的自然物或自然现象所吸引，由欣赏美而产生良好情感的萌芽。

如小班 100%的幼儿喜欢金鱼，他们是这样表达的："我喜欢金鱼，金鱼会游泳。""喜欢金鱼尾巴漂亮，像孔雀。""金鱼的眼睛好看。""喜欢金鱼的泡泡眼。"又如，有 64%的幼儿喜欢猫，他们的回答是："我喜欢猫，它会喵喵叫。""我喜欢猫亮亮的眼睛。"当然，还有 36%的幼儿不喜欢猫，说："它会咬人。"显然这是由于幼儿的不安全感，产生了害怕的消极情感。

2. 幼儿对自然物的情感简单、单纯、外露、不稳定。我们观察发现，3 岁多幼儿初见形象可爱的小动物时，他们的表情是惊奇地凝视、欢笑、蹬脚拍手，想触摸、搂抱它；如看到害怕的对象，则表现出躲避、退缩、依附于他人。总之，他们的面部表情、动作姿势、声音等都显示出他们对自然物的喜爱或厌恶、兴趣、害怕等情感。而当自然物不存在时，他们的喜爱或害怕也很快消逝。

3. 幼儿对自然物的情感容易冲动，不易调节和控制。

如当孩子希望碰一碰、摸一摸、自由自在地观察他们喜爱的小动物而未能满足时，容易冲动，他们会急急地推倒妨碍观察的障碍物，毫无控制地追逐他们喜爱的对象，甚至大声叫喊，成人很难制止。

4. 3～4 岁幼儿对小动物的喜爱之情胜过对静止的植物。一般小动物一出现，就能引起孩子们的观察的兴趣，并易持久。而对植物的出现，往往表现出无所谓的态度，尽管花朵的鲜艳色彩能引起孩子一时的兴趣，但这种兴趣很快就会消逝。

5. 幼儿对自然物或现象的情感随着对自然物的接触、认识而产生，并随着与客观对象接触时间的延续、认识的发展、教育的进程而不断发展、变化，表现为关心、爱护、保护动植物。他们的具体表现是：

① 经常与亲人谈及喜爱的小动物与植物的情况。如××小朋友告诉父母，他在幼儿园抓小虫子喂小鸡的情况，流露了他对小鸡的喜爱之情。

② 经常关心他们所认识的小动物与植物的生长与变化，并且和它们“谈心”，表露出关心、同情、怜悯之情。

例如，随着对鸡冠花接触的增加、认识的加深，一般幼儿每到花园散步或清晨来园，都要主动去观察一番鸡冠花长得怎样。某天早晨，当他们发现由鸡冠花染红的雨水流淌在鸡冠花周围时，他们着急地对着鸡冠花说：“鸡冠花，你哭啦！”“鸡冠花，你出血啦！”“鸡冠花，你怎么啦！”明显地表现出幼小心灵的忧伤、挂虑和怜悯。

又如，他们为饲养的小鸡带来一小包米，为小白兔带来青菜、萝卜……显然，关心饲养、种植的动植物已成为幼儿生活中不可缺少的一个部分。

③ 随着幼儿情感的发展，出现了自觉、认真地保护生物的行为。例如，当有人要抓一下金鱼时，他们就立刻嚷着：“不能碰，金鱼会死的。”当有的幼儿想采鲜花时，他们则急着说：“花是给人看的，不能摘。”

幼儿对自然物的喜欢，爱护自然、保护生物的情感就是这样在幼儿科学教育过程中，在与动植物的接触过程中逐步发展起来的。由不喜欢到喜欢；由害怕逐步到不害怕，发展到喜爱；由冷漠、不关心到关心、同情怜悯、爱护保护生物；由不稳定逐渐发展到稳定、持久。在教育过程中发展起来的对自然物的情感，又促使幼儿带着积极的情感去观察自然物，使他们观察得更生动，更有情趣，认识得更全面细致。

6. 在幼儿认识生物过程中，他们的消极情感一般可向积极情感转化。但不是绝对的，往往由孩子本人的情绪体验或其他因素而转移。而认识的发展，并不等于积极情感的培养。例如，第一次观察猫时，有 7 个孩子害怕猫，其中 6 个孩子是因为过去没有见过猫，开始有害怕感,经过饲养、观察、教育,随着他们对猫的进一步认识,害怕情绪逐渐转变为喜爱,并要求家长养一只猫。而有一个孩子,由于她过去被猫抓过,虽然经过观察,她对猫的认识比过去全面了,但她仍说:“不喜欢,猫会咬人,婆婆家的猫,站在高高板凳上抓我。”害怕的情绪体验,留下了较深的痕迹,消极的情感未能得到转化。这就需要更长时间的教育,或随她年龄的增长,有所变化,当然,害怕猫的消极情绪也可能永远存在。

根据幼儿情感发展的表现和特点,我们在培养幼儿的积极情感和态度时,可做如下工作:

1. 慎重选择幼儿学习的对象。教师要为幼儿选择形态结构小、外形可爱、性情温顺,可供孩子玩赏的小动物,其他物体的姿态要美观、色彩要鲜艳,以引起幼儿积极愉快的情绪体验。

2. 把认识自然和热爱自然情感的培养结合起来。教师要创造条件,开展观察、种植、饲养等多种活动,为幼儿提供熟悉动植物的机会。在这些活动中,教师要注意调动幼儿的积极性,让幼儿在愉快的情感体验中去认识自然,使幼儿的情感在认识自然的同时得到升华。

3. 教师要以身作则,用自己的情感去感化幼儿。教师对大自然首先要有积极的情感,对待小动物或植物要以亲切的口吻,温柔的姿态与动作,给幼儿一种爱护小生命的直观形象,让幼儿在潜移默化中接受教育。

第三章　幼儿科学教育的理论指导、过程和原则

第一节　幼儿科学教育的理论指导

向幼儿进行科学教育,需要正确的理论指导。广大幼教工作者,不仅需要理解人类认识世界的普遍规律,还需要了解幼儿认知发展的特点和学习特点。以下简略地介绍马列主义认识论和西方几位著名

的认知心理学家的有关观点，以指导幼儿的科学教育。

一、马列主义辩证唯物主义认识论

1. 物质世界是客观存在的。辩证唯物主义认识论承认物质世界是不依赖人们的意志而客观存在的，人的认识是客观世界在人的意识中的反映。

2. 人类是怎样认识客观物质世界的。

(1) 列宁曾经精辟地指出，人类认识客观世界是“从生动的直观到抽象的思维，并从抽象的思维到实践，这就是认识真理，认识客观实在的辩证途径”。它概括地阐述了人们认识事物的过程。

(2) 毛泽东同志在他的伟大著作《实践论》中，更加详尽地阐述了有关人类认识规律的哲学思想。他说：“人的认识，主要地依赖于物质的生产活动，逐渐地了解自然的现象、自然的性质、自然的规律性、人和自然的关系；而且经过生产活动，也在各种不同程度上逐渐地认识了人和人的一定的相互关系。一切这些知识，离开生产活动是得不到的。”

“判定认识或理论之是否真理，不是依赖主观上觉得如何而定，而是依赖客观上社会实践的结果如何而定。真理的标准只能是社会的实践，实践的观点是辩证唯物论的认识论之第一和基本的观点。”

他还指出：“无论何人要认识什么事物，除了同那个事物接触，即生活于那个事物的环境中，是没有办法解决的。”

他认为人的认识有它的发展过程和发展阶段，他说：“人们的认识，不论对于自然界方面，对于社会方面，也都是一步又一步地由低级向高级发展，即由浅入深，由片面到更多的方面。”

他认为，认识过程的第一步是开始接触外界事物，属于感觉阶段，第二步是综合感觉的材料加以整理和改造，属于概念、判断和推理的阶段。只有感觉的材料十分丰富（不是零碎的）和合于实际（不是错觉），才能根据这样的材料造出正确的概念和理论来。

马克思主义认识论不仅强调认识客观世界，更强调把所认识的规律应用于客观世界，解决问题。毛泽东同志说：“不在于懂得了客观世界的规律性，因而能够解释世界，而在于拿了这种对于客观规律性的认识去能动地改造世界。"

马列主义认识论对幼儿科学教育的几点启示是：

(1) 承认物质世界的客观存在，指导幼儿客观地、如实地理解周围物质世界。

(2) 认识必须通过幼儿的实践活动，和客观世界直接接触。

(3) 广泛地丰富幼儿的感性材料和经验，才有可能形成初级的概念，才有可能为今后文化科学学习奠定基础。

(4) 在感性经验基础上形成科学概念，要求幼儿进行思考，进行思维的加工，而不是机械记忆。

(5) 创造条件让幼儿运用自己的知识去解决问题。

二、皮亚杰的认知理论

1. 智力发展阶段理论

皮亚杰认为儿童的智力和认识发展经过四个不同质的阶段，即感知运动阶段(0～2 岁)，前运算阶段(2～7 岁)，具体运算阶段(7～11 岁)，形式运算阶段(11～14 岁)。他认为这四个阶段是连续的，任何人都不能跃过某一个阶段。但是，许多幼儿在同一年龄期不可能都出现这年龄阶段的特点，可能有些幼儿在这几年发展慢些，但以后几年中发展快些，也可能有人不能正常发展到形式运算阶段。每个幼儿达到每一个阶段都与他个人的能力、不同的文化背景以及个人的经历有关。而且后一个阶段的发展必须以前一个阶段的发展为基础，并运用前一个阶段已经发展的智力结构，和后者结合为一个整体。

皮亚杰认为 0～2 岁感知运动阶段幼儿的智力发展受外界刺激束缚，他们不能进行内部的思考，这时期的幼儿主要与来自外界的刺激进行相互作用。

他认为幼儿在出生时，除了先天性的行为外，智力近似空白，他们主要以先天反射来适应周围物体，通过活动逐渐建立起他们的智力结构。在抓握、触摸、移动物体的过程中，学习物体的特征——硬的、软的、冷的、热的、重的、轻的等等；然后，他们运用已经学习的有关特征去解决实际问题，使他们的智力逐渐得到发展；最后，当幼儿每次接触到这种物体时，他们便能回忆起物体的特征，而不必再去试验了。

到这时期的最后——两岁左右，幼儿能回忆某些人、动物、物体和活动，能叫出许多物体和活动的名称，这使他们在下阶段精确地学习概念有了可能。

总之，幼儿在这阶段开始时，只有当他看到或感觉到物体时，他才认为物体的存在，而当物体藏起时，他就无目的地寻找。以后，他才逐渐开始去理解他不能看到或触摸到的物体是仍然存在的。该阶段幼儿对于时间和空间的理解，只有现在时和现在看到的空间，在他进行活动之前，他不能想像一个活动，只有通过感觉和肌肉活动，学习有关物体的特征，开始去建立他的最初的特定的知识，这些知识成为他下一阶段学习的基础。

皮亚杰认为处于前运算阶段的2～7岁的幼儿是受直观的刺激限制的，他们不同于感知运动阶段的幼儿，他们能内化行为，能在移动一个物体前进行思考。但他们只能以环境刺激进行内化活动，而且不能持久。由于他们的经历局限了他们的智力，只能在表象水平上进行运算，他们能使用语言，但可能不正确。

皮亚杰认为这个阶段的幼儿是自我中心的，所以他对周围世界的看法常常是主观的，而不是客观的，他不能考虑其他人的看法。例如，在他与别人谈话时，甚至在理解和倾听时，对谈话的对方也很少注意。对他人的看法的理解有困难。他认为他这样看一事物，所有的人也这样看事物。他依赖于尝试和错误去纠正他的认识。

皮亚杰还认为该阶段的幼儿能够观察和描述一个物体的特征或一个现象的状态，但是他只能看到物体的一个特征，而且是集中于表面的特征，他不能协调变量。所以，他对认识一个物体的几个特征是有困难的。他还缺乏综合部分为整体的能力。他能根据一个或两个特征进行简单的分类，但去实现多样的分类是困难的。他还能把物体排成简单的序列，但要求他们把物体排成长的序列或从中穿插一个新的物体，放在原有的序列中是有困难的。儿童的空间知觉仅限于他的邻居，而时间则限于小时、天和季节。

前运算阶段的幼儿普遍认为万物是有灵的、人造的。他们相信任何东西是动的、是活的。他们相信所有的东西都有一个目的，月亮和太阳的移动是因为它们要移动等等。他们不断地问为什么，是力图去发现他们所感知的事物的简单意义、用途、效果、目的等。

皮亚杰认为该年龄阶段的幼儿还没有建立守恒概念，也不能转换他们的思维过程。

2. 认知结构理论

皮亚杰是一个结构主义者，他相信每个人必须建立自己的智力结构。虽然父母或教师为幼儿提供经验，在幼儿智力的发展中起重要作用，但他们不能告诉幼儿怎样去建构，这必须由幼儿通过自己的操作活动去完成。

皮亚杰强调，幼儿在智力的建构和发展过程中，物质活动和个体与环境相互作用的重要性。他认为幼儿认识和智力结构的起源是物质的活动。通过活动，个体与环境的相互作用，主动建构他们自己的智力结构。通过个体活动与环境的相互作用，逐渐地建立起更精确的智力结构，使幼儿的智力发展从一个阶段转换到另一个阶段。他认为没有物质的活动，幼儿不能实现智力运算。他认为幼儿不是一个被动的接受器，而是发展他的智力的原动力。

3. 皮亚杰的知识分类

皮亚杰认为知识有物理知识、数理逻辑知识和社会知识三种类型。

物理知识是幼儿发展中的第一类知识，是基本的知识。它是形成其他类型知识的基础，是通过幼儿的观察以及个体与物体的相互作用建构和发展的。

数理逻辑知识则是以物理知识为基础，由物质经验引申出来的，但它又是独立的区别于物理知识的。当幼儿以某种方法在他们的脑中反映他们的行为以及联系和组织实现时，数理逻辑知识就产生了，诸如守恒、分类、顺序等等。

社会知识不同于物理和数理逻辑知识，它产生于个体与其他人之间的相互作用。舆论在社会知识产生中起重要作用。

三、布鲁纳的学习理论

1. 布鲁纳大胆假设“任何学科都可以通过某种可靠的教学方法，有效地教给任何发展阶段的幼儿”，并建议以“螺旋式”的课程进行教学。

2. 布鲁纳认为每个发展阶段的幼儿都有他自己观察和解释世界的特定方法，对任何发展阶段的幼儿，进行某一课题时，必须反映幼儿看事物的方法。

3. 布鲁纳主张“活动学习”。他认为“活动学习”包括三个几乎同时发生的过程。第一是获得新知识的过程；第二是运用这知识，使之适合于新的事情和情景；第三是评价和运用已获得的知识。

4. 布鲁纳还主张“发现学习”。他强调给予幼儿发现概念的机会，他认为通过发现学习，幼儿可以在以下几方面得益：第一，帮助幼儿学习怎样去学习与学习调查研究和解决问题的技能，能够使幼儿运用所学习的知识和技能，处理新的情况和学习新的概念；第二，发现学习有一个从外部到内部反馈的转化。幼儿的学习动机由从外部的某些人或事物中得到满足转化到来自内部的自我满足；第三，幼儿通过解决问题的实践和发现的努力有机会学习自己去发现事物；第四，发现学习所学得的知识容易记住，并在需要时容易回忆。

5. 布鲁纳还认为学校年龄阶段的幼儿在思维过程中，能真实和有效地陈述某一概念，是由于他们凭借于早期学习的第一个表象，它能使以后的概念更有效和精确。

布鲁纳还强调，有兴趣的材料是对学习的最好刺激。

四、加涅的学习理论

加涅认为学习是发展做某些事的一种能力，这种能力在做以前是没有的。他还假设学习能力是有等级的。一个人学习某一特定的能力往往依赖于以前学习到的一种或更多简单的能力。

加涅还认为一个幼儿从幼儿园到大学，他应该通过四个水平的科学教育。第一级水平应在初级学校进行(包括幼儿园大班)。在这级水平中，应教给幼儿某些技能或能力，它们将持久地保持在他的一生中。这些能力包括数的计算、空间和时间、操作技能以及观察、描述、分类、测量、推断和形成概念。在发展这些技能或能力时，幼儿将获得某些科学的原理知识。

从皮亚杰、布鲁纳和加涅的认知理论和学习理论来看，对幼儿科学教育的启示有以下几点：

1. 有力地支持了早期幼儿学科学。他们从幼儿智力发展理论和学习理论等不同角度，提出了早期幼儿有按照他们自己的智力发展水平学习科学的可能。

2. 他们从幼儿发展各个阶段的特点，物质活动、个体与环境的相互关系以及发现学习等在幼儿建立认知结构和发展智力过程中的重要性出发，指出了幼儿应该怎样学科学。为幼儿的个别学习、活动学习、发现学习等学科学的方式方法提供了理论依据。

3. 他们还为幼儿科学课程应该学什么，给予理论上的启示：应该学习与他们智力发展阶段同步的课程内容；能与具体物体直接接触的直接经验和事实；以丰富的知觉为支柱的初级科学概念；以及学习学科学的方法和技能。

4. 他们从理论上启发我们，作为幼儿的科学教育，教师应该考虑怎样的教学，适合幼儿的发展水平，促进他们的发展。应为幼儿提供具体的广泛的活动机会，丰富的物质材料，有质量的科学经验，以激励幼儿参与学科学的活动，让幼儿在活动中学习学科学的方法和技能，以增强他们的学习能力，以利于他们今后的学习和发展。

第二节　幼儿科学教育的过程

幼儿科学教育的过程，就是幼儿在教师不同程度指导下的探索过程。也就是幼儿通过亲自的活动，作用于物体，观察其反应；描述观察到的现象或活动中的体验，或是解释现象和找出问题的答案；或是形成在感性经验基础上的科学概念。这是幼儿与物体或环境相互作用的过程，是幼儿的主动建构过程。

不少教育家和心理学家都重视儿童学科学的过程。他们认为："学科学的过程比幼儿获得科学内容和事实更为重要。""幼儿去发现事物比知道它们更为重要。""利用事实和信息比储存信息供未来参考更重要。"

他们之所以重视科学教育过程，是因为培养人的目标是："所培养的人应能做新事，而不是简单地重现、重复；他们能够创造、调查、发现、评价、证实事物，而不是被动地接受别人提供的内容；他们能主动地、较早地通过自发的活动或通过教师为他们设置的材料发现事物；他们能较早地学习运用自己的第一手资料去证明什么。"

过去的幼儿自然常识教学，偏重了幼儿的知识，忽视了幼儿怎样去获得知识（即学科学的过程）；过多地注意怎样传授知识，忽视了通过幼儿自身的主动活动去建构概念；偏重了知识的记忆和储存，忽视了幼儿的思考和智力发展；偏重了集体的统一学习，忽视了个别化学习。

建设社会主义四个现代化所需要的人才，不仅要有理想、有道德、有文化、有纪律，还要善于思考、富于创造力。因而，今天的幼儿科学教育就不应单一地重视幼儿获得科学知识，还应重视幼儿学科学的过程，以利于幼儿的发展。

一、幼儿科学教育过程（探索过程）的分析

1. 探索过程是幼儿获取科学经验，形成和运用科学概念的过程。按照皮亚杰的理论，幼儿必须建构他自己的物质世界的概念，而这只能从他的运动和感知活动中提取。操作物体、触摸和身体运动的反应，是幼儿理解时间、数量、空间和物理学方面知识的源泉。这也就是说，只能通过他自己的探索、操作物体、感知、运动来建构物质世界的概念，理解事物之间的关系。

幼儿学科学开始于感觉经验，他们一般通过感觉运动的组合过程——动作、倾听、触摸、操作等学科学，以获取科学经验。而探索过程保证了幼儿的感官、身体运动与客体的直接接触感知和相互作用，获得丰富的感觉材料，为形成概念提供材料。而不断的探索，使外部

感觉经验抽象、概括、内化为概念有了可能。探索还使幼儿不断作用于物体，得到较全面感觉的反馈，发现原有概念的缺陷与不足，进而修正或补充概念、发展概念。探索还使幼儿连续地获得事物间关系的感性经验，从而理解事物之间的关系。由于是幼儿自己在理解的基础上建立起来的概念，因而便于归类和迁移。

因此，我们认为探索过程是幼儿获取科学经验、形成和运用初级科学概念、发现事物之间关系的必不可少的过程。

2. 探索过程是激发幼儿学科学内部动机的最有效的过程。幼儿具有强烈的好奇心，喜欢触摸和摆弄物体，由此产生探索大自然和科技产品的奥秘的兴趣，开始学科学。在探索过程中，幼儿进行着物体的操作和感知活动，并发现问题，渴望得到问题的答案，这不仅支持、满足了幼儿的好奇心，还促使幼儿进一步探索，寻找正确的答案，由于这种动机产生于幼儿的内部需要，因而它便能最有效地推动幼儿去学科学。而教师简单的告诉，缺少幼儿的探索活动，将会中断幼儿进一步学习的动机。为此，我们认为探索过程有助于满足、发展幼儿的好奇心，激发幼儿学科学的内部动机，促使他们主动、积极地学习科学。

3. 探索过程是幼儿学习怎样学科学的过程。在探索过程中，幼儿起着“调查者、物体操纵者、好奇现象的探索者、概念的组织者、概括者、讨论者以及概念和结果的传递者”的作用。幼儿在探索中学习如何运用自己的感官去感知物质世界的各种属性，吸取多方面的信息；学习如何将探索、发现的感觉经验与自己原有的科学经验进行比较、分析、归纳、综合，实现思维的加工，从而补充、修正、发展、运用概念；还学习如何去叙述已获取的经验以及解释概念，和周围的成人、伙伴交流信息，报告自己在探索中取得的“成果”。因此，探索过程实质上是幼儿学习怎样感知、观察、思考、表达的过程，学习怎样学科学的过程。探索为幼儿创造了学科学方法的良好条件。

4. 探索过程是培养幼儿独立性、自主性、自信心、“我能做”积极态度的过程。在探索过程中，幼儿相对独立地进行操作、实验、感知和观察等活动，为幼儿提供了获得成功，感受有能力的良好机会。探索的结果将使他们发现周围物质世界是怎样的，发现各种自然物和现象是怎样活动的、怎样相互作用的，发现自然界之间的关系，甚至创造性地发现别人没有注意到或不知道的事物，从而体验到成功感，感受到自己的能力，这有助于培养幼儿的独立性、自主性、自信心和“我能做”的积极态度。

二、幼儿科学教育过程（探索过程）的条件

幼儿学科学必须具备一定的外部条件与幼儿内部因素。现简略叙述如下：

1. 外部条件

（1）教师是幼儿进行科学探索过程中必须具有的外部条件。为了指导幼儿学科学，第一，教师要有进行教育改革实践的精神，摆脱传统的“讲科学”的状态，认真细心地观察幼儿的科学探索活动，并积极支持、恰当指导幼儿的科学探索。第二，教师要具有一定的科学教育的经验，广泛而丰富的科学知识和专业知识，以能较自如地指导幼儿学科学的过程。第三，教师对科学探索有一定的兴趣，以便参与幼儿的探索活动，以自己的情绪感染、引导儿童探索。

（2）教材内容是幼儿进行探索必不可少的，它要富有吸引力，能激发幼儿的兴趣，唤起好奇心。使幼儿可以利用多种感官感知和进行独立探索，以利于探索活动的展开。例如有关“水”的科学探索：

① 水滴和水坑的形成。

② 水怎样浸蚀土地和路面。

③ 水怎样经过不同大小、形状的开口流出。

④ 水怎样积聚、被吸收、蒸发、混合、溶解物体，以及对比水和其他液体（烹饪用的油、醋）或肥皂水的差别等等。

还可用下列方法进行探索：

① 用水灌满一个容器，并注意它怎样积聚。

② 以稻草、空管子、手指、各种过滤器、瓶颈宽度不同的容器、底角有一个小洞的塑料袋等控制和观察流水。

③ 观察水滴在蜡纸上和其他纸上，滴不同液体在同一纸上，不同

液体滴在不同纸上的差别。

④ 使用天平去称同样容器中不同的液体。

(3) 比较开放、宽松的教学结构可以使幼儿较自由地选择材料，按照自己的意愿进行独立的或小组的探索活动，互相交流信息，形成比较和谐的环境气氛。

(4) 幼儿进行探索的材料要丰富并比较牢固，不会损害幼儿的健康和安全。

(5) 为幼儿提供进行探索活动的充裕时间和空间。

2. 内部因素

内部因素指的是探索者(幼儿)的主体因素，也就是幼儿本身进行科学探索过程需要具备的内部条件。

(1) 幼儿对周围事物有比较强烈的好奇心和感知、观察、实验等探索技能，能在提供科学教育的内容和材料时，以及日常生活中，主动积极地参与科学探索活动。

(2) 幼儿需要有一定的独立性、自主性和自制力。能较自如地进行独立的探索活动。不因缺乏独立能力、依恋感或依赖性较大，在给予探索机会时，羞怯、畏缩而手足无措，不敢探索实践。同时，在探索过程中，幼儿能控制自己的行为，服从一定的规则，不妨碍同伴的活动以及保持一定的秩序。

(3) 幼儿要有一定的科学经验和对材料的熟悉程度，这有利于科学探索过程的进展。

以上所述的科学探索的内外条件，不是绝对的。外部条件可转化为幼儿内部探索的动力，而探索过程中，能逐步培养幼儿的独立性、自主性，获取科学实验、学科学的技能和方法，培养探索的兴趣，发展好奇心和智力等，使科学探索过程不断向前推进。

第三节　幼儿科学教育的原则

为了使幼儿科学教育达到良好的效果，在教育中，教师还必须遵循一定的教育原则。

一、教师的指导与幼儿的探索活动相结合

作为幼儿教师，要相信幼儿的潜力和能力，大胆放手，允许幼儿进行相对独立的科学探索活动。但这不等于放任自流，教师成为一个旁观者，不作任何的指导。把教师的指导与幼儿的探索活动相结合，作为科学教育的教学原则，是为了使幼儿学科学既主动、生动、活泼，又能得到应有的智力和能力的发展，获得广泛的科学经验和形成简单的科学概念，并学习怎样学科学的技能和方法，增强幼儿的独立性和自信心。

教师的指导可以分为直接的和间接的两个方面。

1. 直接指导就是教师教给幼儿某些不能通过探索得到的物体的具体名称；已获得的科学经验（包括物质的属性、事物之间的关系、概念名称等）的关键词汇和语言，在幼儿表达不清时，给予及时的、直接的指导。

例如，当幼儿观察许多鸡冠花后叫不出鸡冠花的名称时，教以“鸡冠花”这个名词。

当幼儿触摸过不少自然物体，有丰富的光滑和粗糙、硬和软的感性经验，但仅说“毛毛的、戳人的……”时，要适当地教以光滑和粗糙、软和硬等代表物质性质的词汇。

当幼儿有了较丰富的冰遇热就融化的经验，而还以“太阳晒晒就化了”“放在炉子边就化了”“放在手里也化了”等表达时，可告诉幼儿“冰遇到热就会融化”的关键词句。

这样做不是机械生硬地教语言，而是帮助幼儿概括了具体事实，起到概括、抽象的作用，使幼儿的感性经验顺利地向符号化、概念化转化，使外部的感觉经验不断内化为概念，有利于具体形象思维向抽象思维转化和发展。

此外，为幼儿制定探索活动中必须遵守的规则，提示幼儿遵守规则，不妨碍别人等，都属于直接指导。

2. 间接指导就是教师为幼儿提供多种探索活动的机会。诸如观察、实验、种植、饲养、游戏、散步、采集等幼儿喜爱的活动，都适合于幼儿进行科学探索。

供给幼儿开展探索活动必要的环境、设备和材料，以引起幼儿探索的兴趣、激发幼儿的好奇心，使他们进入科学探索活动，这意味着教师间接影响幼儿的探索动机。

教师本身以幼儿的水平参与幼儿的探索活动，以带动幼儿探索科学并鼓励胆怯的幼儿，培养他们的独立性、自信心等，都属于对幼儿学科学的间接影响。

3. 在幼儿学科学的探索过程中，无论是直接的指导，还是间接的指导，教师的提问将起重要的作用。

教师可以用问题引起幼儿对周围物质世界的关注和观察；激发幼儿的好奇和兴趣；帮助幼儿组织和思考已知的东西，发现未知的奥秘；还帮助幼儿把已知与未知的东西联系起来；造成认知冲突，激起幼儿进一步探索，发现问题；支持幼儿运用已有的知识找出问题的答案，解决问题；有助于幼儿充分使用材料；促进小组中的相互作用和相互评价。教师问题的提出，对指导幼儿的科学活动起着不可估量的作用。

为此 ，教师在提问前应深思熟虑，提出问题后，教师要善于等待，这有利于减少教师的谈话，增加幼儿的答案；有利于更多幼儿自愿回答，减少错误；促进幼儿的思维活动，和思维较慢的幼儿的努力；减少教师以纪律约束幼儿的行为。而快速连续不断的提问，只能使少数幼儿从记忆的库存中去寻找答案，减弱了大部分幼儿的思考过程，造成幼儿混淆已有的知识。总之，教师提问后，幼儿需要时间探索和思考。

4. 在探索过程中两种指导必须紧密结合。教师的直接指导和间接指导是密切联系的，共存于幼儿科学的探索过程中。对于不同年龄班级、不同认知水平的幼儿，不同的科学教育内容，不同的活动，两者所占比例的多少，都要根据实际情况，作出恰当的指导。

它们又是相互转化的，有的直接指导的内容，在幼儿掌握以后可以转为间接的影响。在整个探索过程中，交替地使用直接和间接的指导，使幼儿不断得到发展和提高。

为了作好指导，教师必须耐心、仔细地观察幼儿的探索活动，了解幼儿的知识经验和探索方法，以及对科学活动的态度，以便更有针对性地进行指导。

总之，在幼儿科学教育过程中，运用教师指导和幼儿探索活动相结合的原则，要求教师既不做幼儿科学活动的旁观者，也不做科学的“讲述人”，而是科学教育的指导者。

二、正规的科学活动，非正规的科学活动和偶发的科学活动相结合

幼儿科学活动以正规的、非正规的和偶发的三种科学探索活动出现，以完成科学教育的任务。

1. 正规的科学活动是整个科学教育计划的一个部分。它是由教师根据科学教育的任务，有计划有目的地选择课题，决定学习内容和怎样学习的方法和技能，考虑为幼儿提供什么材料以达到目的，是在教师指导下开展的科学探索活动，它鼓励全班、小组或个人参与探索活动，学习使用观察、分类、测量、比较、计算、描述、交换信息等方法和技能，帮助幼儿发现并理解周围世界，并在最后作出评价。

正规的科学探索活动，保证全部幼儿参与科学活动、学习科学的机会，从而使每个幼儿获得最初的科学启蒙和必要的方法、技能培养。在我国一般是集体进行，也可分组进行。虽然时间短，但它形成一种特定的学习气氛，彼此启发，互相交流，得到共同的学习的乐趣和情绪体验，形成集体学习的习惯，有其独特的作用。

正规科学活动能否顺利开展，关键是教师选择的课题内容和材料的提供。即课题应该是能引起幼儿探索的兴趣，能从多方面开展探索活动，适合幼儿的能力，易于被幼儿发现和理解的内容。要有足够的材料，使每个幼儿都有使用、操作材料进行探索的可能。

2. 非正规的科学活动，是由教师为幼儿创设一个宽松和谐的环境，提供丰富的材料和设备，为幼儿设计多种多样的适合各种需要、兴趣的探索活动。它是一种能使幼儿产生多种兴趣、探索经历，运用技能、智力的探索活动。每个幼儿能按照自己的兴趣和意愿，从自己的发展水平出发，使用自己的方法，进行自由的探索活动。经过他们自身的操作、探索，在欢乐的气氛中学习到科学知识、方法、技能，并有利于创造力、个人的兴趣、独立能力和自信心的发展。

非正规科学活动的特点，是幼儿自由选择的科学活动。由幼儿自己决定是否参与探索，探索时间的长短，探索的方法，以及是个人进行，还是与同伴三三两两地进行等。给予幼儿较大的自由度，教师仅作少量的指导。没有特定的要求学习的知识内容和技能，但幼儿有可能获得许多信息。

非正规科学活动的关键是提供丰富的材料和适当的环境，刺激幼儿的好奇心，产生科学探索活动，使幼儿通过探索尝试获得成功。

3. 偶发性的科学活动是围绕着偶然发生的事情建立的科学探索活动。它是由外界情景导致的。如幼儿看到阵雨后天空的彩虹，强台风拔起的大树和树根，都有可能引起幼儿的好奇，开始个别的或几个幼儿的科学探索。它可能只有几分钟，也可能一个小时，还可能延续几天、几十天。

这种探索学习，由于学习动机来自于幼儿内部，它的学习兴趣、主动性、积极性、注意的持久性、探索的迫切性，一般都强于有计划的科学活动。而它的内容的广泛性、丰富性和生动性，也是有计划的科学活动不可比拟的。

偶发性的科学活动，教师事先既没有计划，又不提供任何设备和材料，但在幼儿的科学活动产生时，需要教师的鼓励、支持和适当的引导。

教师是支持、鼓励，还是压制幼儿偶发的科学探索活动，是截然不同的两种态度，它将带来两种不同的后果。前者将满足幼儿的好奇，使幼儿学习科学的火花越烧越旺，而后者将使火花熄灭。作为教师应该清楚地知道，熄灭的火花，即使重新点燃，也要比开始时自发的火花的产生困难得多，迟缓得多。因此，对幼儿偶发性的科学探索应给予高度重视，要克服忽视偶发的科学探索活动的倾向。

以上三种科学探索活动的结合，可以取长补短，相互补充。它们既保证了全体幼儿学科学，又为幼儿个性的发展提供了可能；既满足了幼儿的科学好奇，又丰富扩展了科学教育的内容，有助于幼儿身心的发展和幼儿科学教育任务的实现。

三、课内与课外、园内与园外的科学活动相结合

幼儿学科学与他们的周围世界紧密联系，他们在直接接触自然环境与社会环境中吸取广泛丰富的科学经验，建立生动的表象，形成在感知觉基础上的科学概念。如果教师认为幼儿科学教育仅仅局限于20分钟左右的上课，而没有把幼儿引向日常的科学探索活动中去；如果把幼儿仅仅限于园内的小天地中，而不引导幼儿在广阔的大自然和社会生活中去探索，则将导致幼儿科学经验的贫乏。因此，幼儿的科学活动如能改变单一的上课形式，而贯串于整个的日常生活中，如能超越幼儿园的范围，而与社会生活紧密联系，与家庭、社会机构(包括公园、野外、博物馆等)的科学活动相结合，将使幼儿开阔眼界，获取广泛的、丰富的科学经验和物质知识，以及培养幼儿对科学的兴趣。

幼儿对科学经验的吸取和积累，认知结构的建立，技能、方法的学习，情感、态度的培养，都不是一次完成的，而是逐渐积累的。连续的活动，不同的渠道，多种方式，多样活动，将有利于幼儿知识经验的获得，智力和能力的发展，情感和态度的培养。课内外、园内外科学活动的结合，将保证多次的、不同角度的、多样化的科学活动的实现。例如，一个幼儿曾经这样告诉老师："星期日，我妈妈带我去爬九华山，我走不动了，妈妈说：'你吃点面包就能爬上去了。'我吃了，就有劲了。"他以爬山活动的实例，表达了人要吃食物获得能量的生动体验，而不是以课堂上所学的来回答人为什么要吃食物的问题。

又如"季节、气象"等有关教育，如果在课内，只能通过图片、幻灯等等教具来进行，而不能直接观察到大自然的季节变化或气象变化；如果在室外、园外，则能把幼儿的科学活动开展得生动活泼。

幼儿获得的科学经验和具体知识的运用，方法、能力的锻炼，同样需要家庭、社会生活和活动的结合，让幼儿在广阔的天地中得到发展。

课内外、园内外的科学经验相互联系，有时课内的活动是以后课外、园外科学学习的开端，有时又是它们的继续和结束；课外、园外的科学活动有时是课内的补充，也可能是课内学科学的"序幕"。

这样，互相结合，使幼儿的科学经验不断丰富、积累，使经验不断得到内化，使科学概念的内涵不断得到补充，外延不断得到扩展，知识得以迁移和运用，能力和方法不断得到锻炼和发展。

然而，一般教师在进行科学教育的过程中，只满足于课内教育，而忽视与课外、园外科学活动的结合，很少带领幼儿在大自然中、在社会生活和其他社会机构中吸取丰富的、取之不尽的营养，这是亟待改进的问题。

四、科学教育与各科教育的结合

幼儿科学教育是幼儿园课程的一个部分，它与课程的其他方面，如语言和早期阅读、艺术、社会学习、计算等紧密结合，将使幼儿科学学习更为生动有效。

语言是人类认识世界、互相交往、进行思维的工具，幼儿不仅以他们的操作活动探索科学，他们还要以语言表达在探索中发现、获得的科学经验和使用的探索方法，以及发现的问题，与同伴交流新的发现。科学教育与语言结合，幼儿用语言表达，使幼儿获得的科学经验建立的表象更为清晰，对事物的认识也更为正确和巩固，丰富的经验得以内化和概括，形成初级科学概念。通过科学活动中幼儿间的语言交流，使幼儿获得共同学习的乐趣，促进社会的交往。教师则通过幼儿的语言表达更好地了解幼儿学科学的情况，便于指导。科学教育与语言结合，也充实了幼儿的语言内容，激发用语言表达的积极性，促进幼儿的语言学习和语言、思维的发展。而儿童科学书、科学诗歌等的早期阅读，不仅能巩固、扩展幼儿的科学知识，开阔幼儿的眼界，还能增添幼儿对科学、对阅读的兴趣和快乐，促进幼儿爱科学。

艺术活动（音乐、绘画、塑造等）是幼儿喜爱的活动，也是幼儿能做的活动。幼儿的科学活动与艺术活动相结合，让幼儿凭借艺术手段表达他们观察、探索、发现所得的经验或体验，不仅能巩固科学知识、经验，还能培养儿童的智慧和情感，促进儿童科学想像的发展。

注：第四章本文未收入。

第五章 幼儿科学教育的方法

幼儿科学教育的方法是生动多样的，包括观察、科学小实验、种植、饲养、散步、采集、旅行、游戏和科学阅读等等。通过各种方法的使用，以达到幼儿科学教育的任务。

幼儿的认识具有个别化的倾向，他们的生活经历各不相同，智力活动的方式和发展水平也有差异，吸收和消化外界信息的速度更是快慢不一。运用多种方式方法，才有可能使每个幼儿以自己的兴趣、发展水平、智力活动方式和不同速度学科学。

因此，可以说，幼儿科学教育方法的多样性是实现幼儿科学教育任务的需要。

第一节 科 学 实 验

一、科学实验的概念和幼儿科学实验的特点

科学实验是科学工作者研究科学和学生学习科学的一种专门手段。它是使用一定的科学仪器设备，创造特定的条件，排除外界干扰因素，引起某种现象的产生，以查明现象发生的原因或检验某一理论和假设，以寻找自然界客观规律的一种方法。正如巴甫洛夫所说："实验就如把现象掌握在自己的手中，有时让这个发生，有时让那个发生，如此在人工的简化组合中确定现象的真实联系。"（陈震东《教育科学研究方法》第129页，人民出版社）

因此，科学实验和自然条件下的观察不同，它的特点是在人工控制的客观条件下，可以设置同一条件，重复同一实验，多次观察同一现象的产生，验证同一理论和假设。为仔细的观察创造条件，也为测量、计算提供方便。它还可以观察到在自然条件下不能观察到的某些自然现象。

幼儿科学小实验和成人的科学活动有相似之处。它同样是幼儿学习科学的专门手段，要控制一定的条件，排除外界的干扰，突出引起某种自然现象的产生或变化的某一因素，以使幼儿在作用于客体的过

程中，观察发现某一现象的原因，了解事物间的联系和关系，以及检验开始的设想，从而克服不易观察和不能观察的局限。它也可以让幼儿重复做某一实验，多次观察同一现象的发生和变化。

但幼儿的实验还有其本身的特点，即设备和材料简单，一般不是专用的实验设备，而是就近易取的某一原材料，甚至是工业上不需要的半成品，不需要特定的实验室。实验所产生的结果是成人早就有结论的，而对孩子来说却是新的发现或需要学习的特定概念；实验操作简单，要求低，和日常生活紧密联系；实验活动时间短，能较快地观察到实验结果和变化，得出简单的科学概念（即和具体现象紧密联系，进行初步抽象概括所得出的概念）。实验的方法要注意趣味性，往往和游戏结合，没有明显的界限。

二、幼儿科学实验的目的

1. 进行科学启蒙教育，引起对科学实验的兴趣，点燃爱科学、学科学的火花，学习如何用科学的方法探索科学的奥秘，而不仅仅是为了学习深奥的科学知识和科学规律。

2. 使幼儿在操作实验过程中，发展细致的观察力、初级逻辑思维能力以及独立性、自信心等。

3. 发现简单的科学现象，获取某些科学经验，形成简单的科学概念。

4. 学习简单的实验操作技能。

三、幼儿科学小实验的内容

幼儿科学实验的内容广泛，教师可根据幼儿科学教育的要求自行设计。目前在幼儿园中经常做的科学实验有：

1. 种子发芽实验（怎样使种子发芽？）

2. 茎输送水的实验（植物的茎有什么作用？）

3. 植物生长需要水、阳光、空气的实验（为什么要为花浇水？花为什么要晒太阳？）

4. 小动物生长需要空气的实验（瓶子里的蚂蚱怎么死了？）

5. 空气到处都有的实验（塑料袋里装的是什么？）

6. 风的产生实验(怎么有风的?)

7. 声音产生的实验(声音怎么来的?)

8. 各种物体产生不同的声音实验(它们发出的声音一样吗?)

9. 水的三态实验(冰怎么没有了?水到哪里去了?冰是怎样变成的?)

10. 物体沉浮实验(什么东西会沉下去?什么会浮起来?)

11. 水的流向实验(水流到哪里去了?)

12. 磁铁吸铁实验(磁铁能吸什么?)

13. 太阳发热的实验(阳光下的水怎么热了?)

14. 太阳的功能实验(哪件衣服干得快?)

15. 力的平衡实验(怎样使用天平?)

16. 电的功能实验(小电扇怎么会转的?录音机怎么响了?)

17. 影子产生实验(这里怎么会有影子的?)

18. 速度实验(哪辆汽车跑得快?)

19. 地球引力实验(鸡毛怎么飞不上天?)

20. 滑轮的作用实验(怎么省力?)

上述实验列举,仅供教师参考。

四、幼儿科学实验的作用

1. 能发挥幼儿的主动性和积极性。由于幼儿亲自实验符合幼儿好奇心强烈、好动的年龄特点,操作实验能满足他们的需要,引起幼儿的兴趣,激发幼儿学科学的内部动机,得到愉快的情绪体验,这是仅仅让幼儿观察教师的操作演示所不能产生的。

2. 有利于幼儿理解科学概念。在实验时,幼儿亲身经历探索科学的全过程,他们综合运用多种感官,从各个角度接触材料,在个体与物体的相互作用中,观察、发现实验中某一自然现象的产生与变化,获得各方面的信息。每个幼儿能在各自原有知识经验的基础上和智力水平上获取第一手感性材料,理解科学现象,并在理解的基础上进行初步的推理、概括,得出简单的科学概念,还有利于在大脑中留下较深的痕迹,保持较长时间的记忆。

3. 幼儿在亲自的实验过程中，边做边学操作技能，有助于学习技能的增强，这又是教师演示实验所不能获得的机会。

4. 幼儿在操作过程中，易于发现问题，进一步探索和设法解决问题，有益于幼儿的思考，发展科学的态度和思维能力、创造能力。

五、教师在幼儿做实验时应注意的问题

为了使幼儿的实验操作收到预期的效果，教师要做到以下几点：

1. 为幼儿的操作实验提供必要的材料。

2. 给幼儿充分的实验活动的时间，保证幼儿能反复进行操作活动，与客体接触，相互作用，在过程中去探究、发现，自己找出问题的答案，作出自己的判断。

3. 在幼儿的操作过程中，教师适当的提问是领导好实验的重要一环。一般可提出下列问题：

① 这样做会发生什么？

② 在操作过程中发生了什么？

③ 你发现了什么？

④ 为什么会发生的？

⑤ 你怎么知道的？

⑥ 你看到发生了什么？

⑦ 你还能用别的办法来解释发生的事吗？

⑧ 怎么说明我们的解释是正确的？

这些问题可供教师领导幼儿实验操作时参考。目的在于提出某些设想，引导幼儿去观察实验操作中产生的现象、变化，发现某一自然现象产生的原因。用实验操作中的事实来解释现象的发生，运用其他实验操作来验证，反复运用实验证据解释结论。这些问题是在幼儿实验操作过程中逐步提出的，因此，教师必须观察、了解幼儿的实验操作，根据不同的进程，提出恰当的问题，引导幼儿实验、观察、发现、探索、解答。

4. 在有些实验中，教师对实验方法应给予适当的指导。

5. 允许幼儿在实验中提出问题，以进一步探索。

6. 教师要避免花过多的时间去说明和告诉幼儿有关的科学道理、概念，而要让幼儿自己去探索发现。教师给幼儿做的解释，必须和幼儿在操作过程中获得的信息一致，任何离开幼儿本身直接观察获得的材料的说明和解释都是不可取的，他们的反映将是不科学的，或是鹦鹉学舌、机械背诵。

7. 提供给幼儿充分的时间，帮助他们用自己的语言表达自己的实验操作过程，发现自然现象的变化、因果关系和联系。如有不正确的可以再次实验予以纠正。幼儿的发现、创造可以让他介绍给同伴，这对同伴是启发，对本人也有强化作用。

8. 幼儿的实验操作活动，可以全班同时进行、分组活动，也可以在课后分散个别活动。

9. 任何实验活动都要保证幼儿的安全。有的活动不适宜幼儿操作或条件不够，则必须由教师示范实验，然后分散由个别儿童操作，以满足幼儿科学小实验的需要。

第二节　种植和饲养

一、种植和饲养在幼儿科学教育中的作用

种植和饲养是幼儿学科学的一项实践活动，是幼儿探索生命科学的重要方法。它包括播种、管理、收获等种植活动和喂食、照料等饲养活动。是幼儿感兴趣和喜爱的活动。

种植和饲养是通过幼儿使用简单的工具，多次、反复的劳动，不断作用于某一植物或动物，在与它们频繁的接触中，连续的较持久的观察中，探索生命科学的奥秘。这种方法与实验、游戏等很不一样。

在种植和饲养的过程中，幼儿可观察到动植物的生长、发育、死亡等生命现象，物与物的关系，人与自然物的关系，习得生物科学的经验，理解有关生物科学的概念。

在种植和饲养的过程中，幼儿能发现动植物是在自己亲自管理和照料下逐渐变化和成长的，由此而产生的愉快情绪体验，易于使幼儿对动植物产生积极的情感，从而出现爱护、保护动植物的行为。

幼儿从种植和饲养活动中，还能学习简单的种植和饲养技能，培养爱劳动的品质。

二、幼儿种植和饲养的特点

幼儿的种植和饲养活动有其自身的特点，它与成人的农业生产劳动有着明显的区别。

1. 幼儿种植和饲养活动的目的是为了进行生命科学的探索，掌握有关动植物的具体经验，为今后学习生物科学提供感性材料，培养饲养、种植的兴趣以及爱护动植物的情感。

2. 幼儿种植和饲养的内容是与幼儿及周围人们的生活紧密联系的，是幼儿常见的、生产周期短、易于生长的花卉、蔬菜，性情温和、没有危险、易于饲养、重量适中、适合幼儿抚摸、拥抱或玩赏的可爱的小动物，而不是根据生产需要来决定劳动内容。

3. 幼儿种植和饲养所需要的技能是十分简单、易于学习的。

幼儿的种植可分为园地上的种植和盆栽，饲养活动可在室内，也可在室外进行。这些活动有的可集体进行，有的则要分小组或个别进行。

三、种植的过程

1. 种植前的准备(包括园地松土、作畦或搜集种植器皿、选种和准备秧苗)。

2. 播种或移栽(包括挖洞、放种子或秧苗、盖土、浇水等)。

3. 日常管理(包括松土、拔草、捉虫、浇水、施肥)。

4. 收获(采集和处理收获成果)。

四、教师在领导幼儿种植和饲养中应做的工作

为了使种植和饲养在科学教育中发挥应有的作用，在领导幼儿种植和饲养时，教师应做到几个结合。

1. 种植、饲养和幼儿的认识活动相结合。由于知识经验的局限，幼儿对种植、饲养的对象，使用的工具和器皿等，往往处于无知或朦胧的状态。他们分不清移栽的菜秧与菜叶的区别；叫不出小铲子的名称，也不知它的功用；不懂得各种形状的花盆底下，为什么都有一个

洞;更不知道小乌龟一到冬天就冬眠的生活规律。在他们的思索和行动中出现好奇、疑问,甚至闹出笑话,他们渴求多方面的知识,以解决出现的无数问题。这是教师扩大幼儿知识面的好时机。教师如能结合种植、饲养活动,运用教育机制,因势利导,帮助幼儿认识种植和饲养对象,告知怎样使用工具,解决疑难,这就不仅可保证种植和饲养活动的顺利进行,还可扩大幼儿的知识面,学到在课堂上学不到的知识,满足幼儿的好奇心,鼓励幼儿思考,发展他们的求知欲望。因此,认识过程必须伴随整个种植和饲养过程。反之,如果教师为种植而种植,为饲养而饲养,种植和饲养活动只是形式,忽视和幼儿认识过程的结合,那么种植和饲养活动就收不到什么效果。

2. 管理植物、照料动物过程和引导幼儿观察相结合。鉴于幼儿的年龄特点,他们喜欢活动,往往为种植和饲养中的活动所满足;他们喜爱游戏,而把种植、饲养活动和游戏混淆,不能意识到种植和饲养的目的是为了了解它们的生长过程——生长、发育、死亡,这是自然的客观规律。在种植和饲养过程中,有时很顺利,有时也会发生意外,如可能一只小兔子死了,也可能一只小鸡死了……好心的教师为了避免引起富有同情心的幼儿不愉快的情绪,往往把小动物的尸体暗暗扔掉。当幼儿寻找他们的小伙伴(小动物)时,教师常予以一笑,草率了事。这样,幼儿的疑虑就得不到解决,这种处理,实际上不是唯物主义的态度,对幼儿也没有任何教育意义。有经验的教师则能意识到死亡是不可避免的生命现象,且是由各种原因引起的,每个人都应正视现实,进行正确的教育。如组织幼儿讨论:"小鸡为什么死了?是冷了?饿了?还是病了?"最后找出没有照料好的原因,然后把小鸡埋藏好做肥料。这样,既能教育幼儿,又能妥善处理死去的小动物,使幼儿具体地理解到要细心照顾小动物的重要,同时,也开始理解有关生命"禁区"的知识,还培养了幼儿有关唯物主义的态度,消除有关死亡的神秘色彩。

3. 收获和分享成果相结合。收获是幼儿喜爱的活动,能为幼儿带来愉快。如果种植活动由此结束,还是不够圆满的。教师如能把收获和与幼儿分享劳动成果结合,给幼儿品尝一下收下来的小红萝卜,剥一剥、吃一吃自己种的花生，这对幼儿来说将是一种积极的情绪体验。他们经历了整个种植劳动过程，得到了应有的报酬，这种情感上和生理需要的满足，将给幼儿留下深刻的印象。这是促使幼儿产生再种植愿望的良好的催化剂，是任何收获劳动后不可忽视的一个重要环节。

最后的讨论和谈话是任何种植和饲养活动都不能缺少的有机的组成部分。让幼儿用自己的语言表达亲身种植或饲养的经历，总结种植、饲养活动的经验，有助于幼儿理解动植物的生长发育过程，培养幼儿的种植和饲养兴趣以及对动植物的情感，激励幼儿再种植和饲养的愿望。

第三节　科学游戏和科学玩具

一、科学游戏

科学游戏是借助自然界的物质材料，包括水、石、沙、土、竹、木、树叶、贝壳等实物和有关的玩具、图片，把科学的道理寓于游戏之中，是进行科学启蒙教育的一种有效方法。

科学游戏使幼儿在轻松愉快的状态下，进行探索、操作活动，与材料、玩具等频繁接触，获取有关自然物质的属性和功能的具体而真实的经验，帮助幼儿理解概念，从而也减轻了幼儿的智力负担。

科学游戏一般在幼儿过去已得的科学经验和概念的基础上展开，促使幼儿联系已有的经验进行思考，有助于幼儿巩固认识，发展记忆、观察、思维等智力因素。

在幼儿参加科学游戏的过程中，逐渐培养幼儿对科学的兴趣。科学游戏的关键在于游戏的成功，为了获得游戏的成功，幼儿必须进一步作出努力，去探索、思考，以及去了解物质的属性、性能；为了获得成功，幼儿需要去克服困难，经受意志锻炼。科学游戏的成功，为幼儿带来愉快感、满足感，从中，幼儿可感受到自己的能力，从而增强自信心，进而成为幼儿渴望再游戏的动力。因此，科学游戏的成功，对发挥游戏的作用是一个重要因素。例如一只色彩鲜艳的风车，如果不能迎风而转，就不能算科学游戏的成功，也不能为幼儿带来应有的教育作用。应用磁力的钓鱼游戏，也是这样。即使幼儿玩沙做的蛋糕、小山，用肥皂水吹泡泡，也只有成功才能使科学游戏具有意义。

科学游戏内容丰富，形式多样，便于幼儿进行多方面的探索活动。以下仅列举几种，以便教师进行幼儿科学教育时参考，更多的游戏还在于教师发挥自己的创造性，按照事物的性能、科学教育的目的和幼儿的知识经验、智力水平创作。

1. 感知游戏。这种游戏主要通过幼儿的感觉器官，感知辨别自然界的物质属性和功能。如“奇妙的口袋”“听一听谁在叫”等，都属这类游戏。它们的主要作用在于使幼儿认识个别物体，帮助幼儿学习使用感官，发展幼儿的感知能力，一般在幼儿园小班运用较多，幼儿也比较感兴趣。可以在上课时进行，也可以在课外个别幼儿分散进行。

2. 排列游戏。这种游戏是幼儿以各种自然材料（如树叶、石子、贝壳、松果等），按照各种物体的外形、大小、颜色、长短、轻重等有顺序地进行排列。如将石子从大到小排列，花瓣以同种颜色的深浅排列。也可以自然物的生长过程，有顺序地进行排列，如以青蛙的生长变化，用小图片按次序排列，这比前者要求高。通过幼儿自身的游戏操作物体，既可以巩固幼儿对自然物的认识，又可以训练幼儿的逻辑顺序能力。

3. 分类游戏。这是幼儿根据自然物的相似点和不同点进行区别分类的游戏。它的做法有以下几种：

(1) 从许多自然物体中挑选出一种相同的物体。如从不少树叶、一块石子、一只贝壳等中把树叶都挑选出来。

(2) 从许多物体中挑选出有同一属性的物体。如把红色的花瓣都选出来。

(3) 将自然物或人造物根据某一属性进行分类。如把质地硬和软的自然物分成两类，把硬的贝壳、石子等和软的棉花、软土等分成两类。

(4) 把同类性质的物体进行分类。如把水果和蔬菜、飞禽和兽类、水生动物和陆地动物、能沉的和会浮的、能被磁铁吸住和不能被吸住的等进行分类。

幼儿通过自己的操作活动和分析、比较、观察、思考等来认识物体的属性，这不仅可以使幼儿加深对自然物的认识，还能发展幼儿的观察力，使幼儿从具体形象思维向抽象思维过渡，使幼儿的思维方法和学习技能得到提高。

4. 配对游戏。这种游戏要求幼儿根据一种自然物或人造物找出相同的自然物或人造物。可以用实物和图片进行，也可以幼儿、成人扮演角色的方式进行。如幼儿手中拿一只松果，要求他在几个果实中找出一只松果与手中的配对。又如幼儿手中拿一小白兔图片，先要求幼儿在许多小动物图片中找出小白兔图片与其配对，然后再要求幼儿在一张插有小白兔的图片中，根据小白兔露出的尾巴或耳朵等特点，寻找出小白兔与手中的小白兔图片配对。这类配对游戏，除了具有认识个别物体的作用外，还能发展幼儿的观察力。

5. 情景游戏。教师根据一定的教学要求，创设特定的情景，让幼儿观察、操作、发现自然物之间的相互联系，分析它们的原因等等。如以四张大图片分别表示春、夏、秋、冬四季的情景，然后请幼儿选择表示各种季节特征的自然物小图片（如西瓜、扇子、雪人、四季花卉、棉衣、手套等），粘贴于四季图片上，并进行分析。又如一张表示风向的图片，让幼儿观察，请幼儿分析为什么树枝、烟云、衣服都向一边飘，看谁回答得正确和迅速。这类游戏，要求幼儿运用原有的知识和经验，开动脑筋，根据情景发现关系，作出判断，对幼儿智力和知识的要求都较高，但幼儿的兴趣浓厚，积极性高，适合于在较大年龄班进行。

除了以上各种游戏外，还有适宜于室外进行的活动量较大的游戏，如捉影子游戏、吹泡泡、玩水、玩沙、堆雪人、跷跷板、放风筝、玩风车、打电话等等。

为了使科学游戏成为幼儿科学教育有力的教育手段，教师在选择、编制和领导科学游戏时应考虑以下几个方面。

1. 游戏的科学性。教师在选择和编制游戏时，首先要考虑游戏的科学性，即保证游戏知识的内容准确、难度适中，符合科学教育的目的要求和幼儿学习的可能性。如果为游戏而游戏，缺少科学性，也就失去了科学游戏的意义。

2. 游戏的趣味性。科学教育的内容以游戏的形式出现，是因为游戏有趣味性，适合幼儿的年龄特点，它像“魔术”一样有“魔力”吸引幼儿，激发幼儿的好奇心。如果游戏的内容和过程既不生动，又不有趣，没有一定的难度，不需要付出智力代价，对幼儿缺乏吸引力，那就削弱了游戏的价值。

为了增添游戏的趣味性，运用一些道具，如动物的头饰、脸谱等未尝不可。但是，也不能一味追求兴趣，而忽视游戏的科学性，游戏的科学性和趣味性需要紧密结合。在游戏的探索过程中，要求幼儿作出一定的智力努力，用原有的知识经验解决问题，以取得游戏的成功。

3. 游戏的活动性。幼儿喜欢摆弄，好活动，游戏的结构应是幼儿的活动探索过程。幼儿在游戏中，既有外部的操作感知或身体运动，以满足幼儿活动的需要，又有内部的智力活动，要求幼儿努力进行思考。两者的有机结合，既符合幼儿的年龄特点，又能达到科学游戏的目的。例如“捉影子”游戏，深受幼儿的欢迎。在游戏里，幼儿积极动脑筋，创造多种方法捉影子，亲身体验到了“光”和“影子”的关系，满足了身体运动的需要。幼儿玩得愉快，获得了科学经验，发展了智力，培养了对科学游戏的兴趣。

科学游戏的内容一般属于知识型和智力型，因而，教师一般容易偏重于知识的传授，较多地运用语言，而忽视幼儿的操作活动。有时游戏结构虽有较多的运动和操作可能，但教师生怕幼儿“越轨”，管理过分严格，过多地控制幼儿的双手操作和身体运动，而不给幼儿充分的活动机会，这就可能影响科学游戏效果的获得。为此，在游戏过程中，教师应给予幼儿充分的操作活动时间，让幼儿通过自己的操作，去获取成功。教师急于求成，在幼儿遇到困难时，过早地给予帮助，或包办代替，把他们“抱过去”，是不恰当的。

4. 游戏的规则。任何游戏都有一定的规则，科学游戏也不例外。

科学游戏的规则，应服从于科学教育的要求和游戏的展开，有利于幼儿的操作和智力活动，而不能限制幼儿的活动。游戏的规则要简单，便于幼儿执行。

例如“奇妙的箱子”游戏，要求是发展幼儿的触觉和了解物体的属性，因此幼儿在触摸物体时，必须闭上眼睛，直到辨别出物体的属性，讲出名称后才能睁开眼睛。“闭上眼睛”，就是要求幼儿必须执行的规则。

此外，教师在编制和领导幼儿进行游戏前，要为幼儿提供一定的物质材料和空间，保证游戏的开展；在进行游戏的过程中，要根据幼儿游戏的情况，适当提高游戏的要求，并在适当的时机结束游戏，以免幼儿产生厌倦情绪。

幼儿的科学游戏，可在上科学教育课时集体进行，也可在课外活动时分散成小组或幼儿个别独自进行；可安排在一节科学教育课的开始或结束，也可贯穿于整个过程；可在室内，也可在室外进行，这些都可由教师根据实际情况灵活掌握。

二、科学玩具

玩具能丰富幼儿的生活，给幼儿带来极大的快乐。玩具具有一种吸引力，它能唤起幼儿的好奇，诱发幼儿去探索、发现玩具中所蕴含的科学奥秘，寓科学知识于玩具中，使幼儿在玩的过程中获取科学信息，懂得一些科学道理，并培养幼儿学科学、爱科学的积极态度。因此，玩具是向幼儿进行科学启蒙教育的工具之一。

随着科学技术的飞速发展，许多科学发明和新技术都应用到一系列的新玩具中，如借助电子技术发展起来的电子玩具——电子游戏机，微电脑玩具机器人，声控、光控的玩具汽车以及变形金刚等等，使现代玩具变成了科学发展的缩影。

教师如能借助于现代科学玩具，有意识地向幼儿进行科学教育，就可使幼儿大大地开阔眼界，启迪智慧，激发科学兴趣，获得生动、具体的科学知识经验，使玩具成为人生最早的“教科书”。

幼儿园的教学实践也证实了玩具成为幼儿科学教育手段的可能

性和有效性。例如“小小玩具展览会”引起了幼儿强烈的反应,他们一次再次地要求教师再举办。他们在参观玩具展览的过程中,倾听介绍,相互交流,玩和操作,在欢乐中,对科学玩具的兴趣大增,每个幼儿都见到了过去未曾见过的现代科学玩具,打开了幼儿学科学的另一个天地,认识了多种科学玩具。他们初步了解了某个玩具的结构、性能和玩法。有的幼儿甚至还能理解电池在电动玩具中的作用,学会了装卸电池,以启动玩具。有的幼儿出现了科学幻想,表示长大以后要发明玩具。在交流玩具的过程中,还促进了幼儿的相互交往和友爱,密切了幼儿间的关系。

第四节 散步和采集

散步是幼儿喜爱的活动,是幼儿学科学的又一种活动形式。

它的特点是:幼儿置身于广阔的大自然中,直接接触大自然,感受大自然的美,探索大自然的奥秘;教育组织结构比较宽松,不像在教室内上课那么严密,幼儿可以三三两两,走走、看看、玩玩、想想、听听、说说;幼儿在同一时间内接受许多刺激,他们的感知、观察范围广泛,为幼儿探索自然提供了选择的可能性,使幼儿可按自己的意愿去吸收外界的信息。

通过散步,不仅使幼儿开阔视野,锻炼幼儿的感知和观察力,促进幼儿探索思考,陶冶幼儿对大自然的感情,还能使幼儿呼吸到新鲜空气,促进机体的新陈代谢,有益于幼儿身心的发展。

幼儿在大自然中散步,吸取了丰富的物质和精神营养,它的价值是其他科学活动所不能任意取代的。正如苏联教育家苏霍姆林斯基所说:“让孩子们在没打开书本去按音节读第一个词之前,先读几页世界上最美妙的书——大自然这本书。”这对幼儿学科学和促进发展是大有益处的。

由于散步活动的形式与其他活动有较大的区别,故教师在领导幼儿外出散步时,应注意以下几点:

1. 制定散步活动计划,要粗而灵活。只要确定地点、时间和路途长短等即可，不宜制定过分细而具体的要求。不然就有可能为了达到这些要求而生硬地执行计划，妨碍幼儿的活动，影响幼儿的探索兴趣和对周围世界的好奇心。

2. 给予幼儿充分的时间和一定的自由感知、观察和探索的机会，切忌要求幼儿长时间观察一个自然现象。

3. 鼓励幼儿提出散步探索中的问题，并启发帮助幼儿再观察，让他们自己去寻求问题的答案。

4. 允许幼儿三三两两的谈话，以交流各人所获取的信息。

5. 在整个散步过程中，教师要善于观察幼儿的反应，细心倾听幼儿的交谈，了解幼儿的情绪。对于对周围事物比较冷漠的个别幼儿，则需要给予更多的关心和引导，以自己对大自然的好奇去促使他们积极参加对大自然的探索和观察活动，以培养幼儿对大自然的兴趣和情感。

散步活动还可和幼儿的采集活动结合起来，增加幼儿动手的机会，这将会增添他们的兴趣，启发幼儿采集他们喜爱的自然物。诸如拾取树叶、松果，收集石子、贝壳、昆虫和它们的躯壳等等。并允许他们带回在大自然采集到的“珍宝”。有些自然物安放于自然角，以供大家继续观察和探索；有的则可以进行简单的加工，制成美丽的“工艺品”，如用树叶粘贴成各种图案，以供幼儿欣赏；还可以让幼儿通过绘画，表达他们的收获和喜悦情绪。

当然，可以开个小会，介绍和交流各人所得的经验和采集的“宝贝”，使幼儿分散的经验得以整理和巩固，并激起再次散步的愿望。

散步还可以和游戏结合，以增添散步的生气；和朗诵诗歌、散文结合，以增添散步的情感色彩。

总之，让幼儿在散步活动中学科学，在散步活动中锻炼身体、观察和思考。

第五节　早期科学阅读

早期科学阅读是指为幼儿提供寓有科学知识的儿童诗、儿歌、谜语、故事等作品和儿童科学知识书，前者以文艺形式表现科学内容，后者是简单的科学知识介绍。可由教师结合科学教育内容，引导幼儿阅读，也可由幼儿自由选择阅读，无论哪一种阅读方式，都为幼儿喜爱，并由此得益。

早期科学阅读有益于扩大、补充儿童的科学经验，帮助他们进一步理解科学概念；能激励儿童对科学的兴趣，引导他们学科学；能使幼儿凭借已有的科学经验，引起科学幻想；还有益于发展幼儿的语言，培养阅读的兴趣和良好的阅读习惯。

一个有经验的教师，在组织全班幼儿逐一观察绵羊后，给幼儿提供了一本儿童科学知识书——《羊》，让幼儿阅读。该书的内容不仅有绵羊，还有山羊，羚羊……老羊、小羊、一只羊、几只羊、一群羊，羊在吃草、睡觉、嬉戏……牧羊、剪羊毛、加工羊毛等丰富的内容。在各个幼儿的阅读过程中，他们都在个人的水平上吸收、补充、扩展了有关“羊”的知识，加深了对“羊”的概念的理解。这类阅读，远远胜过了教师的知识传授。

这类阅读，加强了个别化的科学学习，每个幼儿都有机会在自己的水平上，按个人的兴趣，阅读儿童科学读物。

充分应用早期科学阅读，是进行科学启蒙教育不可缺少的一种方式。

为了充分发挥早期阅读在幼儿科学教育中的作用，为幼儿提供的阅读材料应注意以下几点：

1. 儿童科学书要画面大，色彩鲜艳，文字少而浅，主题突出，即使不识字的儿童，也能凭借他们已有的经验，理解内容，独立阅读。

2. 一本书要围绕一个科学概念或规律，展开故事情节，使幼儿阅读后留下较深刻的印象，得到启发；避免内容松散，甲、乙、丙、丁样样都有，幼儿阅读后不易理解，也就很难引起他们的兴趣。

3. 早期科学阅读，要注意儿童的认识特点，内容要有趣味性和新鲜感，能吸引儿童阅读。

为了有效地开展早期科学阅读，教师要提供丰富的阅读资料供幼儿选择，以便他们进行个别阅读；还应为幼儿创设安静的阅读环境，如读书角，给予幼儿自由阅读的时间，让幼儿按照自己的兴趣、需要进行阅读，从中获得精神营养。

以上阐述了幼儿科学教育的方式方法，它们之间是互相联系的。没有一种方法完全适合所有的儿童，也没有一种方法适合全部科学教育的内容，更不是所有的儿童都是以一种方法学习的。在幼儿学科学的过程中，各种方式方法是相互补充的，而且各自都发挥着独特的作用。因此，在幼儿科学教育的过程中，教师应向幼儿传授各种方式方法，以利幼儿灵活运用。

第六章　幼儿科学教育的环境、设备和材料

基于人类发展与环境关系的有关理论，即个体是在与环境相互作用的过程中得到发展；在个体与环境相互作用中，人生最初五六年所得的早期经验，具有关键性的意义，影响着以后的发展；环境对幼儿学科学、爱科学同样起着重要作用，对科学教育有着很大的影响。

第一节　环境在幼儿科学教育中的作用

幼儿进行科学探索的环境有心理环境和物质环境两个方面。它们在科学教育中都起着重要的作用。

一、心理环境是幼儿进行科学探索的前提

幼儿学科学需要一个良好的心理环境，幼儿在宽松、和谐的环境气氛里，能感到自己是受欢迎的一员，个人的需要得到了成人的关心，提出的要求不被拒绝，个人的能力得到成人的相信和鼓励。成人能倾听他们的谈话，和他们讨论，他们则能感受到成人的亲密和温情，和成人的相处是协调的；成人承认他们是个别的人，具有他们自己的发展阶段和发展速度。在这种环境里，幼儿在精神上感到受尊重、舒服、可信赖而没有任何压力。由于他们心理上有了安全感，他们就不怕失败和遭到拒绝，而使他们集中精力去尝试、去探索。由此，我们认为心理

的安全是幼儿探索科学的前提。

二、物质环境是实现幼儿科学教育的具体保证

物质环境包括整个自然环境和成人为幼儿学习科学所创设的环境、设备和材料。前者是大自然所赋予的一切自然现象和自然物，后者是由成人专为幼儿学科学所开辟的室外园地（包括树木、花圃、幼儿种植园地、动物饲养棚、沙箱、水槽）和室内的自然角、科学桌、科学发现室，供幼儿观察、做实验、游戏等用的各种材料，儿童科学书以及为幼儿安放从家中带来或从野外、庭院里采集的“珍宝”的柜子、抽屉或盒子等等。这一切都是实现幼儿科学教育所不可缺少的，它们都在整个幼儿学科学过程中起着重要的作用。

1. 自然环境是幼儿学科学的生动对象

幼儿生活在自然环境中，他们在与周围物质世界不断接触、相互作用的过程中，逐渐感知到自然界物体和现象的多种属性。而自然界广泛而又多样的物质现象，在幼儿周围，无私地为他们开放，为他们广泛地获取信息提供了丰富的资源。幼儿可以自如地按照自己的意愿、自己的方法去学习，从而获取大量的有关自然的经验。

任何自然物与现象的发生、发展，都有其时间的连续性、空间的依赖性和事物相互之间的依存性。在自然环境中学习，不受时间和空间的限制，在时间上，它能保证幼儿多次、反复的学习；在空间上，它能保证自然物和环境间的天然联系。这有利于幼儿连续地、多次地观察自然物产生和发展的过程，也易于发现和理解事物与环境相互间的联系和因果关系。无论是生物和非生物，尤其是对于生物的学习，在自然环境中进行，不会影响其生长和栖息。因此，自然环境是幼儿学习科学的具体对象和生动的教材。它与教师拿一盆花、捉几只蝌蚪养在瓶中，到课堂上观察显然不同，它能使幼儿学习到教室里学不到的科学。尤其在农村，教师更应充分利用自然环境，作为幼儿学习的生动对象。

2. 设备和材料是幼儿开展科学探索活动的物质支柱、必备条件

幼儿的任何科学探索活动的进行，无论是观察、实验、种植、饲养，还是科学游戏的开展，都需要一定的物质设备和材料。如花盆、铲子、

水桶、鱼缸等设备，水、沙、土、贝壳、果实、树叶、花朵等自然物质以及有结构的材料（即能提示自然现象某种相互关系的材料），如磁铁与能磁化和不能磁化的材料，如铁片、钉子、棉花、木块，水与能沉浮的物质材料等等。这些设备和材料将激发幼儿进行科学探索的愿望，引起幼儿多样的探索过程和方法，以及发现事物的属性、相互间的关系，引导幼儿向学科学的道路迈进。

通过使用材料、设备，幼儿还能学到使用材料、设备的技能和方法。

幼儿在探索中作用于物质材料的过程，也是幼儿思考的过程，这有利于幼儿思维的发展。

因此，可以说幼儿学科学离不开物质材料，材料是幼儿进行科学探索的物质支柱。

3. 物质环境、设备和材料是丰富、美化幼儿生活，陶冶幼儿情感的场所

无论是天然的自然环境，还是由人工专门创设的绿化环境和设备，或提供给幼儿的多种多样的物质材料，它们鲜艳的色彩，动人的声响，无限的活力，都渗透于幼儿生活的整个园舍，给孩子们带来了丰富的生活内容和美的享受。幼儿身临其境，在不知不觉中陶冶着情感，起到了其他教育活动不能起的作用。

环境、设备和材料在幼儿科学教育中的重要作用，正如有的学者所说的那样，环境和设备对于发展水平还没有能通过文字、书本来学习的幼儿来说，好像是一个美妙的“图书馆”，有他们取之不尽、学之不竭的丰富资源。

充分利用自然环境，发挥它在科学教育中的作用，是非常重要的。然而对于幼儿来说，由于种种原因，他们不可能天天出外散步、旅行，与大自然频繁地接触，对城市幼儿来说就更为难办。因此，以教育工作者的智慧，集中和浓缩大自然的景物，以及收集、制作人造物品，为幼儿创设学科学的物质环境与设备是很有必要的。

第二节 环境的设计与实施

幼儿科学教育的环境设计是一项复杂的综合工程，它包括室外的园地和室内的科学发现室、科学桌、自然角等设计。为了达到良好的教育效益，在设计时要考虑以下几个方面。

一、设计要求

1. 从整体出发，综合考虑，统一构思，合理布局。设计环境，首先应考虑我国幼儿园实施的是体、智、德、美全面发展教育，怎样符合该年龄阶段幼儿的需要，促进幼儿身心的发展，而不是单一考虑幼儿的科学教育。由于各幼儿园占有的土地面积有大有小，各不相同，对土地的需要又是项目繁多，如开展体育活动，安放运动器械，幼儿的休息场地，绿化等等。仅以科学教育的内容来说，要有可供幼儿常年观察的树木和色彩鲜艳的花卉；可供幼儿亲自动手种植的园地，饲养动物的“小动物园”；可以操作实验和游戏的水池、水槽、沙箱、沙坑和活动场地等等。

为了较好地利用仅有的地面和空间，使环境的绿化与运动器械、活动场地的安置有机地融为一体，就必须从全面发展教育的整体，和该年龄阶段幼儿的发展水平和兴趣出发，多种需要综合考虑。以绿化、美化、教育化、儿童化的要求统一构思，根据幼儿园场地面积的具体情况，科学安排，合理布局，避免顾此失彼。使整个环境内容丰富而不杂乱，色彩协调而不单一，陈列有序而不呆板，给人以美的感觉，以达到既能开展多样性的科学活动，又能进行全面发展教育，使创设的环境日趋完善。

2. 因地制宜，因陋就简，自己动手，废物利用。

鉴于我国各地的经济条件和幼儿教育发展的不平衡，在进行环境设计时，还要考虑经济和实效。幼儿园的工作人员可以根据实际情况，创造性地建立理想的环境。

第一，可以立体地利用空间，如采用多层次立体绿化、垂直绿化、边角绿化、梯形花池、屋顶花园等等，以充分利用空间，缩减地面的使用。

第二，多种功能的完美结合，教职员可以设计一物多用的设备。如有一幼儿园造了一只大象形的滑梯，既能使幼儿感兴趣，又能作为运动器具。大象下是一沙箱，孩子们可以玩沙、做游戏。

第三，巧妙地收集和利用废物，幼儿园教职工把废物、碎石、垃圾堆成小丘，上面盖以肥土，种上花卉和绿草，形成一座每个幼儿喜爱的小山，幼儿既能爬上爬下运动，又能观察欣赏花卉。

3. 适合幼儿的兴趣和需要，有利于幼儿与环境直接接触，有利于个别的、小组和大组科学探索活动的展开。

4. 适合幼儿心理和身体的安全和健康。为幼儿所设计的环境，应使幼儿感到舒适、安乐、愉快和有吸引力。不种植有毒的植物和饲养易感染或传染疾病的小动物，不安放有危险性的设备和材料。

二、具体设计

1. 室外园地的设计

幼儿园的园地是幼儿进行锻炼、学习、游戏、观察、散步、种植、饲养等多种活动的必要场所。它包含供幼儿观赏和认识的树木的种植，花卉的栽培，花圃和花坛的设计，供幼儿进行种植和饲养的菜园和动物角，以及幼儿游戏的场地，水池、水槽、沙箱等。

园地的设计要根据幼儿园的地形面积与全园房舍的安排统筹规划，园地的设计有规则式的、自然式的，也可以是两者结合的。

规则式即园景的轮廓和线条都是有规律的，左右对称，前后取齐，路线与转角处以直角为主，树木成行，花坛、花圃和草坪在正中或对称。自然式即园景的轮廓和线条都是不规则的，路线以曲线为主，转角处不是直角，花坛、花圃或草坪可分散在各处。地面较大的幼儿园可以规则式和自然式结合；地面较小的幼儿园则根据园地的实际情况设计，一般是自然式的，而且可以搞多层次的立体绿化。

(1) 树木的种植。

在园内空地或道路旁以种植高大的乔木为宜，树冠大而枝叶茂密，如江南的梧桐树、南方的榕树、北方的白杨树等，构成绿阴或一条林阴小道，在夏日里可为儿童遮阳，在刮风时可以防止风沙、尘土，还可以隔绝噪音。

在房舍附近则宜种植很矮的灌木，以免影响室内采光。

房舍、草坪、游戏场地等周围还可以种植常绿的冬青、黄杨等形成绿篱，以间隔各种活动场所。

有长廊的幼儿园还可种植有攀登茎的葡萄藤，搭上葡萄架，既可供幼儿在架下嬉戏、休息，又能供幼儿观察、认识和品尝。

在园地里种植的树木以常绿树、落叶树兼有为好，以使幼儿园在寒冷的冬季，仍能保持园地郁郁葱葱。可种植的树木有掌形叶的梧桐、针形叶的松柏、扇形叶的银杏、卵形叶的桑树、披针叶的桃树或柳树、羽状复叶的槐树等等，以便幼儿观赏、认识和根据叶子的各种形状进行分类，使幼儿知道树木是多种多样的，树叶的形状是各不相同的。

有条件的幼儿园还可种上几棵易生长、易结果实的果树，如石榴、桃、柿等，既能观赏色彩鲜艳的花朵，又能品尝形状可爱、滋味甜美的果实，有利于向幼儿进行爱护树木、保护树木的教育。

（2）花卉的栽培。

花卉可以散种于绿色园地的各个角落，也可集中地栽培在花坛、花圃中。

花坛、花圃可有圆形、三角形、四边形、六角形等各种造型。它的设计要根据幼儿园占地面积的大小和地形而定。拥有较大面积的幼儿园，可在各班的所在地附近设置小花坛，或在全园的显眼处设置一个大花圃；面积较小的幼儿园可设置梯形花池，以缩减占地面积。

花坛、花圃将为幼儿园增添美色和生气，还可供幼儿经常观察、欣赏、感受美和培养审美能力。

花卉的品种以四季都有花期为佳，色彩鲜艳、形状多样、芳香扑鼻的草本、木本花卉均可。如春季的迎春花、三色堇、石竹、金盏菊、桃花、红梅等，夏季的凤仙花、太阳花、牵牛花、美人蕉、睡莲、白兰花、茉莉花、栀子花等，秋季的鸡冠花、菊花、扶桑等，冬季的蜡梅、水仙，以及多季开花的月季花等等。

作为教育内容的花卉株数相对地要多些，以便幼儿观察。

(3) 幼儿的种植园地。

幼儿的种植园地可根据园舍的大小而定。一般设在幼儿园的一角，或分设于各班的一角，但都需要在阳光充足、取水方便的地方，以绿篱或竹篱与其他活动场所间隔。

菜畦的宽度约70厘米，以幼儿的手臂能伸到菜畦的中心为准，两畦之间，需有能让两人站立和蹲下宽度的通道，以便于幼儿种植和管理。

种植的内容以幼儿能亲自动手种植的蔬菜、瓜果或农作物为主，如萝卜、青菜、茄子、西红柿、葱、蒜、玉米等，或以成人种植为主，幼儿参加部分劳动，供幼儿认识、观察植物。

教师要根据种植的不同内容，分期种植和管理，使幼儿在每个季节都能在自己的种植园地里看到生长着的植物。

(4) 动物角。

幼儿园一般在园舍的边缘地区设置动物角，搭上简易窝棚，饲养几只小动物，供幼儿长期观察和照料，了解其生长过程，丰富幼儿的生活内容。有条件的幼儿园也可为动物建立一座童话式的小木屋，以增添孩子的乐趣。不管是简易的窝棚，还是精致的小木屋，都宜建筑于阳光充足、地势略高、比较干燥的地方。

饲养的小动物的种类和数量，由幼儿园的场地大小、教育内容和要求而定。

(5) 草坪。

草坪是幼儿游戏、休息的地方，也是美化、绿化幼儿园不可缺少的组成部分，其面积大小、宽窄则可按幼儿园场地的大小而定。有条件的幼儿园可专门开辟一块草坪，或为每个班级辟一小草坪；条件差、地面小的幼儿园则可在园地的空隙铺以带状草坪或不规则的小草坪。

(6) 水池和水槽。

在绿化的园地中设置一个水池，将使园舍更为优美和富有生气。有一种水池是种植水生植物或养鱼、喷水之用，另一种则是给幼儿玩水用的。有条件的幼儿园要尽可能地装置水池和水槽，使之成为绿化园地中的一个组成部分。

此外，在绿化园地中还需要留有一块较大的、能安放各种运动器械的地方，供幼儿进行户外体育锻炼。

幼儿园室外园地的设计，是一门有关园林建筑的艺术，一个布局合理、结构完美、格调统一、造型别致的绿化园地，可以成为幼儿探索生命科学和欣赏美、感受美的理想场所。

2. 儿童科学发现室的设计与实施

儿童科学发现室是幼儿进行科学探索活动的一个设施，它是根据下列现代儿童科学教育理论建立的。

(1) 幼儿通过亲身的操作材料，与材料的相互作用，在探索过程中学科学，主动建构科学概念。

(2) 幼儿学科学不是单一地满足于获得知识，更要重视幼儿学科学的过程，重视在探索过程中的科学思考，科学方法的学习，科学态度和情感的发展。

(3) 幼儿是科学的主动探索者，不是被动的接受器，教师是幼儿科学探索活动的机智的指导者而不是科学的讲解者。

(4) 材料是幼儿进行科学探索的物质支柱，学科学的媒介物。

建立科学发现室的目的是创设一个符合幼儿心理安全和健康的学科学的环境，提供适合幼儿发展水平和需要的、丰富多彩的物质材料，从而激起幼儿的好奇，使他们轻松、愉快、主动地参与有趣的科学探索活动。

幼儿在儿童科学发现室里，进行愉悦的、无压力的科学探索活动。这是一种非正规的科学活动，他们可在以下几方面得益：

(1) 幼儿按照自己的意愿和兴趣选择材料，运用自己的方法操作材料，使每个幼儿都能在自己的发展水平上获取早期科学经验，主动建构理解科学概念。这不同于教师灌输知识，幼儿机械记忆自然常识。

(2) 幼儿的亲身探索，有助于幼儿进行科学的思考，学习科学的方法和技能。

(3) 幼儿在探索中发现问题、解决问题，获得成功，享受着成功的乐趣，得到积极的反馈，激发幼儿再学习的内部动机，增强幼儿学科学的自信心。

(4) 幼儿通过独立的操作活动，以及与同伴合作的探索过程，有利于培养幼儿的独立能力和社会交往能力。

儿童科学发现室一般可放置以下材料，供幼儿观察和操作。

(1) 生物和非生物的标本和实物。

(2) 光学材料。如放大镜、缩小镜、昆虫盒、三棱镜、镜子、万花筒、调色塑料板、调色盒、颜料等等。

(3) 能在放大镜下观察的物体。如鱼鳞、种子、化石、布、贝壳、羽毛、叶子、昆虫标本等等。

(4) 磁性材料。各种磁铁（马蹄形、棒状和其他形状的磁块、磁条）。

① 能被磁化的材料：螺丝钉、纸夹、金属丝、别针、图钉、铁片等等。

② 不能被磁化的材料：硬果壳、纽扣、塑料制品、玻璃弹子、纸、棉花等等，以及其他材料。

(5) 声学材料。如音叉、鼓、三角铁、锣等乐器，发声盘、铃、发声板、各种响盒等等。

(6) 玩水材料和容器。

① 沉的物品：各类石子、玻璃弹子、小钢球、蜡笔、铁钉、金属钥匙等等。

② 浮的物品：羽毛、软木塞、棉花、积木、乒乓球等等。

③ 盛水容器：塑料瓶、眼药水瓶、盆、碗、壶、漏斗、罐子等等。

(7) 通过触觉分类的材料。如各种质地的纺织品、砂纸，各种质地的纸板，各种尺寸的无缝钉、螺丝钉等。

(8) 通过嗅觉分类的气味瓶。如装有醋、酒、水、药水、香水、酱油、麻油等的瓶子。

(9) 科学玩具。如电话机、机器人、遥控汽车、电动火车等。

(10) 自制玩具。如不倒翁、风车、匹配图片等。

(11) 其他材料。如寒暑表、电筒、电池、指南针、天平、斜面板、机械手、滑轮、吹泡泡皂液等。

(12) 各种科学图书。

(13) 各种设备。如水桌、水盆、磁铁盘、标本柜、书架等。

以上提供的材料,仅作参考,教师可根据本地区、本园的实际情况增减,使各园的儿童科学发现室具有本地的特色。

幼儿在儿童科学发现室的探索活动,一般属于非正规的科学活动。教师除了为幼儿提供物质材料,创设轻松的环境气氛外,还可在以下几方面起作用:

(1) 观察幼儿的探索活动,了解幼儿的情绪、兴趣和需要。什么材料最受幼儿欢迎,什么材料哪一个年龄幼儿最喜欢,什么材料幼儿已产生厌倦情绪,以便及时补充、更换室内的材料。

(2) 观察幼儿的探索过程,了解幼儿怎样操作材料,有什么发现,有什么困难,有什么问题,以作出适当的指导。

(3) 教师在恰当的时机,可参与幼儿的探索活动,与幼儿共享科学探索成功的乐趣。

(4) 根据幼儿园幼儿的人数、科学发现室的大小,合理地组织各班幼儿进入科学发现室学科学。可以同年龄幼儿分组入室,也可不同年龄幼儿混合组织进入发现室开展活动,以便相互交往、学习。

幼儿在科学发现室学科学不是惟一的方式,它须与有计划的正规的科学学习、偶发的科学活动结合,相互补充、相互作用。

儿童科学发现室的建立仅属开始,需在实践中总结经验、丰富理论。

有的幼儿园由于条件的限制,不必强行设置,可以在室内的科学桌进行个别的科学探索活动,只要教师指导恰当,也能起到相似的作用。

3. 科学桌或科学角的设置

科学桌是一个室内环境设施。它在幼儿活动室的一角,安放着诸如放大镜、磁铁、干电池、科学玩具等物品材料，是供幼儿学科学、探索科学奥秘的又一个小天地。

科学桌的特点和作用与科学发现室相似，它能为幼儿提供足够的时间、丰富的物质材料，保证个别幼儿可以自由地、独立地、反复地接触材料、使用材料，进行观察、科学小实验、游戏等活动。它可以是课前的前奏，也可以是课后的继续。它有可能引起和维持幼儿的科学兴趣，使刚点燃的科学火花不致熄灭。

幼儿按自己的意愿接触材料、做实验、玩游戏，积极主动地进行操作，手脑并用，不仅有利于广泛地获取第一手科学经验，还使幼儿的操作技能得到训练。

科学桌的运用对于幼儿间的相互交往、共同活动以及个别幼儿特殊兴趣的培养也同样起着重大的作用。这些都和一节科学教育课显然不同，是上课活动所不能代替的。

科学桌上安放的材料可参考科学发现室的材料，但必须明显减少。

4. 自然角的设置

自然角就是在幼儿园的活动室内，向阳的地方，安放一张桌子或在墙角处设置一个木制的分层架，将一些适于室内生长和照料的动植物或收集的非生物，如绿色的葱蒜、麦苗，开花期长的四季海棠，漂亮而有生气的金鱼，生命力强的小乌龟，会唱歌的画眉、黄莺、鹦哥，各种形状的卵石、贝壳等等，有秩序地布置于桌子或分层架上。这个由人工设计的大自然的缩影，室内微型自然界，就是供幼儿学科学的自然角。

自然角的特点是：它所陈列的东西，是根据科学教育的要求和内容、幼儿各年龄班的认识水平等，从周围环境里，广泛的自然物中，有选择地、集中地、分层次地、显著地展示于幼儿的眼前。这有助于幼儿进行一个一个的细致的观察，也为幼儿带来较自由的随时观察、探索的可能，以弥补上课时观察、探索的不足，也可开阔幼儿的眼界。

自然角还可安放某些园地里没有的生物和非生物，使幼儿学习的内容更为多样。

自然角的设置还为丰富幼儿生活,美化、绿化室内环境发挥它独特的作用。尤其在寒冬季节,室外的绿色植物大部分凋谢、枯萎的时候,设计、布置恰当的自然角,仍然保持郁郁葱葱、生机勃勃的状态,可为室内增添活力。

启发幼儿为自然角收集、贡献陈列的自然物,可以培养幼儿经常关心、观察周围自然界的习惯,以及探索自然的兴趣。在自然角的轮流照料、值日活动,还可以培养幼儿的责任感和集体友爱精神。

自然角的设置和室外的绿化园地各有所用,不能互相代替,而需要有机配合。自然角某些植物的幼苗,可以移栽至园地,而园地的某些花卉或收获的果实、种子,也可陈列于自然角,它们互相补充,可使园地和自然角的内容更为丰富充实。

对于园舍面积较小的幼儿园,不可能有成片的绿化园地,精心设置自然角,显得更为重要,这样可以保证幼儿经常性地接触自然、观察自然。

自然角的内容要随着教育内容的变化、季节的更替,有计划地更换陈列的自然物,以保持幼儿对自然角的好奇和兴趣,以及观察、学习的积极性,防止产生厌烦情绪。内容既要丰富多样,又要数量适中,以免使幼儿眼花缭乱,注意力分散。

环境、设备和材料是现代儿童科学教育的重要因素,过去往往被忽视,尤其是供幼儿在室内进行科学探索活动的材料,很不重视。幼儿园如果缺乏材料,科学探索就难以开展。

强调环境、设备和材料在幼儿学科学中的重要作用,目的在于改革传统的自然教学,将被动地听科学变为幼儿主动地、愉快地学科学。

第七章　家庭与社会的幼儿科学教育

在当今社会,随着科学技术的迅速发展,信息量的不断扩大、增加,随着改革开放的深化,国际间的交往日趋频繁,人们所面临的社会问题将更为复杂。它需要广泛、专门的知识,需要谨慎、细致的思考,并以最新的最优化的方法体系，去参与讨论、判断和处理面临的各种问题。处于今日社会的新一代和未来的公民，学习什么最重要，由谁来承担当代的教育，这是至关重要的问题。

正规的学校机构是儿童学习的主要场所，但不是他们学习的惟一地方。家庭是儿童接受教育的有力的教育设施，父母是孩子们重要的教育者。而其他社会教育机构，将以它们自己的手段，作为“教育者”影响儿童。学校、家庭和社会教育设施在现代教育中，都发挥着各自独特的教育作用。

在今日社会，学校是有力的教育者之一，但它不能孤立地进行教育。建立学校、家庭和社会教育设施的有机联系，形成一个网络状的现代教育体系，将直接影响新一代的教育质量，为现代的、未来的儿童作出有效的贡献。

儿童科学教育是整个教育的一个组成部分，同样需要学校、家庭和社会的紧密配合，才能取得教育的有效性。

第一节　家庭中的科学教育

一、家庭科学教育的作用和特点

科学教育是家庭教育不可缺少的组成部分。无限的周围世界，多变的自然现象和多样的科技产品，是父母对孩子进行生动形象科学教育的必然内容。

早在17世纪，资产阶级民主主义教育家夸美纽斯，就把自然界的水、土、空气、火、雨雪、冰、石头、树、草、鱼、鸟、牛，以及天、日、月、星辰、山谷、河流等列入了“母育学校”，作为家庭学前教育的重要内容。

随着科学技术的发展，人们对早期教育和开发幼儿智力的广泛重视，以及家庭对孩子成才的期望，科学启蒙教育也就越来越为广大家长欢迎。据我们对5个幼儿园121个家庭的调查，其中认为有必要进行科学启蒙教育的就有114个家庭，占总数的94%；已经注意对孩子进行科学教育的有98个家庭，占总数的81%。尽管家长的文化水平高低不同，职业有别，他们都从培养孩子从小爱科学、开发智力、增长知识、开阔眼界等来认识对幼儿进行科学启蒙教育的必要性。几乎所有家长都强烈呼吁社会要以广播、电视、儿童读物等为家庭向幼儿进行科学教育提供条件，充分说明了科学启蒙教育已成为当前家长们进行家庭教育的迫切愿望。

他们说："科普教育是非常重要的，特别是幼儿期间，进行这种教育，能在孩子心灵深处扎根，激发孩子们爱科学、动脑筋和分析问题。"

有的说："对幼儿进行科普教育很有必要，一方面可以活跃思维、发展智力，另一方面可使孩子从小爱科学、学科学。"

有的说："希望电视台每周能有一两次在晚上八点之前安排幼儿科普教育节目，从最简单的常识开始，结合一些小实验和电化教学，可使幼儿在娱乐的同时，学到一点知识。"

有的说："作为家长十分需要电视台能根据幼儿特点播放一些趣味性强，能吸引幼儿的科普教育电视。例如，为什么在南方夏天才能吃到西瓜，而冬天就买不到？为什么用玻璃房培植的蔬菜能四季常青等等。"

……

家长们的心声，反映了家庭中进行科学教育的必要性和迫切性。然而家庭科学教育的作用或价值究竟是否仅在于此呢？我们的回答是：

1. 家庭科学教育的作用

现在的年轻父母，一般都能意识到科学教育的必要，但又感到做父母的工作忙、家务重、文化低，没有办法向孩子进行科学启蒙教育，把希望寄托于幼儿园的集体教育和电视、广播等社会教育，而忽视了家庭科学教育的特殊作用。这是一个很值得注意的问题。

(1) 科学启蒙教育开始于家庭。

幼儿科学教育内容不是深奥的系统的科学知识，而是幼儿周围世界常见的自然现象和自然物。

婴儿自出生后，就与周围世界发生了紧密的联系。他们呼吸着周围的新鲜空气，凝视来自太阳和各种彩灯的光线，倾听着不同物体发出的种种声响，嗅和尝出许多物体散发出来的气味和味道等等。这些物质世界的感觉经验都在家庭生活中开始获取，并逐步在他们的大脑里建构起有关自然科学的最初步的认知结构。

随着他们年龄的增长，动作和语言的发展，他们还以手触摸摆弄各种物体，以了解物质的属性，询问“这是什么，那从哪里来”……父母、祖父母、外祖父母等家庭成员是他们最亲近的人，教他们叫出第一个具体物体的名称（如鱼、兔、菜等），并形成第一个简单的科学概念。是父母打开了孩子学习科学的窗户。因此，可以说，家庭是幼儿开始学习科学的园地，父母是幼儿第一个科学启蒙老师。

(2) 家庭和幼儿园的科学教育互相交织，相互补充。

幼儿进入幼儿园开始接受集体教育后，家长仍是科普教育的老师，承担着科学教育不可忽视的责任。

幼儿在幼儿园里接受有目的有计划的科学教育时，他们都以在家庭中已获得的科学经验为基础，吸收新的有关信息，进行同化或顺应他们所见的物质世界中的各种自然现象和物体，建立新的科学认知结构。即使是3岁多的孩子，在观察认识番茄的外形特征时，他也会主动地联系在家庭中获得的有关经验，很自然地说：“番茄，妈妈给我吃过的，里面有许多籽，有水，酸酸的。”又如，教师拿出一只电子计算器，问幼儿：“你们知道它有什么用？你们在哪里见到过它？”5岁多的孩子会说：“它可以帮我妈妈算学生的分数，我在妈妈批学生分数时看到的。”“那天妈妈带我去商场，看到阿姨用计算器算钱。”……这充分说明幼儿在家庭生活中获得的科学经验，已很自然地成了他们在幼儿园学习科学知识的基础。

幼儿能把在园中学得的新的科学经验、概念、科学小实验、种植的技能等，在良好的家庭环境、自然条件下，自如地得到运用、练习。如有的孩子在幼儿园做了磁铁吸铁实验，在家中发现半导体收音机上吸住了一只铁夹子，他就尝试着把铁钉、回形针、图钉放在吸住铁夹子的地方，以检验收音机里是否有磁性的物体。幼儿把在幼儿园所学的概念带回家中，使其内涵不断丰富，外延不断扩展。

在广阔的自然界和丰富的科学现象中，有许多日托幼儿园中不易见到的内容，诸如观察夜晚的星星，月亮的盈亏，白天黑夜的变化，厨房中的食物变化，蜘蛛结网等等。在家庭生活环境中，为幼儿提供了观察、探究、持续学习的充分的可能和条件，因此，家庭中的科学教育是幼儿园不能取代的。它和幼儿园的科学教育紧密联系，互相交织，互为补充，是幼儿科学教育里起着互补作用的不可分割的一个方面。

(3) 家庭是在幼儿早期播下爱科学种子的适当土壤。

家庭中的科学教育是由幼儿最亲近的人——父母，或其他长辈担任的。

家庭成员与幼儿的接触时间长，影响的程度也远远超过其他人。即使幼儿的教师，终日与幼儿为伴，但他们毕竟是1个教师与30或40个幼儿之比，而家长则是1与1或1与2之比。

由此，幼儿有可能随时随地得到成人的指导，也无拘无束地、自由自在地向成人提出疑惑不解的问题，表示自己的意愿和态度。例如，当有个幼儿要带花盆去幼儿园种花时，发现花盆底下有一个洞，立即说："这个花盆是破的，不能带去。"类似这样的疑问，直率的表态，只可能发生在家中，在教师面前是不易遇到的。家长还有可能观察、了解、发现幼儿学科学的种种状况、兴趣和问题的症结，从而设法有针对性地、细致地给予支持、诱导和教育，这对保护幼儿的科学兴趣，帮助解决幼儿的问题，起着重要的作用。

父母如能在家庭中为幼儿创造良好的学习科学的环境和气氛，帮助幼儿学科学，对幼儿爱科学、学好科学的影响将是无可估量的。

2. 家庭科学教育的特点

幼儿家庭科学教育与幼儿园的科学教育有着必然的联系和一致性，但它更有明显的特点。为了使家庭科学教育具备可行性和有效性，须先探讨一下其特点。

(1) 科学教育的内容与家庭生活紧密联系。

家庭科学教育，不是由父母按照特定的科学教育大纲，在一定的时间内有目的有计划地给幼儿上科学教育课，或给孩子讲解深奥的科学道理，而是寓科学教育于家庭生活之中，它带有浓厚的生活气息，既是家庭生活的一个部分，又是幼儿科学教育生动具体的内容与过程。

任何一个家长，都有机会、有可能在和谐的家庭环境里，和幼儿接触，料理幼儿生活和安排家庭生活。在自然的、没有任何约束的气氛中向幼儿进行科学教育。

在每日的清晨，做父母的都要帮助幼儿起床穿衣，为了衣着适当，家长很可能要为幼儿观察一下天气是晴天、阴天还是雨天，气温是冷还是热，甚至看一看寒暑表上的温度，听听天气预报。这是家庭生活中必不可少的一部分，又是生动的气象教育内容，自然地伴随于成人帮助幼儿穿衣这一必不可少的生活过程中，家长如能经常引导，孩子就能逐渐地关心气象的变化，并产生兴趣。这比幼儿园教师组织孩子观察气候，认识温度计，做气象记录等更为自然。

幼儿对菜篮子中的鲜鱼活虾一般都颇有兴趣，他们会专心致志地看着父母剖鱼，观察鱼鳞、鱼鳃、鱼肠——从外到内，观察个仔细，甚至提出几个问题，或要求养小鱼、小虾。买菜洗菜是家庭生活必不可少的一个部分，而孩子观察洗鱼，既是生活又是幼儿生动地学科学的过程。它比在幼儿园由教师组织幼儿观察厨房叔叔阿姨洗鱼更自觉、更积极，观察得也更细致。因为前者是自然地渗透于和谐的家庭生活中的，观察的愿望产生于幼儿内部，观察对象也充分呈现于个别幼儿面前，便于细心地观察。

夏日的夜晚，父母带幼儿在院子里乘凉，随意地瞭望天空的星斗、月亮，捕捉一两只萤火虫，探究它发光的奥秘。乘凉是夏天家庭生活中的一种休息，看星星、捉小虫，是生活中的一种乐趣。它们既是幼儿与亲人愉快的生活，又是轻松的科学学习，颇受孩子的欢迎。幼儿园就很少有这样的机会，在家庭生活中却天天、时时、处处都有可能发现这类科学教育内容。

家庭科学教育与家庭生活紧密联系是幼儿家庭科学教育的显著特点，寓教育于生活之中，带有浓厚的生活气息。

幼儿在熟悉的家庭生活中学科学，亲切、自然、轻松，符合幼儿生理、心理和认识的特点，容易为幼儿接受而产生兴趣，收到良好的效果。

正由于幼儿家庭科学教育伴随于整个家庭生活，其内容的广泛性、丰富性、多样性、生动性和趣味性比幼儿园的内容有过之而无不及。

(2) 家庭科学教育的特点是最大程度上的个别性、随机性和灵活性。

家庭科学教育是由幼儿最亲近的父母、祖父母等，与幼儿接触，发生关系，随着个别幼儿的兴趣、需要而产生科学学习活动，按照个别幼儿的认知水平、能力而进行观察探索、实验和发现。因此，它带有极大的个别性，容易满足幼儿的兴趣和需要，便于进行启发、指导，有利于幼儿获得积极的情绪体验。

由于家庭科学教育的内容与家庭生活紧密联系，幼儿的学科学活动可以在厨房、盥洗室、庭院、卧室，也可在汽车、火车、自行车等不同地点由不同刺激物引起；同样可以在早上、黄昏、白天、夜晚、进餐或洗澡等不同时间发生。科学学习活动随时随地都可进行，因时因地而异，因各个家庭生活环境不同而家家有别，各放异彩，因此，家庭科学教育有极大的灵活性。

由于家庭科学活动是由个别孩子的兴趣、各个家庭生活环境中的不同刺激所诱发，它没有一定的计划、目的和要求，不受地点、时间的限制，可在这里，也可在那里，可很短时间的活动，也可较长时间的探索，因此，它有较大的随机性。

幼儿家庭科学教育的个别性、灵活性、随机性等，有利于对幼儿进行个别教育，有利于培养特殊兴趣。

二、家庭科学教育的方法

如何在家庭中进行科学教育，不少家长在这方面已经总结了经验，但也有不少家长不知从何着手，做这项有意义的工作，或者认为没有时间，或者认为这是幼儿园教师的事，家长又不是教师，没有办法，无能为力。这种种思想，都不利于家庭科学教育的开展。

家庭科学教育一般可采取以下方法：

1. 正确对待幼儿的好奇、好问

随着幼儿年龄的增长，生活经验的丰富，幼儿对周围世界的好奇心越来越强烈。他们喜欢摆弄、触摸各种物体，提出各种问题，表现出幼儿探索周围世界的主动性、积极性。这是幼儿学科学的开始，学科学的内部动力。

家庭是幼儿最初生活的环境，父母和子女之间有着特殊的血缘关系和共同生活的情感，幼儿都把父母作为自己最亲近的人。因此，他们就向自己的亲人毫无顾虑、没有拘束、自由地提出各种各样父母都意想不到的问题，有时还要刨根问底，弄得家长手足无措。据我们了解，幼儿向父母提出的有关科学方面的问题超过向幼儿园老师所提的问题。家长以什么态度对待幼儿的问题，这不仅关系到幼儿能否学习到某些知识，而且更严重的会影响孩子刚开始燃烧的科学火花能否持续下去。因此，父母正确对待孩子的好奇心和提问在家庭科学教育中是至关重要的问题。

据我们调查了解，家长对孩子的好奇、好问有几种态度：① 热情欢迎，耐心回答；② 对孩子既不热情也不反对，支支吾吾，敷衍了事；③ 以厌烦的情绪不作回答，有的甚至训斥孩子，或把孩子支开。

显然，第一种态度是正确的，而后两种态度是不可取的。

所谓正确的态度，就是要支持、保护幼儿的好奇、好问。

当幼儿提出这是什么，那是什么的时候，做父母的首先要鼓励、支持幼儿由好奇开始的探索活动，满足幼儿的好奇心。这种满足使幼儿有愉快感，有积极的情绪体验，得到正反馈，这样也就保护了幼儿的好奇心，促使幼儿进一步关心周围事物，活跃思维，积极进行思考，提出更多的问题，这种思考正是学科学所需要的态度。而支持、满足幼儿的好奇心，不等于对幼儿提出的问题全部回答，这种做法，也不利于幼儿的思考。实际上也没有一个成年人，甚至专家能回答幼儿的所有问题，所以做父母的也不要因回答不出而为难。一般可以根据幼儿所提出的不同问题以及当时的具体情况用多种方法处理。如年龄较小的幼儿往往会问这是什么，那是什么。这是幼儿接触到具体事物需要给予定名，这类问题如果他不知道，要他思考或发现名称是不可能的，作为家长就可以直接告诉他："这是辣椒。""这是胡萝卜。"……对于有些有关物体属性的问题，通过幼儿的观察能自己得到解答的，做家长的应尽力启发他自己去找出问题的答案。如有的幼儿坐在汽车上说："为什么树都往后退？"可在汽车停下后，让他观察一下树是否还后退，使他发现树往后退是因为汽车往前开而得到的错觉。又如当幼儿发现冰放在手里化了而感到惊异时，实际上幼儿产生了疑问：为什么会融化？有经验的父母，可以再拿一些碎冰和幼儿共同做个小实验，在冰上浇些热水，再拿冰放在炉旁，看它的变化，并帮助幼儿得出因为冰遇到热所以融化的结论。

不同的处理，都会使幼儿感到爸爸妈妈能帮助我解决问题，既满足了幼儿的好奇心，获得了一点粗浅的知识，又使幼儿感到愉快，正面强化、鼓励幼儿学科学的积极性，促使幼儿提出更多的问题，学到更多的科学道理，开阔他的眼界。这种良性循环，有助于幼儿学科学、爱科学。

反之，如果为了自己的事业或因自己的情绪不佳，对幼儿的问题，采取消极态度，则会挫伤幼儿提问的积极性，今天是好奇好问的幼儿，久而久之，就变成懒于思考，对周围事物淡漠无情的幼儿，刚萌生的科学火花会由此熄灭。在这时再提出为什么别人的孩子聪敏、肯动脑，而我们的孩子这么"笨"，这么"懒"，不会动脑筋，就为时晚矣！

2. 引导幼儿观察

幼儿的周围世界，具有广泛而多样的科学信息。幼儿是否善于使用他们的感官，从家庭生活的各个方面吸取信息来丰富自己的头脑，学科学是很重要的。

有些幼儿对周围事物熟视无睹，长期如此，他的精神世界将显得非常贫乏；有些幼儿在家中虽然也产生了不少自发观察活动，因没有引起父母足够的重视和及时引导，往往稍纵即逝，也不能获得应有的感性经验。

家长如能有意识地引导幼儿在家庭生活中进行观察，丰富他们的科学经验，就有利于幼儿今后的科学学习。家庭生活为父母与幼儿经常个别接触创造了有利条件，父母可以随时抓住观察时机，引导幼儿进行多种多样的观察探索活动。

父母可以在任何时间，任何场合，以简短的语言，有趣的问题启发、引导幼儿观察。即使是一只苹果，也不要单一地作为孩子的营养食品，而应使之成为孩子的观察对象。父母可以对年幼的孩子说："看看，这苹果是什么样的？有气味吗？是什么颜色？"……启发幼儿观察苹果的外形和果皮，还可以问："你知道里面是什么颜色的？""还有什么东西？""种子长在哪里？"等等，进一步引导幼儿观察苹果的肉和种子。这样做使幼儿在吃苹果的时候，自然地会较细致地观察苹果，还学习了由外到里的观察方法。

又如幼儿喜欢在亲人身旁，看成人在厨房里烧饭做菜，父母不要因嫌烦而把幼儿支走，而应允许幼儿在旁观察妈妈怎样使少量的米经烧煮后变为一锅香喷喷的饭，几样食物放在一起烧成一碗香气扑鼻、味道鲜美的菜，虾经火一烧变了颜色……厨房里充满着丰富而有趣的科学经验。这种伴随生活的科学，家长应积极引导幼儿观察，既不花成人多少时间，幼儿又学得自然而有趣，不仅得到了很多科学信息，还学习了如何使用各种感官。

父母还可以让幼儿观察洗衣机怎样洗衣服，缝纫机如何缝制衣服等等。

父母可在节假日带领幼儿去公园散步，观察树木花卉和动物；到田野里观察农民的各种劳动和自然景色；坐各种交通车时引导幼儿观察车辆行驶的情况等等。久而久之，幼儿将会见多识广，思维活跃，并关心周围世界，其意义是深远的。

当然，做父母的不仅要引导幼儿观察、探索，还要适当地帮助幼儿以语言表达周围事物的名称、性质、变化等，以利于幼儿储存已得的信息，并发展语言。

3. 鼓励幼儿的探索活动

幼儿在家里，经常会出现种种自发性的科学探索活动。有的是幼儿对某个客观事物的好奇心所引起，如一个幼儿观察几只蚂蚁在搬一颗饭粒，甚至可导致跟踪追迹、翻土找蚂蚁窝；有的由于幼儿园做了某个科学小实验，兴趣还未满足，他翻箱倒柜，找磁铁，找放大镜，还想继续做实验；有的见到小伙伴的种子发芽实验获得了成功，她也想尝试一下种一株美丽的小花；有的幼儿则反复装拆玩具汽车，要看看是什么使汽车启动；有的则想探索电筒怎样发亮；还有的孩子想学爸爸妈妈按一下电钮，让录音机唱支动听的歌。凡此种种，都属于幼儿学科学的探索活动。在整个探索过程中，孩子将进行观察、思考，发现问题，解决问题，获得信息，学习技能，培养对科学的兴趣。其价值远远超过父母生硬地教几个字，或机械背诵几句乘法口诀。对此，父母应该鼓励、支持，有不少家长误认为这是幼儿“调皮”“捣蛋”“搞破坏”……轻则置之不顾，重则给予训斥批评，甚至扔掉幼儿正在进行探索的东西。如有个幼儿用雪花膏瓶装了土，种了几颗花籽，想观察它们的发芽、生长，也想看看自己的种植本领，但无知的母亲，竟认为它破坏了室内的整洁，轻易地把它扔掉。这种做法，不仅中断了幼儿的探索活动，影响了孩子科学经验的获得，更严重的是打击了幼儿探索科学奥秘的积极性，刺伤了幼儿爱科学、学科学的心灵，这是家长应该注意克服的。

鼓励幼儿的科学探索活动，第一，家长要关心幼儿的探索活动内容，允许幼儿独立进行探索而不加以制止和干扰，使幼儿的科学活动免于中断。

第二，家长应为幼儿进行科学小实验等探索活动提供必要的物质条件，如一块磁铁、几节干电池、一只小电筒、几样科学玩具、几只小瓶、盆子、塑料袋、木块、种子和其他物品等等。

第三，父母适当参与幼儿的探索活动，及时帮助幼儿克服遇到的困难，诱导幼儿发现事物之间的关系，共享探索操作活动的成功和乐趣，这可使幼儿体验到父母对探索活动的支持、鼓励，更积极地进行科学探索活动。

当然，家长参与幼儿的探索活动，不是包办代替，而是帮助、建议，以促进幼儿的科学探索取得成功。

4. 密切配合幼儿园的科学学习活动

幼儿园的科学学习，如能获得家庭的密切配合，则能增加科学学习的效果和丰富家庭科学学习的内容，家长对此应该引起足够的重视。

首先，父母可启发幼儿叙述幼儿园科学学习的内容。在我们的调查中，几乎每个幼儿都乐意把在幼儿园所学的最感兴趣的、印象深刻的科学活动内容向最亲近的人谈论或重复做实验给父母观看，以显示他所学到的本领。做父母的应该表示欢迎，并耐心地倾听幼儿的叙述，在幼儿用语言表达的过程中，幼儿通过他的积极思维活动，整理他取得的科学信息，这不但有利于知识的巩固，还有助于幼儿思维的发展。而家长对幼儿的错误科学经验或概念，不要急于纠正，而要引导幼儿再探索。同样，对幼儿回来做实验、玩科学游戏也要给予积极的支持，保护他们对科学实验、种植活动等的兴趣。

其次，如有条件，做父母的也要把幼儿在家的反应，或所提的有关科学的问题，作一些记载，并及时反映给幼儿园教师，这样，可以提高科学学习的效果。

再次，支持幼儿为幼儿园的科学学习作贡献。让幼儿为小白兔送去青菜或萝卜，为春蚕摘桑叶；把美丽的花卉或花籽拿到幼儿园种植或供幼儿观赏；把活的小鱼拿到幼儿园去饲养，以丰富幼儿园的自然角；也可把心爱的科学玩具，拿去供小伙伴们观看、戏耍。这既丰富了幼儿园的科学学习，还培养了幼儿对自然物的情感和伙伴们的交往关系。

相互配合，不仅在幼儿学科学中起了作用，还对密切幼儿园与家庭的关系有所裨益。

此外，家庭还可充分利用电视、广播，引导幼儿观看类似《动物世界》《大地与人》《大自然的奥秘》等节目，倾听有趣的科学故事，开阔幼儿的眼界，丰富幼儿的感性材料。在调查中，121 个家庭已 100%地注意了利用社会教育工具；有 71%的动物，诸如袋鼠、海豚等的认识，都是通过看电视得来的。这些知识虽不完整，但它们是以后学习有关新知识的基础。这也说明了电视、广播在科学教育中的引导力，是家长不可忽视和遗忘的科学教育的工具。

然而电视、广播中的节目，不是专门为幼儿开设的，在幼儿观看有关节目时，如能得到父母适当的指导，则更会得益不浅。

家庭科学教育，内容广泛而丰富，家庭科学教育潜力大而延续时间长，愿家长们不断实践，逐步总结经验，为家庭科学教育的完善，为培养爱科学的一代新人而努力！

第二节　儿童科学教育的社会设施

建立儿童科学教育的社会设施，是社会发展、现代儿童教育发展的必然趋势，是普及科学教育，提高全民族科学文化素质的重要战略措施。

儿童科学教育的社会设施是指具有科学教育含义的社会教育机构，如科学博物馆、儿童科学发现中心、儿童博物馆中的有关科学教育材料设备以及水族馆、牧场、电视、广播等等。它为儿童提供参观、学习的外部环境。在经济发达国家，由于重视社会教育，在州、市或社区，几乎都建有类似的儿童科学教育的社会设施，它们与正规的学校教育、家庭教育、电视、广播等紧密联系，形成了现代教育体系，在儿童科学教育中起着重要的作用。以科学博物馆、儿童科学发现中心为例，具有以下作用：

1. 无论是科学博物馆中的儿童科学发现室，还是儿童科学发现中心，都为儿童收集、陈列、展示多种多样有关自然物和自然现象的科学内容。如鲸鱼、海龟、鱼、鸟蛋、蚁穴、蜂窝、矿石、贝壳、菌藻植物等的标本和实物，供儿童观察；滑轮、机械手、发声盘、恒动仪、磁铁盘、人体骨架、牵引器、天平、连锁反应器、听视觉匹配器、放大镜、显微镜等可供操作、探索的材料设备等等。为不同年龄，不同发展水平的，正常的和有残疾的儿童，提供一个宽松的学习科学的环境，和丰富的独特的科学探索资源，成为儿童学科学的“百科全书”。它允许儿童以自己的兴趣、方法，在各自的基础上，经历科学探索过程，理解科学概念，学到在幼儿园、学校、家庭中学不到的东西。

2. 展示的自然现象、科学设备、材料能引起儿童的好奇心，激起他们使用全部感官，接触周围物体的积极性，促使他们积极参与操作、尝试、发现，使学科学成为一个充满活力的探索过程，从而使儿童感受到学习的愉快，得到心理的满足，为未来的学习形成良好的动机。其刺激物的多样性、新异性以及可供不同儿童选择的随意性，同样是学校和家庭不可能达到的。

3. 进入科学博物馆的儿童来自不同文化背景的家庭，不同的学校，科学博物馆为他们提供了共同操作、相互交往的机会，这有助于儿童社会交往能力的发展。

4. 科学博物馆与学校、幼儿园、家庭紧密联系，教师可有计划地带领儿童前去参观、学习，成为正规科学教育的补充和扩展。与家庭紧密联系，父母可带领幼儿入馆，在科学馆中摆弄、操作实物，进行他们最初步的科学探索，从而把幼儿引入科学启蒙之门，获得早期科学经验，萌生对科学的兴趣。

科学博物馆的作用是如此，其他社会教育设施同样为儿童学科学布置了特定的设备和装置，可供儿童参观学习。

总之，在科学博物馆等社会教育设施里，为所有儿童提供了学科学的机会，丰富了儿童的生活。儿童经历了科学探索的过程，学习了在学校、家庭学不到的知识，感受到了学习的欢乐，参与了社会的交往，从多方面锻炼了新的一代，其教育影响是难以估量的。

儿童科学教育的社会设施可以独立建立，也可以和其他社会教育设施综合建立，不管哪一种，都需要有一定的原则，以取得应有的教育效果。

1. 为全社会儿童服务。包括幼儿和少年儿童，在正规教育机构的儿童和散居儿童，正常儿童和天才的或有缺陷的儿童等。

2. 整体环境结构和个别物质材料的安置和展示，都要有利于刺激儿童的好奇心和激发儿童参与活动的愿望。

3. 所提供的材料、设备，要能为不同年龄、不同水平的儿童进行探索活动所接受，并给他们带来欢乐、获得学习的成功。

4. 便于儿童与材料接触，获得第一手经验，便于儿童相互交往、学习和社会交往，增强交往能力。

5. 以个别的、分散的自由探索活动为主，区别于学校的正规教育，但须与学校、家庭相互配合，成为学校、家庭、社会教育机构三结合教育的一个重要方面，促进儿童各方面的发展。

近年来，在我国也陆续地建立了各种社会教育设施，如少年宫、儿童中心等，但不够普遍。有不少设备装置，供娱乐的多，寓教育意义的少；观看的多，供儿童操作，开展科学探索活动的少；为少年儿童的多，为幼儿的少。

为此，为了开展社会性的儿童科学教育，提高人们的科学文化素质，不仅要为儿童建立社会教育机构，提供参观的场所，更要允许儿童在里面开展活动，促进儿童的发展！

在我国，如能有计划地发展建立社会教育设施，包括社会的科学教育机构，并能实现正规的学校教育与家庭和社会教育紧密结合，不仅能为在校的儿童服务，还能为散居儿童服务，不仅能为少年儿童服务，还能为年幼儿童服务，这样就一定能使幼儿科学教育取得良好的成效。

第八章　教育评价在幼儿科学教育中的运用

一、幼儿科学教育评价的作用

教育评价是一个广泛的概念，它是根据各种资料，诸如测量、观察所得的资料，以及收集儿童在学习环境中的其他信息所作出的特定的判断。

教育评价和教育测量很相似，但不是同义词。测量一般仅指通过测验、核对清单、作业等等，用数字或其他标记来表明测验的结果；评价可使用于教育、教学的最后，来鉴定是否达到教育目标，也可使用于教育过程，了解教育和教学的进程以及状况，利用反馈机制，改进教育和教学。

教育评价运用于幼儿的科学教育，可以增添幼儿科学教育的科学性和有效性，是提高幼儿科学教育质量的重要一环。

教育评价可以了解幼儿科学教育的计划、内容、方法和环境、材料、设备等是否适合幼儿学科学，是否达到预定的教育任务；了解幼儿是否积极参与个别的或集体的科学活动；可以洞察幼儿的兴趣、智力、能力、态度以及各个幼儿的长处和弱点，为个别化教育提供依据；还可以了解幼儿学科学的进程以及存在的问题，从而调整、修改教育计划和改进教学方法。

通过评价，可以利用反馈机制，让幼儿看到自己已取得的进步，即使这进步和成功是点滴的、微小的。它同样能使幼儿感到满意，影响他们的自我评价，进一步激发幼儿的动机和学科学的兴趣和信心，激励幼儿继续学习，促使他们在科学教育中做得更好。正所谓“成功产生更多的成功，失败产生更多的失败”。

通过评价可向家长、幼儿园的领导及其他幼教工作者、社会人士提供幼儿学科学的确实可靠的信息，了解幼儿学科学的情况和价值，促使社会各界关注、重视早期幼儿科学教育。

总之，教育评价是幼儿科学教育中不可缺少的一个部分，它对于教师的教学和幼儿学科学两方面都是至关重要的。

为了对幼儿科学教育进行有效的评价，评价者应了解评价什么和怎样进行评价这两个问题。现将评价的内容和方法详述于下。

二、幼儿科学教育评价的内容

1. 将布鲁姆的教育目标分类法运用于幼儿科学教育，可将幼儿科学教育的内容分成以下三个方面进行评价。

(1) 认知方面，可以评价幼儿是否已获取有关的科学经验、具体事实和初级科学概念。

(2) 情感方面，可以评价幼儿对科学的兴趣、态度等。具体可有下列内容：

① 儿童对生物刺激或现象的行为反应；

② 儿童对物理刺激或现象的行为反应；

③ 儿童对其他有关科学刺激或现象的行为反应；

④ 儿童对科学活动（包括园内外、室内外、正式的上课或课外的非正式的科学活动）的行为反应；

评价儿童对以上各个方面的刺激、现象、活动等行为反应的敏感性（关心和注意）。

(3) 智力和操作技能方面，可以评价幼儿对周围世界的感知、观察能力，对具体事物的分类、测量、推断、比较、分析能力，语言表达能力。如叫出名称，解释自己理解的某一事物或现象，以及怎样感知、观察、测量、分类和种植、饲养、管理等技能。

2. 评价达到教育任务的手段：包括物质环境，气氛（心理环境），科学教育的计划、材料和设备，教学的方法等。例如幼儿是在封闭式的物质环境、严肃紧张的气氛中，还是在开放式的物质环境、宽松自由的气氛中学习科学。

三、幼儿科学教育评价的方法

幼儿科学教育评价的方法是多种多样的。主要有下列三种：口试法、笔试法（用符号或数字作标记）、观察法。

1. 口试法

口试法对幼儿科学教育作评价比较适合。一般用于认知范围的评价，包括知识的回忆和智力的评价。评价的目标是幼儿对科学事实、经验和概念等的理解、回忆以及智力的运用能力，通常以提问、回答、讨论、口头汇报等形式出现。

(1) 问题测试。问题测试的优点是设计问题快，便于使用，它能使幼儿回忆和选择以前所得的科学经验和具体事实来解释、描述、鉴别科学现象或概念。表现出幼儿的思考、分析、判断和创造性，还能帮助教师去诊断幼儿对科学经验和概念的理解。但由于幼儿的回答会出现各种类型的正确答案，为评定带来一定的困难，并要耗费较多的时间，也可能比较主观。因此，设计问题应考虑好基本的答案，以便较客观地进行评定。

教师设计的问题应注意只为幼儿提供方向而不给暗示或答案，要避免过于宽泛的问题或没有意义的问题。例如：① 风对人有什么好处？有什么害处？② 如果没有水人将会怎么样？③ 水有什么用处？

这样的问题为幼儿回答问题指出了方向，但没有任何暗示。

（2）情景问题测试。情景问题是科学教育中普遍使用的一种评价方法。先由教师设计一个“思考性”的问题，然后要求儿童围绕他们熟悉的科学实验、事实或概念，解释新的科学现象，并根据变化的情况说明问题。这种做法能发现儿童是否真正获得了科学经验或概念，这比要求儿童机械背诵好。同时，要求儿童紧密联系他当时所观察的科学现象，思考、判断问题，恰当地、聪明地选择运用已知的科学经验或概念，圆满地解释情景中的问题。

情景问题可以由最简单的问题构成，教师可以通过图片设计一个问题，图片的情景可与某一科学经验或概念相矛盾，然后问儿童图片中什么是错误的。例如，在图片中显示一块磁铁吸住一支木头的铅笔，另一张图片显示一个太阳，和一种叶子和茎背离太阳的植物。为了回答什么是错误的，儿童就必须对已知的科学经验和概念有一个清楚的了解，以得出正确的答案。

情景问题也可以由复杂的情景构成，教师同样可以用图片或语言描述复杂的情景，要求儿童细心思考，作出正确的回答。

例如，有三张雪人图，其中一张是一个完整的雪人；一张是一个雪人已经变小了；一张雪人已经没有了，只留下两根作雪人手臂的树枝在地上。让儿童观看，然后提出下列三个问题：① 你看这三张图片有什么不一样？② 你认为这三张图片哪一张应该是第一张，第二张，哪一张是最后一张？③ 为什么你认为这雪人正在变化？

通过这三张图片及情景问题，可以了解到儿童建构知识的趋势和顺序，以及儿童对科学知识的其他方面是怎么理解的。

这类问题有较大的价值，能广泛地影响评价，有助于了解判断儿童是怎样分析、解释特定资料，回忆科学概念等等。但是，这类问题的准备比较困难而且耗费时间。

2. 笔试法

一般用于目标测试，它以短小的问题，简单的符号或数字，了解测试对象是否达到学习的具体目标。与这种测试有关的有几种类型，它们是：正确与错误测试(即是非测试)、多样选择测试、匹配测试等。

(1) 是非测试。是非题是在目标测试中最广泛使用的类型之一，它设计容易而快，评价比较客观，但大多数是非题仅是记忆上的要求。在设计题目时问题要明确，语言要简单清楚，儿童容易理解。

	是	否
例 1：鸡能在水里游。	□	☑
例 2：冰遇到热能化成水。	☑	□

(2) 选择测试。选择题是目标测试中的最佳类型，它比是非题、匹配题等更有效和可靠，它能评价儿童对概念的理解、推理和判断以及发现事物之间相互关系的能力和运用所获得的科学概念，去解释熟悉的或新发现的现象，儿童一般都喜欢这种类型。

选择题的设计由三个部分构成：① 语干，即向测试对象提出任务；② 造成混乱，不正确的答案；③ 正确的答案。

设计的题目中要保证你的语干提出一个直接的问题，设计后要检查在题中是否有一个正确的答案，并要求保持有两个错误的答案，如果有更多的错误答案是不适宜的。

在做题时，要求幼儿在正确的答案前画上"√"。

例 1：磁铁能吸住：

① 木头做的物体。

② 塑料做的东西。

√③ 铁做的东西。

例 2：青蛙是由：

① 青虫变的。

✓②小蝌蚪变的。

③小蚕变的。

(3) 匹配测试。匹配测试一般仅用于比较低水平的目标测试，趋向于测试儿童的最初记忆。它较适合于去了解儿童是否能把所认识的物体、生物、非生物与其用途、功能、习性等相互联系。

例：用以下图片(以下用文字代替图片)，让幼儿进行匹配测试，要求幼儿在有关系的图片间画一条线。

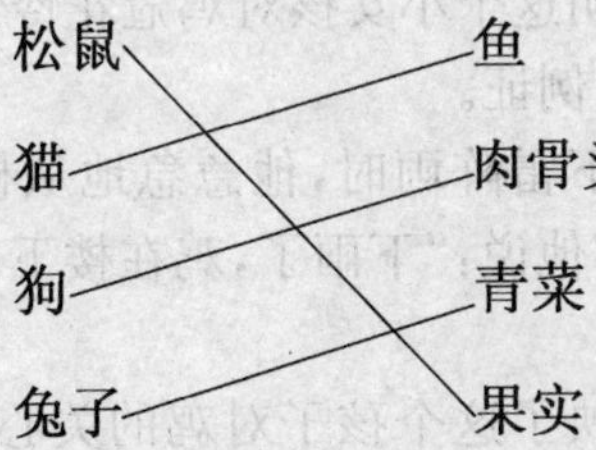

为使测试取得良好的效果，设计问题时，应注意以下几个方面：① 设计测试题时，应该尽可能注意评价的目标；② 设计的题目应能导致儿童的最佳思考和努力；③ 应是有可能实现的目标；④ 应有一个合适的样本；⑤ 应有高效性和高可靠性；⑥ 设计的题目的条件应该清楚而不含糊和混淆；⑦ 应该谨慎地用语言表达名称，不给任何暗示；⑧ 应该包括不同难度的题目，这样才能测量儿童学习的个别差异；⑨ 应给予简单、清楚和完全的指导；⑩ 应该容易迅速评分。

3. 观察法

行为观察是评价儿童学科学过程中的另一个有价值的方法，它提供了其他评价方法不能获得的证据，有助于教师更全面地对儿童作出评价，在整个科学教育过程中有着重要的作用。教师可以不断地观察儿童在学科学过程中的行为变化，并作出评价性的结论。

行为观察方法一般可以用于评价儿童学科学过程中的情感、操作技能和理解科学等的发展。

行为观察的具体方法大致有以下几种：

(1) 轶事记录。描述一个特定观察的动作和行为，这种记录可看出儿童行为的变化，并作为评价的证据。教师观察后，应尽可能立刻记录这种轶事，到一定时候，教师就能积累起每个儿童足够的材料，为评价有关儿童行为的变化提供有意义的信息。

例：××，清晨来幼儿园，走到种鸡冠花的花池边，看到鸡冠花的叶子上有雨水，泥地上有红色的水迹，她轻轻地说："鸡冠花，你哭啦，谁欺侮你啦？""你出血啦！"……

这个轶事记录，证明这个小女孩对鸡冠花怜悯、同情的态度，是评价儿童情感行为的有力例证。

×××，昨天上午下雷阵雨时，他急急地从楼上跑下来，老师问："×××，你到哪里去？"他说："下雨了，鸡在楼下草地里，淋了雨，要感冒的。"

这个轶事记录，反映了这个孩子对鸡的关心，是评价儿童情感行为的又一例证。

(2) 行为核对表。教师把每个活动所期望产生的行为列在表上，然后，教师观察儿童是否出现这个行为。当儿童出现行为的一个例证时，教师将它填入表格中。到一定时候，教师将有一个相当数量的儿童行为记录，可作为评价儿童行为的证据。

在使用行为观察方法作评价时，教师应尽可能避免主观性，把必须观察的行为目标写在专门的栏目中，以便于观察和收集具体的证据。教师应给每个儿童一个均等的被观察的机会，应注意到不同年龄组水平不同，需有不同规格的量表和核对表。对每个儿童的某一个行为目标，应保持持久不断地记录。对记录应定时分析，并给予儿童恰当的帮助，指出什么做得好、做得正确等等，使儿童意识到自己的进步、长处和弱点。

例：幼儿对鸡的态度的行为核对表

项目／态度／姓名	观　察		抚　摸		与其他人谈论鸡		喂　食		从家带食物喂鸡	
	不	是	不	是	不	是	不	是	不	是
×　×										
×××										

例：幼儿对某些事物的观察情况

对象／程度／姓名	植　物			动　物			气　象		
	不观察	很少观察	经常观察	不观察	很少观察	经常观察	不观察	很少观察	经常观察
×　×									
×××									

1990 年 3 月

幼儿园一日生活中的科学活动

幼儿园的一日生活是实现幼儿全面发展教育的重要一环，它具有顺序性、重复性、连续性、节律性等特点。适合幼儿发展水平的、有秩序的、丰富多样的一日生活，将使幼儿感受到安全、愉快，并不断地积累起广泛的经验，发展对周围物质世界的积极态度和良好的个性，有助于幼儿身体素质和心理素质的全面提高。

在幼儿园一日生活中，幼儿科学活动与游戏、上课等其他活动一样，扮演着重要角色，它对幼儿科学经验的获得起着积极的作用。

幼儿科学活动是指幼儿通过自身的感官与自然的或与科学有联系的物质材料相互作用，获取信息，发现问题或找出答案等的科学探索活动。它特别强调儿童的活动和探索过程。幼儿科学活动的开展，需要良好的心理环境和多种多样的有结构的物质材料，需要教师的鼓励，幼儿的积极参与。不要使幼儿成为他人的科学活动的旁观者。

幼儿对客观现实世界充满着好奇心，又善于想像，他们好动、好探索。科学活动是最能满足幼儿的发展需要的。它有助于幼儿获取广泛的有关自然科学的信息，丰富经验，并在感知基础上主动构建初级的科学概念，也有利于发展幼儿的智力和学习怎样进行学习的方法（包括观察、分类、测量、描述、表达、交换信息、推断以及创造性地发现和解决问题等）；还有助于培养幼儿积极的情感和态度，发展幼儿的好奇心、独立性、主动性、自主性、自信心、创造性等。

幼儿的科学活动一般有三种不同的类型：正规的科学活动、非正规的科学活动、偶发性的科学活动。这三种科学活动，以不同的方式，在不同的时间、不同的场合参与到幼儿的一日生活中。现分述如下：

一、偶发性的科学活动

偶发性科学活动是指由外界情景诱发引起并围绕着偶然发生的事情展开的一种科学活动。它与幼儿的日常生活、周围物质世界紧密联系，在不同的时间、不同的地点都可能发生。这种活动延续时间的长短、参与人数的多少，都由幼儿自己决定。教师事先既没有活动的计划，也不为活动提供设备和材料。

由于这类活动有强烈的内部动机，因此，幼儿对活动的兴趣、主动性、积极性、探索的迫切性都要强于有计划的科学活动，内容的广泛性、丰富性、生动性也是有计划的科学活动不能比拟的。

但幼儿由于受知识的局限性、兴趣的短暂性、注意的不稳定性等因素的制约，偶发性的科学活动出现后，仍需要教师的关注、支持、鼓励和适当、灵活的指导，以避免活动自生自灭。

根据收集到的偶发性科学活动的实例，初步的观察研究分析如下：

1. 偶发性科学活动在幼儿的一日生活中经常发生。在50次的观察中(每次一小时)，发现幼儿有30次偶发性科学活动，占观察总次数的60%。

2. 偶发性科学活动可发生于晨间、盥洗、进餐、游戏、散步等任何时候和任何活动中，也可发生在室内外任何地方。

3. 偶发性的科学活动内容广泛，涉及生物、天文、地理、气象、物理、化学等方面。既有常见的对蚂蚁、西瓜虫、花草、树木等的探索活动，也有少见的对爬山虎、墙中的树、水中的波浪等的科学探索活动。

4. 参与活动的人数，一般都在两人以上，大多是五六个人自由组合的小伙伴的探索活动，也有个别的或十多人，甚至全班幼儿参加的科学探索活动。

5. 每个活动，少则只有半分钟，长则持续20～30分钟。

6. 教师对幼儿偶发性科学活动的态度有：① 支持、指导；② 制止、指责;③ 没有发现幼儿的活动,不闻不问。在观察到的 30 个偶发性科学活动中,教师支持的仅占 10%,教师没有发现的竟占 80%,教师持消极否定态度的也占 10%。下面有几个偶发性科学活动的实例:

[例 1]

两个女孩在玩不倒翁。甲使劲推动不倒翁,并说:"它怎么就不倒呢?"

乙:"它本来就叫不倒翁嘛!"

甲:"我知道!可我想知道它为什么会推不倒呢?"

(在幼儿的操作过程中,有关物体重心的物理现象产生了,幼儿观察到现象,提出了问题,但得不到教师的支持和指导,探索活动也就此中断了)

[例 2]

在一棵大树的周围,围着一群孩子,他们在找西瓜虫,玩西瓜虫。

教师:"你们在玩什么?"

幼儿:"捉西瓜虫!"

教师:"它为什么叫西瓜虫?"

幼儿:"因为它爬的时候身体长长的,你碰碰它,它就会把身体缩起来,圆圆的,像西瓜一样,花纹也像西瓜。"

教师:"在哪里可找到西瓜虫?"

幼儿:"在树根那里可找到!西瓜虫和蚂蚁是好朋友,西瓜虫替蚂蚁挖洞。"

另一幼儿:"西瓜虫吃蚂蚁!"

班上的教师走过来了,并大声说:"哎呀!怎么玩虫子,脏死了,快点扔掉!"

幼儿无奈地把手中的西瓜虫扔了。几天后仍有孩子不忘西瓜虫。但是,再没有那么多孩子了。有的孩子则跑到离教师远远的地方去玩了。

(多可爱的孩子!他们好奇,好探索,并懂得以什么方法使这有趣的活动继续下去)

[例 3]

幼女甲:“快来,这儿有只麻雀。”

三个男孩、两个女孩跑过来。

幼女甲:“它飞不动了。”

幼女乙:“它受伤了。”

幼男甲:“我来逮它。”(几个孩子终于逮住了这只麻雀)

幼男甲:“我们逮到一只麻雀!”(全班小朋友一起跑来)

幼儿(众):“给我看看!”……

幼男甲:“不给,它受伤了!”

幼儿(众):“我们看看,小气鬼!”(伸手摸麻雀)

幼男甲:“不行!它会死的!”(紧紧捂住麻雀不放)

教师:“给我看看。”(幼男甲松手大哭,麻雀死了)

教师:“麻雀是害虫,专吃粮食,别哭了,快把它埋掉,谁让你捂得那么紧!”

(一只麻雀引起了全班幼儿的好奇,教师怎样引导使其成为有益的活动,怎样肯定幼儿对小生命的同情心,怎样以正确的、科学的知识给予解释,怎样避免不必要的指责,这些问题都是值得探讨的)

三个生动的实例说明,幼儿的偶发性科学活动存在于幼儿一日生活中。这些活动由幼儿对周围事物的好奇所引起。在活动中,幼儿观察、触摸、摆弄、操作物体,自己提出问题,自己解答;相互交流,表达所获信息,正确的、模糊的并存;表达情感,积极的、消极的皆有。这些活动随着幼儿的理解水平,自然展开。但有的仅是开始,有的中途停止,处于自生自灭的状态。

因此,在偶发性科学活动中,教师的关注、及时的发现、支持、鼓励、适当的指导是十分重要的。它将为幼儿带来更多的欢乐,更多的思考,更多的收获,使幼儿对科学的兴趣的萌芽不至于中途夭折。

二、非正规的科学活动

非正规的科学活动是指幼儿在儿童科学发现室、科学桌、自然角等设施内进行的科学探索活动。它需要教师为幼儿创设一个宽松和谐的环境,提供丰富的材料和设备,供幼儿按自己的兴趣和意愿选择活动的内容,从自己的发展水平出发,使用自己的方法,进行比较自由的科学探索活动。教师除为幼儿创设条件外,仅作少量指导。

由于非正规性的科学活动给予幼儿较大的自由度,幼儿有充分的机会选择做什么,决定怎样做等等。因此,它更有助于幼儿自主性、独立性的发展和创造潜能的发挥。一旦幼儿发现从未注意过的科学现象或得到圆满的答案时,感受到自己的能力和成功,就会显得特别愉快,从而激起再探索的愿望,增强获得成功的自信心。

例如,在设有可以进行多种科学探索活动材料的设施内,一个孩子选择了有关物体在水中沉浮的科学探索活动。他走到放有积木、玻璃球、海绵等物体的水盆面前,用手按那些浮在水面上的积木,松手后它们还是浮在水面上,他又反反复复几次按积木,积木又一次次浮起来。

他又从水里取出玻璃球,一次次放入水中,玻璃球还是沉在水里。他再用手压压积木,积木仍然浮在水上。

一天,他又来到水盆前,与上次一样把物体按入水中,观察,再观察。接着他拿起一块海绵用力按入水中,海绵浮起来了。几次反复后,他开始用手在水中捏海绵,观察,再不停地捏,海绵吸入了大量的水,慢慢地沉下去了。他显得特别开心。他又把海绵拿出来,放进去。几次以后,他把海绵拿出来,捏出海绵中的水,直至捏不出后,又重新把海绵放入水中,海绵又浮在水面上了。他反复地专心致志地进行这项操作活动。

教师问他:“你发现了什么?”他说:“海绵能吸水,变重了,沉下去了。”当他向小伙伴们介绍他的操作方法和发现时,显得是那么自豪和得意。

分析上例可以发现:

1. 孩子从走到水盆前开始,选择操作的材料、方法、次数,直到停止活动,都是由他自己决定的。

2. 幼儿的任何科学探索活动,都需要时间、多次操作和与材料相互作用，需要思考，发现问题，寻找答案，不可能一次完成。因此，教师要有耐心，要观察、了解，等待幼儿的操作，做必要的引导，避免过多的干预。

3. 孩子在这一活动中的操作并不复杂，科学现象也并不深奥，但显示了孩子对此活动的兴趣、着迷以及积极的思维活动，他思考操作动作，思考步骤，运用比较，解决了他自己想解决的问题。他对这一科学探索活动，始终抱积极的态度。

4. 孩子独立尝试的成功，给他带来的愉快的情绪体验和积极的影响是难以估量的。

因此，教师如能将非正规的科学活动充实于幼儿的一日生活中，将给幼儿带来欢乐，对幼儿的发展，无疑是有益的。

三、正规的科学活动

正规的科学活动是由教师根据幼儿科学教育的目的和任务，有计划、有目的地选择课题，决定学习的内容、学习的方法和技能，思考为幼儿提供什么材料以达到教育目的，是在教师的指导下开展的科学探索活动。它可以全班或分组的形式进行，也可以个别幼儿分别进行，但最终仍要保证每个幼儿都参与教师计划好的科学活动。

例如，关于“轮子”的正规性科学活动，其具体的科学活动计划如下：

（一）要求：通过幼儿亲自操作、观察、测量等，使幼儿了解到，我们周围的世界有各种轮子，它们的大小不一，所用的材料不同，但有相同的形状；让幼儿获得轮子能滚动，使用轮子能使工作省力等初步知识；学习测量技能，发展观察和动手能力；开阔幼儿的思路和注意的范围，培养幼儿对科学的兴趣。

（二）材料准备：请每个幼儿带一个有轮子的玩具，教师准备有轮子和缺少轮子的玩具若干件、短绳子若干条。

（三）组织形式：全班或分组。

（四）活动过程：

1. 请你们玩带来的玩具，看看、想想，是什么使你的玩具移动的。

2. 请你们把看到的告诉大家。

3. 请你们观察一下玩具上的轮子是什么样子的，用什么做的，还可以用小绳子量一量，它的直径和轴有多长。（允许幼儿相互观察测量玩具的轮子）

4. 请你们告诉大家，你的轮子是什么样的，有多大，是什么做的。

5. 小结：轮子有的大，有的小，大小不一样，所用的材料也不一样，有的是塑料做的，有的是铁做的，有的是木头做的，有的是橡胶做的。但它们的形状是相同的，都是圆形的，中间有根轴。

6. 你们想过吗，为什么轮子都是圆的？

7. 请你们再玩玩带来的玩具和老师为你们准备的玩具（缺轮子的）。

8. 你们有什么感觉？发现了什么？

9. 你们还看见过哪些东西有轮子？

10. 为什么这些东西都有轮子呢？如果没有轮子将会怎么样？

11. 请你们在活动后，在教室里、院子里、回家的路上、家里都看看，什么东西上有轮子？它们怎么动的？干什么用？以后来告诉老师和小朋友。

在这样的科学活动中，每个幼儿都能积极参与，主动操作，观察、探究轮子的奥秘，成为真正的学习主体，从而获得经验，建构概念，发展智力，开阔思路，培养兴趣。

根据观察，在开展正规性科学活动的过程中，教师要注意以下几个方面：

1. 保证每个幼儿都参与活动，使幼儿在与物质材料相互作用的过程中学科学。要强调幼儿的活动和探索过程，使幼儿真正在活动中获取广泛经验，建构概念，学习方法，积极思考。要避免幼儿的活动流于形式，防止教师讲科学、幼儿听科学的现象。

2. 教师选择的课题内容应具有吸引力，能引起幼儿的好奇心和探索兴趣。要具有可探索性，能从多维角度进行操作活动，思考问题。

3. 教师为幼儿提供的物质材料，应符合该活动的要求。

4. 给予幼儿充裕的时间进行独立的探索活动，独立进行思考，发现问题和寻找解决问题的方法。教师在幼儿活动过程中须有启发、指导（包括直接的和间接的）。

5. 给予幼儿充分表达自己的发现、感受、操作过程等的机会。教师不要急于告诉幼儿结论，或仅仅满足于“完成”预定的教育要求。

6. 教师要为幼儿创设一个和谐的、具有安全感的心理环境。要避免气氛过分紧张或提一些与内容无关的指令性要求。

上述三种科学活动寓于幼儿的一日生活中，它们彼此联系，互相补充，既发挥各自的特殊作用，又共同促进幼儿认知、智力技能和方法、情感和态度等方面的幼儿科学教育任务的完成。

三种科学活动协调地在幼儿的一日生活中得到体现，这是幼儿科学教育改革的一项重要措施。因为：

1. 它强调幼儿科学教育贯穿于整个日常生活中，而不只依赖于上课。

2. 它体现了既面向全体幼儿，又重视个别幼儿的发展水平、兴趣爱好和能力。

3. 它体现了幼儿是学科学的主体，也强调教师在三种科学活动中的不同程度的指导。既改变了以教师为中心的弊病，又避免了以儿童兴趣为中心、放任自流的缺陷。

4. 它重视幼儿在学科学过程中，认知、智力技能和方法、情感和态度三方面全面和谐的发展，克服了只重视灌输知识、幼儿获得知识的片面性。

幼儿科学教育渗透于幼儿一日活动中，其实质是加强了现代儿童科学教育，这是适应当代科学技术迅猛发展的需要，是迎接 21 世纪挑战的需要，也是提高未来一代人才素质的需要。

1991 年 10 月

幼儿科学教育的正规性科学活动探索研究绪论

现代早期幼儿科学教育是现代科学发展和教育深化改革的产物，也是自然常识教育的继续和发展。普及科学教育，向早期儿童进行科学启蒙，这是一项关系到21世纪人才素质培养的基本措施，已逐渐地为广大的幼儿教育工作者所接受。但对怎样实现幼儿科学教育的任务，更新早期科学教育的内容，改进手段和方法等等，广大幼儿教师虽在理论上开始有所认识，但在实践上还处于一筹莫展的状况。具体表现在：想改革更新科学教育的内容，但处于等待状态；对幼儿学科学必须通过自身的探索活动过程才能奏效的必要性虽有所认识，想尝试，但缺乏具体办法；教师意识到教育观念转变的重要性，但又难以摆脱传统观念的影响与束缚。鉴于这一现状，我们吸取和综合多种关于儿童发展理论、学习理论、教育理论的基本观点。如儿童的发展存在着不同质的发展阶段，处于每个阶段的儿童的发展水平和速度都有个体差异；丰富的经验是儿童的发展从一个阶段向高一级阶段转换的重要因素，儿童是在个体与自然、物质环境、社会接触中以及个体的认识、情感、体力三者相互作用中得到发展；探索、发现、学习有益于儿童认知个体、体力的发展和科学的学习方法的培养；儿童是主动的学习者、探索者，而不是知识的被动接受者；教师是儿童学习的指导者等等。这些，都是本研究的指导思想。

幼儿学科学是在教师的指导下，通过幼儿自身的感知、操作活动，探索周围物质世界和人类自身的奥秘。幼儿科学教育由正规科学活动、非正规科学活动和偶发性科学活动三个部分所组成。

正规科学活动是整个科学教育计划的一个部分。由教师根据科学教育任务，有计划有目的地选择课题，决定学习内容和学习方法、技能，是在教师定向指导下为达到一定目的而开展的科学探索活动。它必须保证全体幼儿都有同等机会参与规定的科学活动，并切实得到相应的科学启蒙教育。在具体的教学方法上，教师可以根据实际情况，一般以全班或分组形式较为可行。

本研究的宗旨是：1. 设计正规科学活动的新课题，探索幼儿科学教育内容的更新。2. 寻找正规科学活动过程的规律。3. 探索教师与幼儿在正规科学活动过程中的相互关系。4. 总结正规科学活动对教师教育观念的转变、教育方法的改进和幼儿发展的积极作用，改革以教师为中心、知识为中心的自然常识教育的陈旧模式。

我们是在实验基础上研究本课题的。先设计广泛的正规科学活动的课题，在幼儿园的大、中、小班中进行教育实践，并跟踪观察、讨论和评析，最后进行总结。或撰写指导性论文，或对各课题设计的材料加以整理、评析，或归纳活动的经验、体会。下面侧重讲五个问题。

（一）关于幼儿科学教育的内容

更新幼儿科学教育的内容，是广大幼教工作者关注的一个热点和迫切需要解决的问题。为了有效地开展正规性科学教育活动，课题内容的选择和课题的建构极为重要。我们在建构课题时，作了以下几点思考：

1. 体现当代和未来社会的要求，适合儿童发展阶段的特点

提高全体人民的素质是当代和未来社会对教育提出的要求，无论是建设具有中国特色的社会主义，还是参与国际竞争，都必须抓住这个头等重要的问题。

幼儿是人的一生素质发展的开端。俗话说："良好的开端等于事业成功的一半。"科学启蒙教育，应为人才素质的提高创造一个良好的开端。为此，它需要以正确的儿童观为指导。

在过去的自然常识教育中，幼儿被当作"接受器"，教师则想方设法把编好的教材灌输给幼儿。既不考虑幼儿发展水平的差异、能力的

高下，也不顾及幼儿已有的经验。正如实用主义教育家杜威所说："尽管优秀的教师想运用艺术的技巧来掩饰这种强制性，以减轻那种显然粗暴的性质，他们还是必须灌输给儿童。"

在本书课题内容的设计中，我们既考虑社会对早期儿童科学启蒙教育的要求和幼儿认知、智力技能、学习方法以及情感、态度等协调发展的任务，更注意体现科学的儿童观和教育观。

科学的儿童观认为幼儿是自然的人、社会的人，是一个完整的有机体，主动的学习者、探索者，而不是被动的"接受器"。他们处于人生发展的早期，不同于少年儿童，更不是成人的缩影，与成人有质的区别；他们在内部因素与外部因素相互作用中得到发展，由于先天的因素和出生后几年外部影响的不同，即使在同一年龄期，他们既具有该阶段的年龄特征，还具有发展上的个别差异和发展的不同速度。

为此，在课题的设计上，既有对全体幼儿进行科学启蒙的基本要求，更注意在实现基本要求的同时，考虑各课题是否具有吸引幼儿探索的可能性，允许不同水平的幼儿，通过自己对周围物质材料的接触、感知、相互作用，在同一课题范围内，让每个幼儿在各自的水平上，吸收、延伸、扩展经验，理解现象，解释概念，获得成功。教师可有一定的小结，但不要求全体幼儿随着教师，机械背诵同样的词语。课题内容具有开放性、可变性等特点。如"有趣的叶子"，无论从该课题的第一个活动，要求幼儿采集不同叶子、观察叶子或描述叶子的特征，还是到第二个活动，要求幼儿把叶子分类，都对每个幼儿既有基本的要求，又有一定的自决自选的可能。通过幼儿积极主动的参与活动，自己的观察、探索、分类，获得叶子是多种多样的具体经验或形成叶子是多种多样的初级概念，又为幼儿留有余地，可以在自己的发展水平上，用自己的方法，在不同层次上思考、理解叶子的多样性。如有的幼儿认为叶子的形状是有大有小，长的、椭圆的，各种各样的；而另一个幼儿又认为叶子有厚薄，光滑的、有毛的，有边缘有刺、无刺等多种多样之分。通过集体交流，相互补充，进一步丰富、充实了叶子多样性的特征，每个幼儿都在原有发展水平上得到发展，建立表象，形成概念。

2. 体现科技发展的时代特点和民族文化优秀传统相结合

随着时代的前进，科技的发展，科技成果迅速运用于社会生产，转化为民用技术产品，渗透于社会生活，为人们带来了生活上的方便。在幼儿的周围世界里，由科技转化而制作的日常生活用品、儿童玩具，层出不穷，日新月异，充实丰富了幼儿生活。因此，以往的纯自然的自然常识教育内容，显然不能充分反映当代幼儿所能见到的周围世界。因而，相应更新、充实科学教育内容，特别是为幼儿所能理解的科学技术产品的内容，密切与幼儿生活、幼儿周围世界的联系，以体现科技发展、科技渗透于人们生活的时代特点，使幼儿体验、感受到现代社会的幸福生活，已成为必然的、不可忽视的趋势。

另一方面，我国是一个具有几千年优秀文化传统的国家，具有民族特色的文化传统，必须依赖于教育，得以保存、传递、延续、发展和再创。把我国的优秀民族文化传统渗透于科学教育的内容中，与当代科技相结合，不仅是当务之急，更有其深远意义。

在幼儿科学教育内容的更新过程中，为了既体现时代的特色，又延续、传递我国的民族文化传统，我们选择了幼儿易理解、易感知、可操作的内容作为幼儿正规科学活动的课题，并作了初步尝试。例如元宵节的“观花灯”“多姿的彩灯”“今天的灯”等课题，既体现了民族传统文化，又体现了由于科技的发展，使元宵节的花灯变得更丰富多彩。又如“冬天的朋友——多种多样的取暖器”“夏日的扇子”“中国的饮料”“多样清洁工具”等课题，既介绍了祖国的传统文化与发展，又显示了现代科技的特点。这些课题给予幼儿的不仅是五彩缤纷的实物或它们演变发展的印象，而且使幼儿的观念潜移默化，萌发民族的自豪感！

3. 认识客观世界与认识人类自身相结合

幼儿的科学教育是通过他们的感知和个人探索开始，进而发展为对自己、生物和周围环境进行有意识的理解过程的实现。它不仅使幼儿发现周围世界的自然现象，还包括对幼儿自身的身体、思维、情感的探索和寻求。

人是自然的实体，又是社会的实体。人类个体的存在、生长、发展变化、死亡、繁衍后代等等新陈代谢过程，具有丰富、美好、奇妙的内容。这一切不仅为幼儿感兴趣，并对幼儿了解自己、增强自我保护能力都有重要的意义。但是，在长期的自然常识教育中，一般只重视幼儿周围物质世界、自然现象的探索、发现和认识，极大程度忽视了对人类本身的探究和了解，即使有一些认识五官、保护眼睛和牙齿的内容，也显得极为薄弱。

本研究把探索自己、了解自己以及如何保护自己，作为幼儿探索人体奥秘的内容，作了较多的尝试。具体表现于“我的身体真有趣”“可爱的小脸”“可爱的小脚丫”“我的变化”“我会笑和哭”等课题中。

一年多的教育研究实践表明，有关人体奥秘的课题，幼儿怀有极大的兴趣。他们观看、抚摸自己的小脸上长了什么，有意识地注意、尝试自己的小脚能干些什么和怎样使它恢复疲劳，还从自己的哭和笑中感受、体验自己愉快和不高兴的情绪变化。这样的科学教育内容和活动，为幼儿带来无比的乐趣，帮助幼儿了解自己，建构积极的“自我概念”，还有利于增强幼儿的自我保护能力。

4. 帮助幼儿理解周围物质世界的个别物体的属性与理解物体的多样性、变化、相互关系相结合

任何事物都以它们的属性的组合存在于客观世界，并以它们在空间、时间、因果关系等方面与周围物质世界发生联系，相互依存，不断发展、变化。它们既不孤立，也不僵化。

儿童在婴儿期，不能以属性的组合理解客体。到两岁末，开始意识到周围有个客体世界。引导幼儿理解、描述客体的属性及其组合，实际上是帮助幼儿消除感知中的混乱现象，使知觉清晰，建构起个别物体的认知结构，为同化、再建构和发展分辨能力奠定基础。为此，帮助幼儿理解个别物体的属性，并以自己的语言加以描述，是适应幼儿发展水平，也是促进幼儿认识水平进一步发展的基础。

然而，幼儿理解客体的属性的组合，仅仅认识个别物体是远远不够的，对幼儿理解周围世界和发展幼儿的智力，尤其是思维方式的形

成都是不利的，它将会使幼儿以僵化的、孤立的思维方式思考事物。而我们则应培养幼儿运用联系的、多维的方式思考问题。

在本书中我们尝试把个别物体的属性组合和它的多样性，以及和周围环境的联系、发展、变化相结合。例如，“野花野花真漂亮”“奇怪的石头”“宝贵的泥土”等等，几乎所有的课题都引导幼儿注意物体的多样性、变化和联系，以利于幼儿多角度地思考问题，活跃思维，开阔思路，吸取广泛的经验，扩大和丰富原有认识结构的内涵和外延，并在原有基础上建构新的认知结构。它避免了幼儿孤立、僵化、片面地思考问题和观察周围世界，还潜移默化地进行了辩证唯物主义的教育。就以“美丽的苹果”这个简单的课题而言，它改变了过去教师用一只苹果上一节课的单调枯燥的状态，而是引导幼儿有意识地接触观察自己的苹果，描述其特征，通过相互观察交流，幼儿获得的不再是像过去那样呆板、单一的物体属性及机械的背诵，如什么“红红的、圆圆的苹果”，而是在幼儿与苹果相互作用、同伴间相互交流中所形成的苹果有黄、有绿、有红、绿中带红、红中含黄，有大有小以及甜、酸、酥、脆不同口味等等多样化的苹果表象。

在“宝贵的泥土”课题里，不是孤立地认识泥土的特性，而是引导幼儿探索、观察泥土上长了什么，泥土里又隐藏着什么。启发幼儿去发现泥土与动植物的关系，与人的关系，具体地生动地理解泥土的宝贵之处——生物离不开土，形象地进行生态环境教育。

由理解个别物体的属性到理解物体的多样性，按照物体的发展、相互联系建构课题计划，有效地活跃了幼儿的思维，丰富了课题内容，充分调动了幼儿的原有经验，发挥了幼儿的潜力。幼儿所得知识的多样性、丰富性，远远超过教师的估计。

以上几点是设计课题时重点思考的几个方面，至于课题内容的可探索性、趣味性，怎样使幼儿获取广泛的经验和获得成功等要求，不再一一详述。

（二）关于幼儿科学教育活动过程的规律

幼儿科学教育过程是幼儿在教师不同程度指导下的探索过程，是幼儿通过自身的活动作用于物体，观察其反应，描述观察到的现象、活动过程和感受到的体验；或是解释现象和找出问题的答案；或是在感性经验基础上形成科学概念的过程。这是幼儿与物体和环境相互作用的过程，是幼儿与同伴、教师相互交往的过程，也是幼儿主动建构认知结构的过程。

正规科学活动也是由教师根据科学教育的任务，有计划、有目的地选择课题和相应的学习方法，提供条件的一种科学探索活动。

在这类幼儿科学活动中，其过程具有什么样的特殊性呢？其规律又是怎样的？经过一年多的正规科学活动的教育实践、客观观察和分析，活动过程一般具有如下特点：

1. 活动的可控性和开放性的协调一致

正规科学活动与非正规科学活动、偶发性科学活动相同，都有一个幼儿与客观世界相互作用的过程。但在正规科学活动中，幼儿与环境、物质材料，幼儿与幼儿，幼儿与教师，幼儿主体的动作、认知、情感等的相互作用过程，教师都有一定的可控性，以促进上述诸方面有效地实现相互作用。但幼儿学科学仍然是一个开放的动态过程，而不是教师传授，幼儿接受既定知识的封闭的静态过程。

在正规科学活动中，教师的可控性表现于：

(1) 活动的课题，是教师从幼儿的周围世界和幼儿生活中选择适合幼儿的水平，能理解、可操作的素材制订的。课题整体计划、目的、要求和总的进程，都是由教师预定的，但有其灵活性。

(2) 课题进程中，幼儿的感知、操作、探索活动，语言的表达，相互讨论等等，教师都给予幼儿指向性的框架，以问题引导幼儿向一定的方向进行观察、分类、测量、描述、表达、推断等操作运算过程，指向幼儿与环境、材料、同伴、教师等相互作用，幼儿从而获取有关课题的经验、感受、体验，提出问题或自己找出答案。如在“可爱的小脚丫”课题中，教师曾提出过这样的问题：“看看你们的小脚丫是什么样的？”“现在请你们在室内的地板上、室外的水泥地上、海绵垫上走走、跳跳、跑跑，有什么感觉？”“请你们坐下揉揉小脚丫，有什么感觉？”这几个问题教师指向幼儿去注意、关心在日常生活中疏忽的自身的小脚，指向幼儿个体与环境相互作用，指向幼儿去用语言描述、表达自己身体的感受，并学习保护小脚的方法。当教师把问题提出后，幼儿活跃起来了，他们在指向性的问题引导下，展开了既平常又有趣的运用双脚的各种动作，感受到在不同材料上活动的舒适感、柔软感、疼痛感和材料的质地，以及揉脚后的舒服感。

当然，这种可控制和指向性的正规科学活动，不同于过去传统教学的自然常识教育，后者处于一种强制性的、不可变的全封闭系统中，无论是提问，还是答案都是按事先准备好的教案进行，甚至每个幼儿表达的语言也是完全一样的。而在正规科学活动中，在可控性的同时，还体现了开放性。幼儿在较大范围内有一定的自由度，他们在指向性的问题启发下，可按照自己的方法、意愿进行操作活动，与客体相互作用，理解物体的属性、发展、变化和相互关系。例如在“怎样使物体移动”的课题中，教师提供了有关材料后，提出了“你怎样使你面前的几样物体移动”这个既有指向性，又有开放性的问题。幼儿按照问题的方向，思考了多种方法，包括推、拉、拖、拍、吹、踢、掷等十多种操作，作用于各种物体，在他们用力的过程中，发现物体移动了、滚动了、滑动了、跳动了、飘动了等等，使幼儿感受到力的作用。

这种课题，既有指向性又有开放性，它控制了一定的内容范围，又不是封闭式的只要求一个答案。控制与开放两者结合，充分发挥幼儿的自主性、积极性，他们以多样的方法，活跃的思维参与活动的整个过程。他们普遍地获取了有关“力的作用”的丰富的感性经验，还给予发展水平不同的幼儿得到各自发展的可能。潜力大的幼儿，满足了他们的好奇心和求知欲，充分地发挥他们的创造力、独立能力。例如，一个幼儿平时的活动不能满足他的要求，而在这类活动中，他想出了“用水冲物体，也可以使它移动”的方法，而这是一般幼儿没有想到的。另一方面，也使个别反应比较迟缓的幼儿，在自己的操作过程中，逐渐地理解力的作用。它既满足了幼儿的好奇心，又达到了课题的基本要求。

在正规科学活动中，实现可控性和开放性的协调一致，避免了无控制的放任自流的缺陷，也克服了教师无视幼儿学科学的主动性、积极性和发展水平，改变了主观强制性的灌输知识，使幼儿被动接受、机械背诵的僵化状态。

在正规科学活动中，实现控制性与开放性的协调一致，需要建立在教师与幼儿相互尊重、信任基础上的权威，指导的灵活和机动，以及一定的行为规则。

2. 活动过程中幼儿主体与教师主导的互换

在正规科学活动有计划的进行过程中，由于重视幼儿自身的活动过程，而不是以教师为中心，幼儿真正成为周围世界的主动探索者、学习者，充分表现了幼儿学科学的主体地位。他们在活动过程中，各自的自主性、主动性充分发挥。他们能在一定范围内有自己选择材料，决定操作步骤、方法的机会和条件；自己决定连续、反复操作的次数；能独立地进行不同维度的感知和思考，认识客体，建立自己的表象和概念，并以自己的语言进行表达；能以动作、感知、思维、情感整体参与活动，并进行自我调节和控制自己的行动等等。

例如，在"物体沉浮"活动中，教师的指令性语言是："请你们把小篮中的东西一个个放入水中，看看它们会怎么样。"我们观察到一个幼儿，他把一块积木投入水中，当积木从水中浮起时，他用力地一次又一次地把这块积木按入水底，可是它又浮起来了。显然，他开始认为物体投入水中应该沉下去，但他发现的现象与他的想法相反。于是，他一次又一次地想证实他的"正确"，但没有达到他预料的结果。最后，他进行了自我调节，停止了同样的操作，并自言自语地说："积木是浮在水面上的。"在活动中，他通过多次操作、尝试，建构了他所理解的概念，纠正了他原有的看法。

从这个小小的例子中，我们可以发现这名幼儿只有在教师提出问题的引导下，通过他自己选择材料，独立进行操作活动，才能在过程中自我调节，自己解决问题，得出答案。然后，再操作、发现。他掌握了整个活动的主动权，充分体现了他的自主性、主体性，而不是依附于教师，被动地等待指令，被动地接受知识。

然而，在活动过程中体现幼儿的主体地位，并不排斥教师的主导作用。教师的主导作用体现于课题计划的制订，有结构的材料的提供，活动过程中的简单指令和大框架的指向性问题，组织管理，简单的小结或传递幼儿不可能通过操作活动直接得到的必要知识。

"没有活动，也就没有幼儿的学习。"科学活动的有效开展，保证了幼儿学科学的主体地位。教师的主导作用，则使得幼儿科学活动的开展具有一定的指向。

在所有的正规性科学活动的观察、研究中，我们发现凡是在过程中，教师以明确可行的少量的指令、有质量的指向性问题，以及在某种场合下，必要的、有吸引力的、简短的陈述或演示，良好的组织管理，而又给予幼儿充分的进行操作活动、探索、发现、表达的机会，幼儿的主体与教师的主导能有节奏地正常地互换，实现良性的循环，则活动气氛活跃，幼儿思维积极，自信心增强，活动自在，获取的经验丰富，对探索的事物的理解较好，主动性、创造性得到充分的发挥。

反之，如果教师不能充分信任幼儿，迷恋于自己冗长的陈述和讲解，不敢大胆放手让幼儿自行操作，在幼儿操作过程中，经常中断幼儿的操作或使幼儿不知所措，或是放任幼儿无止境的自由操作，幼儿的主体性与教师的主导性便得不到正常的互换，正规科学活动就不可能达到预期的效果。

当前，教师正处于掌握正规科学活动互换规律之际，在教育实践过程中，上述两个问题将会逐渐得到克服。

3. 科学活动过程导致积极结果的必然趋势

通过幼儿的活动进行科学教育，幼儿能学到知识吗？能促进幼儿发展吗？参与研究的教师都有类似的疑问。科学教育的实践研究都告诉了我们，这是一种良好的教育方法。

幼儿科学教育重视幼儿自身的活动，强调让他们在活动中探索发现，这是现代教育的要求。

幼儿需要活动，对活动感兴趣，乐于在活动中学习和思考。幼儿的学习离不开他自身的活动，这是幼儿学习的特点。

教育研究的实践证明，正规科学活动的过程为幼儿的智力、学习方法、社会情感、态度等的发展提供了可能，并取得了实效。

第一，它不断满足和刺激幼儿的好奇心，引起探索的愿望。第二，它给予幼儿运用多种感官，接触、感知周围物质世界，并加以重新组合、反复多次感知的机会。第三，它给予幼儿从所得的感觉经验提高到思维水平进行思考、交流的可能。第四，它给予幼儿进行观察、比较、分类、测量、交换信息、推理等锻炼和学习的时间。第五，它让幼儿得到了成功的体验。最后，它还为幼儿带来了欢乐。

就以"野花野花真漂亮"的课题为例，自幼儿进入开有野花的园子开始，幼儿在教师的指导下，个个以极大的兴趣和好奇，接触大自然，欣赏大自然的美。他们以各人不同水平的观察力，一次又一次观察周围世界，寻找他们喜爱的野花，黄的、蓝的、紫的，大的、小的，四个花瓣的，五个、六个花瓣的。他们运用手指小肌肉活动采摘野花，一朵又一朵；他们运用感知觉比较、分辨不同颜色、不同大小的野花并进行了分类，享受了野花的艳美和芳香。在整个探索野花的过程中，个个以无比的乐趣，轻松愉快地获得了野花是多种多样的感觉经验，建构了自己所理解的水平上的概念，发展了观察、比较、分类能力，活跃了思维，锻炼了动作和体力，增强了他们的独立性、自信心，进行了审美教育。这一切都是在正规科学活动的过程中取得的。正规科学活动的过程框架一般可以概括为：

1. 教师根据课题的要求和内容，从幼儿已有的经验或提供给幼儿的探索环境或材料开始，提出简短的指令或问题，使幼儿进入课题。2. 以有质量的问题启发幼儿与材料相互作用，进行操作，探索思考和发现问题。3. 根据幼儿活动情况再次提问，指导幼儿再操作。4. 以问题启发幼儿描述自己的发现、问题。5. 教师与幼儿共同小结或以问题启发进入非正规科学活动或日常生活。过程处于既结束又不结束的状态。

如在"奇怪的石头"课题里便是这样安排的：

① 教师："你带来的石头是什么样的？"

② 教师:"桌上还有许多石头,你们玩一玩,发现了什么?"

③ 教师:"一块石头没有声音,怎么两块石头一碰就会有声音呢?"(在发现幼儿拿起一块石头听时,教师临时拟的补充题)

④ 教师:"桌上的石头一样吗? 哪里不一样呢?"

⑤ 教师:"你发现你的石头像什么?"

⑥ 教师:"你在哪里见过石头的? 它们有什么用?"

⑦ 教师:"挑选一块你喜欢的石头,说说为什么喜欢它。"

教师与幼儿共同小结。

上述七个问题与幼儿的感知、操作、比较思考、回忆联系幼儿已有经验、表达、交流,教师和幼儿共同小结,形成了整个正规科学活动的全过程。它至少具有下列好处:

① 以幼儿自己带来的石头开始提问,进入课题,比较亲切。

② 提出的问题简洁,幼儿易于理解,能启发幼儿逐步深入地进行感知、操作、思考、表达、想像和引起情感体验。如题①为引导幼儿感知石头的个别特征,题②引导幼儿发现石头的多样性和石头的共性,题 4 引导幼儿比较分析。

③ 能从幼儿操作中产生的情况,提出补充题,激发幼儿再思考、再操作,寻求新想法来解决问题,如题③。

④ 提出的问题能引导幼儿回忆已有经验,整理知识,启发想像,如题⑤、题⑦。

⑤ 没有一个问题是靠幼儿回答"是"或"不是"来解决的,也没有在问题中就包含着答案,无须思考的情况。

总之,教师的主导作用很重要。幼儿的操作活动过程(感知和思考)和活动后的充分表达是整个正规性科学活动过程的主要部分。它与以往只重视教师教,忽视幼儿怎样学,不重视幼儿在活动中学习过程的效果显然不同。幼儿学得活、学得轻松愉快,得到了比过去机械记忆的知识更丰富、更广泛的感知经验和在理解基础上的知识,他们不仅在活动过程中获取了知识经验,还学到了学科学的方法、技能,促进了幼儿语言、思维、情感、态度、个性的发展。

实践研究告诉我们，幼儿科学教育的活动过程必然导致有效的结果。关键是幼儿真正参与探索活动过程，而不是流于形式，教师指导幼儿开展活动、继续活动，指导幼儿表达活动的过程和结果，而不能取代幼儿的独立探索活动。

（三）幼儿科学活动的教育实践与幼儿教师素质的提高

一年来，大、中、小三班科学活动的实践研究，对于教师既是一个向幼儿进行科学教育的过程，又是教师自身提高的过程。无论是有丰富幼教经验的老教师，还是刚出幼师校门不久的新教师，他们都在不同程度上摆脱了传统的教育观念、陈旧的教育模式的束缚，在学前教育深化改革的道路上，前进了可喜的一步，在教育思想、教育态度、教育能力和方法等方面都有了不同程度的提高。

1. *初步实现了教师的儿童观、教育观的转变*

改革开放观念深入幼儿教育领域，教师教育观和儿童观的转变是实现教育改革的重要方面。然而，单纯外部理论的灌输，不能使教师长期形成的思想观念得到较快的转化。而一年多来的科学教育活动的亲身实践，幼儿的积极反馈，触动了教师的教育观和儿童观，使他们不仅思想上发生变化，而且行动上也迈出了新的步伐。

（1）教师看到了幼儿的智力潜力和幼儿的差异。以往教师注意的是教材，看的是能否达到要求。而在本研究中，教师信服地发现了幼儿的智力潜力，看到了在适当的教育条件下，每个幼儿都能在原有的水平上得到不同程度的发展。即使过去认为智力发展缓慢、反应迟钝、比较胆怯、缺乏自信的幼儿，通过自己的操作、探索活动，也能有所发现，获得成功甚至发现了其他幼儿没有发现的现象。他们在教师的肯定、鼓励下变得大胆、自信，愿意把自己的发现、思想告诉同伴和老师；而过去认为“调皮”的幼儿，在科学活动中注意力集中，思维活跃，创造力得到了充分的发挥。从而使教师转变了幼儿智力不变、个性不变的看法，他们开始相信幼儿蕴藏着无比的智力潜力，相信每个幼儿都能在不同程度上得到发展。正如一位有经验的老师说的那样：“当我看到幼儿在‘怎样使物体移动’的课题里，个个积极主动，每个幼儿至少能想出五种以上办法使物体移动，我感到孩子都变得能干了！”他们逐步从言语、行动中真正尊重幼儿，在幼儿活动过程中提出了诸如："你们想干什么?""你们有什么问题?""你们还想讲什么?"等等征求幼儿意见、了解幼儿愿望的问题。他们对孩子的评价标准也随之改变了，过去认为听话、不声不响、遵守纪律的孩子就是好孩子，而现在认为有好奇心、能操作、善发现、会创造的孩子才是聪明的孩子。总之，在教育实践中，教师的儿童发展观、价值观以及对幼儿的态度开始了真正的转变。

(2) 看到了科学活动在幼儿发展中的作用。近年来，幼教界虽然经常强调活动在对幼儿阶段学习和发展中的作用，然而，广大幼教工作者还心存疑虑。如，开展活动，幼儿能学到知识吗，幼儿的纪律混乱怎么办，活动需要的材料哪里来，等等问题。教师中这些认识问题和具体问题成了开展幼儿各种活动(包括科学活动)的障碍。在进行科学教育，开展正规科学活动过程中，教师尝到了开展科学活动的甜头，因而消除了原有的疑惑。他们不再满足于自己对幼儿灌输知识的本领，不再担心课堂纪律混乱。他们不仅大胆开展科学活动，而且在其他学科教育中，也自觉地尝试、运用活动进行教育。如大班幼儿入小学的准备教育活动，教师改变了过去的灌输方法，而通过幼儿整理学习用品的活动，指导幼儿怎样为入学作好自理能力的准备。

(3) 开始建立民主的师生关系。在以往的自然常识教育中，教师是中心、是绝对的权威，教师端坐在前面，发出一个又一个指令，讲解、陈述、演示，还要以特定的语调、姿态、眼神维持纪律；幼儿则围绕着教师听指令、听讲解，虽然也给予幼儿一定的观察和实验，教师总要"多说说"，惟恐幼儿不知道，幼儿动手的机会很少，整个气氛严肃沉闷。而今日的正规科学活动，教师有时端坐于幼儿前面，进行简短的指令，更多的是指导开展活动，允许幼儿尽情地操作、观察、分类，与客体相互作用。教师巡回幼儿的身旁，参与幼儿的活动，观察了解幼儿的情况，倾听幼儿的发现或提出的要求，给予必要的帮助或及时提供补充材料。如当幼儿说"用水冲冲，东西也能移动"，教师及时地提供水，让幼儿操作给大家观看，证实他的办法，满足了这个幼儿尝试的要求。当幼儿说“用肥皂擦擦、洗洗，手就干净了”，教师及时地提供肥皂，成为幼儿学科学的帮助者、材料提供者。幼儿愿意把自己的探索、发现、获得的成功、感受、需要告诉教师和同伴，共同交流，共享欢乐。在活动中，教师开始真正成为幼儿的朋友，学科学的指导者、帮助者、材料的提供者。开始建立起真正协调、民主的师生关系，消除了呆板、紧张的关系，活跃了气氛。幼儿不仅学了科学，还感到了无穷的乐趣。

2. 教师开阔了思路，活跃了思维，学习了设计正规科学活动计划的技能和指导活动过程的方法、技巧

（1）学会设计正规科学活动计划的技能。随着幼儿科学教育内容的更新和充实，方法的改变，教师不能依赖于原有的自然常识教育的教案。客观上的要求，实践中的锻炼，促使参加本课题研究的教师，无论是新教师还是老教师，在一年的研究过程中，学习了设计正规科学活动计划的技能。

下面是一位青年教师在第二年的第一个月里，独立设计的课题。

课题名称：南京雨花石（中班）

活动要求：① 通过展示雨花石，幼儿观看、操作等活动，发现雨花石有各种形状、颜色、花纹和硬度等特征，并以自己的语言描述它们的特征。② 通过让幼儿挑选最美的雨花石，引导幼儿观赏雨花石，发展幼儿的观察能力和审美能力，并从观赏中得到欢乐。

活动准备：请幼儿自带雨花石两三块，教师准备不同形状、花纹的雨花石若干，并为每人准备碗或其他盛水容器一个。

活动组织形式：分组。

活动过程：

教师：“你们面前放着什么？”

“你们现在想干什么？”

“请你们看看、摸摸雨花石，它们是什么样的？”（幼儿操作）

“请告诉大家，你发现的雨花石是什么样的？”

“数一数，你有几块雨花石，它们一样吗？哪里不一样？”

有的幼儿拿两块雨花石敲,听见了声音。教师:“是什么样的声音? 听一听!”

“现在请你们把雨花石放进水里,看看雨花石怎么样了? 告诉大家。”

“你还在哪里见到过雨花石?”

“现在把你们的雨花石都放到前面的桌上,我们来举办一个雨花石展览会,请你们看看,再找一块你最喜欢的雨花石!”

“告诉大家,你为什么最喜欢这颗雨花石?”

“我喜欢这颗雨花石。”

在盆中挑选一块雨花石,与幼儿共享观赏雨花石的乐趣。

从这个课题计划的设计中,我们可以了解这位青年教师,经过一年课题设计的实际锻炼,已开始理解怎样把握住各课题内容的特点,提出恰当的、有区别的、比较全面的要求。如根据雨花石的特点,提出认识、审美、情感等多方面的要求。

这位教师在构思活动过程框架时,注意到通过幼儿自身的活动,引导幼儿多角度地与客体接触、感知、相互作用,尤其是根据雨花石的特点,采用展览雨花石、在水中观看雨花石等,显示雨花石的美。她设计的问题,既有指向性,又有开放性,给予幼儿一定的自由度,幼儿可从多方面、有选择性地感知、表达自己的操作过程、获得的经验和喜爱的理由。最后,教师还在适当的时机,参与活动,和幼儿共同欣赏、分享雨花石的美!

(2) 学习对幼儿正规科学活动的管理和指导的策略和方法。教师管理的指导思想是以促使幼儿与环境、材料、同伴等更好地相互作用为出发点,以促进幼儿认知、智力技能和学习方法、情感态度和个性等和谐发展为目的。为此,教师的管理和过去上课有着明显的区别。

第一,教师在管理上考虑的是怎样保持教室整个环境气氛的和谐、舒畅,使幼儿在活动前感到宽松、安全,而不紧张、拘束或有压力感。教师不再事先提出过多的纪律要求,使幼儿无所适从,而只要求幼儿保持安静,听清楚教师提出的活动要求。在幼儿活动过程中,允许幼儿以自己的多种方法和学习对象接触、感知、操作；允许幼儿提出问题或要求教师提供补充材料；允许幼儿窃窃私语，相互交流，甚至有短暂的得意的笑声，“忘形”的行动；允许幼儿必要的为操作而移动位置。教师不再以严厉的语句，大嗓门的咳嗽声，公开或暗示强制性地控制幼儿的纪律，而是以启发性的问题引导幼儿集中于探索活动，仅对个别幼儿的不良行为给予恰当的制止。在最后评价时，也不以遵守纪律、听话等作为评价幼儿的标准，而是鼓励幼儿的主动探索、发现、表达和独立性、创造性的发挥。

总之，教师的管理考虑的是为幼儿创造一个宽松、和谐的环境气氛，激发幼儿参与科学活动的兴趣和好奇，专心于探索、发现活动和表达自己的收获、发现，引发幼儿再次活动的渴望。

第二，教师考虑的是科学地、合理地布置环境、分配材料。如幼儿和教师的座位、桌椅的安排，有关课题的材料的恰当分配，既有利于幼儿有一定的空间进行操作，而不相互干扰，又可互相交流；既便于教师的参与、巡视和作个别指导，又便于必要的集中指导。不同于传统教学那样围坐于教师周围，为集中听讲或观察教师演示服务。

第三，教师学习了对幼儿正规科学活动过程的指导。幼儿的正规科学活动过程是一个开放的动态系统，而不是一个封闭式的静态过程，教师不可能以固定不变的教案去应万变，而是在幼儿活动过程中学习怎样指导正规科学活动。

① 学习提问技能。在幼儿正规科学活动中，怎样向幼儿提出有质量的问题，是指导幼儿学习科学过程中的重要一环，它关系到幼儿各方面的发展。在正规科学活动中，教师的问题形成一个系列，贯穿始终，有封闭式的集中思维问题，而更多的是开放性的启发幼儿发散性思维的问题。教师通过问题，帮助幼儿回忆、联系以往的经验；启发幼儿与环境的相互作用，指导幼儿运用感官感知事物的属性、发现事物之间的联系；激发幼儿的思考和表达愿望，积极地表达自己的经验（包括感知觉、运动觉、内部感受以及情绪体验），表达自己的发现和创造，表达自己的感知、操作、发现的方法和过程，表达自己获得的结

果等。

② 学习提问后的等待。以往教师在提出问题后，期望幼儿即刻给予回答，如果有个别幼儿的答案符合教师的要求，那么，这问题就结束了。而在正规科学活动过程中，教师提问后，耐心等待幼儿在操作思考后找出问题的答案，而不急于要求幼儿讲出问题的答案。这对于年轻的新教师，甚至是有经验的老教师都是不容易的。在正规科学活动过程的指导中，教师学会了提问后的等待，也锻炼了忍耐性，更重要的是使不同水平的幼儿，都有了表达自己心得的机会。

③ 学习及时参与幼儿科学活动，灵活指导活动的技能和方法。教师的及时参与和随机灵活的指导来自于教师对幼儿科学活动过程的细致观察、全面了解。在科学活动过程中，教师学会了巡视，耐心观察幼儿的操作，与个别幼儿交谈，了解幼儿在探索过程中的变化和问题，以便及时地指导，启发幼儿更多地感知、发现和解决问题。例如，在小班幼儿的“各种各样的木头”课题里，教师只见每个幼儿都集中注意，忙于观察、触摸、敲敲、打打、听听，发现木块的各种属性，却没有一个孩子去尝试把木块放入水中。她及时带了一个孩子，走到盆边，启发幼儿把一木块投入水中，看看它会怎么样。由于教师的及时参与和指导，不少孩子先后拿着木块丢进水里，看个究竟，使孩子们发现了另一个属性：木块是浮在水面上的。教师之所以能这样做，是和指导正规科学活动的实践经验紧密联系的。

④ 学习对幼儿科学活动的评价技能。过去，教师较多评价幼儿是否遵守纪律，是否记住教师讲的内容。而现在教师不仅评价幼儿在科学教育中所得的结果，更要评价幼儿参与活动的态度、探索过程、方法、发现和创造性，以及是否善于思考等等。有的教师还注意发展个别迟缓的幼儿，如有点滴进步就给予评价鼓励，增强他们的自信心，激励幼儿再参与科学活动的愿望。

(四) 正规科学活动促进了幼儿的发展

幼儿科学活动适合该年龄阶段的发展水平，极大地满足了幼儿好活动、喜摆弄、爱触摸的需要，为幼儿潜力的发挥提供了可能。在一年多的正规科学活动的现场观察中，反映了科学教育不仅为智育服务，而且显示了它在幼儿整体素质提高中的积极作用。

1. 初步培养了幼儿的积极态度

积极的态度是幼儿学科学的基本因素，也是21世纪人才素质的重要方面。它关系到幼儿科学经验的获取，科学方法、技能的习得，智力、个性的发展，还关系到儿童期学习的成功，以及他们成长后对待自我、对待周围世界的态度，为幼儿带来内在的欢乐、思维的活跃、主动，并积极地对待学习。首先，它表现为对周围世界强烈的好奇，迫切地期望参与科学活动的积极性。由于不少正规科学活动是分组进行的，每个幼儿参加活动总有先后之分，但他们都以先参加活动为快，惟恐失去活动的机会，明显地表现了“我要参加”的主动性、积极性。其次，幼儿表现了极大的感知和操作的积极性。在整个活动过程中，幼儿个个专心致志，忙于感知、操作，看不到一个幼儿无所事事，东张西望。他们的感知积极性既表现于不放弃任何感知的机会，也表现于积极使用多种感官，多角度地感知事物的属性。例如，在小班的“气味真正多”课题里，教师为每组幼儿准备了十多个气味瓶，各个瓶中装有散发不同气味的物体。每个幼儿都拧开了十多个瓶盖，嗅了酱油又嗅醋，嗅了香水又嗅臭豆腐。有的幼儿甚至一个瓶嗅几次，谁也不愿放弃感知的机会，使他们愉快地获得气味真正多的感性经验。

幼儿的感知的积极性，还表现于他们多角度地主动感知客观对象。幼儿在入园前，一般处于自发的无意识的感知状态，经过正规科学活动锻炼、实践后，他们已从一个维度发展到几个维度，去感知物体的属性。例如，一个中班初期的幼儿，在挑选了一块最喜欢的雨花石后，说：“我喜欢这个雨花石，因为它是三角的、滑滑的、红红的。”反映他已从物体的形状、颜色、光滑度三个方面来感知物体的属性。又如，小班后期的“多彩的肥皂”课题，一幼儿在擦肥皂洗手过程中发现：“沾点水，我一搓，手上泡泡就多了，手上的泡泡先是白颜色的，后来变成黑色的。”又一幼儿说：“手上擦了肥皂，有点舒服、滑滑的。”他们不仅感知颜色，还发现有变化和快感，充分表现了他们感知的主动性、积极性和敏锐性。

幼儿在操作方面也同样发挥了他们的积极性。例如一个四岁左右的幼儿，竟然运用了手掰、在桌边折、往地上掷三个操作动作，作用于一短木块。最后，他发现木块不易断、不易碎的属性，在自己操作的基础上，建构他所理解的物体的特征。大班幼儿体验“力的作用”的活动中，幼儿使用了十多种操作方法——扔、吹、扇、拍、推、拉、滚、踢、拖、抛、拨、水冲等，作用于物体，促使物体移动。他们有时用力大，有时用力小，他们发现了在自己力的作用下，有的球滚得近，有的滚得远，有的物体滚动能带动邻近的物体也动，发现了物体机械运动和力的关系，物体移动的状态等等，显示了幼儿操作的积极性和思维的活跃性。

主动的科学活动过程和幼儿在活动中获得的广泛经验为幼儿的表达提供了丰富的材料，又因这些材料是他们自己发现的，所以更乐于将自己的发现、感受、体验，用语言、绘画等手段加以表达，与同伴共享。如在“怎样使物体移动”的课题中，幼儿在操作后，竟然有 49 人次个别发言和 10 次集体发言，以自己的语言，表达所使用的操作方法、过程和发现物体移动的状态，使用力的体验。

在各个课题中，幼儿表达语言的丰富性、多样性、生动性是教师从未估计到的，改变了过去幼儿鹦鹉学舌、机械重复、背诵教师词语的被动状态，幼儿由“要我说”，发展为“我要说”的积极状态。

幼儿不仅表现了以语言表达事物的积极性，同样还表现了以绘画、塑造等来表达事物的积极性。例如，在“我会生长变化”的课题里，幼儿绘画了人的生长变化过程，从出生的小婴儿、会走的幼儿、红领巾小学生、哥哥姐姐、爸爸妈妈、老太太，直到死亡躺下；在“我的小脸”课题里，幼儿除了画眼睛、鼻子等五官外，还画上了两个可爱的小酒窝。这些充分表现了幼儿在正规科学活动里思维的积极性。

总之，幼儿的正规科学活动，发展了幼儿在感知、操作、思维、表达等方面的积极性，逐步形成了幼儿对周围世界的积极态度。他们不仅在科学活动中如此，而且也迁移到其他的课程领域里。“参加科学活动研究班的幼儿比其他班级的幼儿活跃”，这是幼儿园的园长作出的评价。

2. 幼儿学习了怎样学科学的方法——观察、分类、测量、表达、推断等

从儿童早期就开始学习科学的方法，是现代教育的新观念、新思想，也是21世纪人才所应具有的重要素质之一。因此，学会怎样学习比获得、储存知识更重要，它将使幼儿终身受益。

(1) 学习了运用多种感官，观察客观世界，感知各种事物属性的能力。

幼儿的感知能力是在教育活动过程中获得的，而不是自发形成的。如果一堆石头放在经过感知训练和没有经过训练的两个孩子面前是截然不同的。在正规科学活动里，孩子们自入园起就得到了这方面的训练，他们使用感官，感知客观事物的能力明显得到了提高。如在“奇怪的石头”活动中，当教师提出：“请你们看看桌上放着的石头是什么样的。”几乎每个幼儿除了运用视觉外，还运用了触觉，一个幼儿拿起一块石头，看、摸、嗅、听全运用上了。而当他从一块石头中听不到声音后，就再拿一块石头，两块石头敲敲再听。同桌的孩子，也都敲敲、听听。这反映了幼儿使用感官，进行观察的主动性和能力明显提高。

(2) 学习了按物体属性进行分类的方法。

分类是一种重要的学习能力和方法，有利于幼儿思维的发展。幼儿若不会分类，就只能一个又一个罗列物体。而在科学活动中，通过教师的指导，幼儿能按照物体的属性进行分类。如他们按照动物的运动方式、生活习性、居住环境、外形特征，甚至性质特征进行分类。幼儿对分类活动的积极态度和能力，是出人预料的。事实证明，幼儿学习分类是完全可能的，问题是教师怎样正确指导。

(3) 学习了表达方法，发展了语言表达能力。

此外，幼儿在科学活动中，开始学习测量技能。他们使用目测比较，用简单工具——绳子、棍子、积木等等测量观察对象。如测量树的

长短，同伴的高矮等等，同样显示了他们的积极性和兴趣。

总之，幼儿在科学活动过程中，不仅获取经验、建构概念，还学习了科学的方法和技能。

3. 正规科学活动促进幼儿独立性、自信心、创造性的发展

独立性、自信心、创造性是人们个性的重要方面。在人生起步的阶段，恰当的教育和环境条件，对良好个性的形成和发展有着重大的影响。

正规科学活动，是有计划有目的的活动，而实际上是全班或分组形式下有指导的个别操作，具有个别化的特点。它给予所有的幼儿均等的机会，进行独立的操作，每一个体，可以从自己的发展水平出发，选择和决定方法，与材料相互作用，可在自己能力所及的范围内有所发现、获得成功；它为每个幼儿独立性、自主性的锻炼，自信心的增强，创造性的发挥提供了可能。对智力发展快、能力强的幼儿是这样，对智力发展迟缓、能力弱的幼儿也是这样。一年多来的正规科学活动锻炼，使幼儿独立性、自主性、自信心、创造性发展的可能转化为现实。

如在"有趣的叶子"课题中，我们发现每个幼儿在选择采集什么样的叶子和把树叶进行分类活动过程中，都愉快地进行独立操作。既符合教师提出的要求，又是自决自选的独立活动，显示了每个个体的独特性和自主性、独立性。使人惊异的是一位"能力弱"而胆怯的幼儿，竟然也自得其乐地独立地选择采集自己喜爱的叶子，并"能干"地把自己选来的叶子分成大、中、小三类，还自豪地把自己独特的分类方法和结果告诉大家，显示了她的能力和自信。

难道这是偶然的吗？我们的回答是否定的。因为幼儿的心理状态和成人有着质的区别。他认为一次成功了，以后也都会成功。这就促使他去继续尝试、探索、发现。

科学活动对智力发展快、能力强的幼儿更有了"用武之地"，它满足了他们的好奇和兴趣，以及求知的需要，充分发挥他们的潜力。他们不仅想出多种方法去探索、发现，而且还会创造性地思考。例如一个中班的孩子，在"可爱的小脚丫"课题中，当大多数幼儿在活动后，都

说:“脚可走路”“爬攀架”“跑步”“跳舞”,而他除了知道以上功能外,还说:“还可用两个脚趾夹住积木。”显示了他思维的独创性。

事实说明,幼儿科学活动为每个幼儿发展独立性、自主性、自信心、创造性等提供了极大的可能,而每个幼儿积极参与活动,使可能性转化为现实性。每个幼儿在原有水平上得到了提高,内部潜力充分发挥,有效地促进了幼儿独立性、自信心、自主性、创造性的发展!

(五)相信幼儿教师的聪明才智,充分发挥他们在教育改革和科研中的积极作用

处在教育第一线的幼儿教师,绝不是理论工作者拨一拨动一动的木偶,而是具有主动性、创造性的教育科研的工作者。实践证明,当他们在真正理解、消化、吸收理论后,能自觉地举一反三,创造性地运用理论于实践,摆脱旧的框框和程式。四位参加教育科研的教师,在科学教育的某些方面,显示了他们的积极性、创造性。这里仅举几个例子。

当小班的王明老师理解科学教育应让幼儿运用感官尽情地感知周围世界的多样性,获取广泛经验,而不是孤立地认识某一物体、某一特征后,她在“气味真正多”的课题中,便为每个小组准备了十多只小气味瓶,为孩子们提供了感知各种物体具有各种气味的条件。孩子们个个津津有味地嗅过这只瓶的气味,又拿起另一只瓶,获取了多种多样的嗅觉经验,发现了各种物体散发的气味是不同的现象,改变了以往只提供一两件嗅觉材料,以获得“香”或“不香”两种单调的嗅觉经验为满足,摆脱了旧框框,创造了为幼儿提供材料的新形式和新型的科学活动课题。

在中班活动室展开了一场别开生面的“乌龟、龙虾和螃蟹赛跑”活动,幼儿个个笑容满面,观察得兴奋无比。他们在轻松、愉快的气氛中,观察了三样小动物不同的爬行方式,丰富了幼儿有关小动物运动方式的经验。这就是年轻的王红珊老师在正规科学活动、非正规科学活动、偶发性科学活动必须紧密结合,必须为幼儿学科学创设愉悦的、轻松的心理环境等理论指导下,把偶发性科学活动引入全班的有计划

的正规科学活动的具体体现，创造性地发展了儿童知道的“龟兔赛跑”童话故事的生动实例。

有丰富经验的郭桂英老师，在幼儿科学教育中，重视幼儿活动，重视幼儿学习科学的过程，进一步理解科学活动在开发幼儿智力、发展个性、学习怎样学的技能等方面的作用，认识到幼儿成为学习主人的重要性以及注入式教学的弊端后，不仅在科学教育中克服求稳怕乱的思想，为幼儿提供有结构的材料，保证幼儿尽可能在活动中学科学，还创造性地把活动引入其他课程领域。如通过幼儿亲自的活动，学习为入学做好技能上的准备（请每个幼儿背个书包上幼儿园，并且请他们学习整理学习用品），改变了以往生硬灌输的教学方法，取得了较好的教育效果。

年轻的小戴老师也不例外，在“多种多样的镜子”科学活动中，她用心地为幼儿提供了平面镜、凹透镜、凸透镜、三棱镜等多种镜子，使幼儿进行了别具一格的探索活动，激发了幼儿浓厚的兴趣。

总之，我们看到了基层教师蕴藏着极大的潜力，他们有改革的积极性，更有无穷的创造性，关键是怎样使第一线教师学习现代教育的理论，吸收新信息，建立新观念，参与新的理论指导下的教育实践研究，尝试新方法！

正规科学活动的探索研究，显示了幼儿科学活动在幼儿学科学、幼儿发展中的积极作用，并取得了良好的教育效果。但是，幼儿科学教育的内容是多方面的，并不是所有的内容都适合幼儿动手操作，对于某些内容，如探索人体的奥秘的课题，除尽可能通过幼儿自身的活动外，结合幼儿原有的经验，进行讨论，观察模型、图片，教师讲解介绍，进行必要的文化传递，仍然是必要的。有的课题不可能仅以外部各种感官来感知、获取第一手经验，还要运用运动感觉、机体内部感觉，即将三者结合，才能丰富经验，充实经验。

进行幼儿科学教育，开展幼儿科学活动，在教师的教育观念转变、主动积极地投入幼儿科学启蒙教育后，提高幼儿教师的科学素质，就成为科学教育改革的主要方面。这是迫切需要解决的问题，也是值得我们继续探讨研究的问题!

最后要说明的是,这次仅仅重点研究了正规科学活动,而没有深入研究它与其他科学活动的关系,这些问题以及与课程其他领域的关系,将待以后研究。

1992 年 8 月

“低幼儿童科学教育衔接研究”的启示

自1992年秋至1995年夏，南京师范大学教育系学前教育专业的王志明、张俊和苏州郊区实验小学幼儿园的周爱民、俞贵珍、陈建华等老师合作，成立了科学教育研究小组，对该园的大班到小学二年级（两个班）的儿童进行了三年低幼儿童科学教育衔接的实验研究。该研究是在长期的幼儿科学教育理论和实践研究基础上进行的。从制订研究计划，确定研究目的、对象、方法、手段到实施科学教育的过程，直至最终评价，都与原有幼儿科学教育研究紧密联系。这是幼儿科学教育研究向纵深发展的一次跟踪研究的尝试，它的意义是重大的，给予我们的启示也是多方面的。现简述于下：

一、对幼儿科学教育重要性理解的深化

关于幼儿科学教育的重要性，在以往的理论和实践研究中都予以充分的肯定的阐明，诸如有利于发展幼儿的好奇心，培养幼儿对科学的兴趣，学习学科学的方法，获取广泛的科学经验，发展智力，培养良好个性品质等。总之，幼儿科学教育能促进幼儿身心的和谐发展，为今后学科学奠定良好的基础。但是，对于幼儿科学教育究竟对幼儿入学后有什么积极影响，以及如果没有进行幼儿科学教育或者进行不恰当，是否会产生负效应，却从未涉及和思考。本研究的结果，使我们看到了幼儿科学教育对儿童入学后的积极意义。

1\. 幼儿科学教育对儿童入学后好奇心和科学兴趣的发展起积极影响。

低幼儿童科学教育衔接研究的结果表明，进行幼儿科学教育的实

验班和未进行科学教育的对比班相比，在幼儿园阶级，幼儿好奇心和对科学的兴趣的发展有显著差异；进入小学后，幼儿实验班的儿童好奇心和科学兴趣不仅得到保持，而且继续快速发展，而对比班原本就未能得到良好发展的好奇心和兴趣，不仅没有发展，而且呈下降趋势。

研究说明了幼儿科学教育保护、发展了幼儿天生的、稚嫩的好奇心，并激发了他们由好奇心而引起的对科学的低层次的兴趣，它为儿童入学后，好奇心和科学兴趣的继续发展奠定了良好的基础。随着科学教育的继续，有力地推动了少年儿童学科学，使低年级儿童的强烈好奇心，逐渐发展为求知欲，由低层次的科学兴趣，发展为对科学的有目的的兴趣。

反之，在幼儿期好奇心得不到保护和发展，或受到压抑，入学后，受压制的好奇心，要得到应有的发展就会有困难，甚至是逐渐地被磨灭。由好奇引起的对客观物质世界的关注，对科学兴趣的发展会遇到一定的障碍。

正如英国著名物理学家贝尔纳所言：科学教育的早期限制，其严重后果之一，是“当孩子年龄还小，天生的好奇心还没有被社会传统磨掉的时候，不对他们讲科学，就会失去唤起他们对科学的持久兴趣的最好机会……”。

2. 幼儿科学教育帮助幼儿学习科学，学习探索周围世界的方法——观察、分类、测量、表达思考、解决问题等方法，并发展了幼儿的观察力、思维能力、动手操作能力和交往能力等。研究结果表明，实验班儿童由于在幼儿期习得学科学的方法，进入小学后，他们能灵活运用已学的方法，主动探索周围世界，获取大量信息，或运用信息，寻找多种答案，解决问题；对比班儿童由于在幼儿期没有重视科学方法的学习，不能充分运用感官观察周围世界，没有主动获取信息的条件，在丰富多彩的自然界中，显得被动和手足无措。在同一自然环境里，同一探索过程中，前者是主动、积极，尽情地探索、无穷地吸取，后者则懒散、乏味，只求尽快离去，形成了鲜明的对照。这说明幼儿科学教育为儿童学科学提供了方法，为儿童主动、积极探索科学奠定了良好基础。

3. 幼儿科学教育为幼儿获取了广泛、多样的物质世界的经验，为入学后的儿童学习科学，理解科学概念，丰富科学概念的含义和运用科学概念提供了丰富的、生动的表象。研究表明，实验班的儿童，能根据小学“自然”学习的要求和内容，联系已有的经验，随时激活大脑储存的有关表象，以多种答案，灵活地解决某一问题或解释某一科学现象，而对比班的儿童则经验贫乏，回答简单。

总之，“低幼儿童科学教育衔接研究”给予我们的第一个启示，是幼儿科学教育进行与否，对于儿童科学经验的获得、好奇心和科学兴趣的发展、探索科学愿望的强烈、态度的主动以及科学方法的运用、思维的灵活性、解决问题能力的培养，都有积极的或消极的影响。幼儿科学教育不是可有可无，而是必须给予更多的关注和重视。

二、关于教育和儿童发展的连续性的思考

不少教育家和心理学家都论述过有关教育和儿童发展的阶段性和连续性问题。我国现代教育家陈鹤琴先生认为，儿童的教育是整体的和连续的。美国的 J. M. 索里和 C. W. 特尔福德认为，儿童的发展是一个逐渐的、连续性的变化，是一个连续的过程，其中每个阶段是这一连续体的一个组成部分，每个阶段都以不同的速度，从前一个阶段预示和产生出来。皮亚杰则认为，认知发展是内部结构的一个连续的组织和再组织过程，根本的过程是连续的和经常的。

他们都认为儿童的发展的连续性是根本的，阶段仅是发展中的一个组成部分，作为教育也应是连续的，不应是割裂的。

关于教育和儿童发展的连续性和阶段性的理论，作为教育工作者并不陌生。但在以往教育的实践中，较重视教育和儿童发展的阶段性，而忽视教育和儿童发展的连续性。在幼儿园、小学教育衔接问题上，只片面强调幼儿应如何适应小学的学习习惯、读、写、算等，而很少考虑经过幼儿园阶段的教育，幼儿在身体、认知、社会、情感和态度方面已奠定的良好基础，怎样使儿童入学后，原有的基础得到保持和继续发展。实际上，个体的阶段发展和教育，仅是个体终身发展、终身教育的一个组成部分，而发展的连续性和教育的连续性怎样促进个体连

续的发展才是根本的。

低幼儿童科学教育衔接研究，则从儿童发展和教育的阶段性与连续性来思考科学教育，并进行研究，既注意幼儿园和小学科学教育的阶段区别，又思考、研究低幼儿童的发展和科学教育的连续。我们从科学教育进行科学素质早期培养的宗旨出发，思考、研究科学教育目标、内容、方法、手段的区别性和连续性。如科学知识方面目标，幼儿园是获取广泛科学经验，并在经验基础上建构表象水平上的科学概念，而小学则在原有科学经验基础上继续丰富、扩展，建构的则是以文字形式表达的抽象的科学概念。思考、研究经过幼儿园科学教育后，幼儿的好奇心、对科学的兴趣等怎样在小学里能得到继续发展；幼儿园的科学活动方法，在小学里既有所保留，又有其不同。甚至，为了教师更好地了解儿童的发展基础，继续进行教育，采取教师跟着幼儿升班，教授小学低年级的科学教育课，以使儿童的发展和科学教育的连续性，得到有效的保证。

低幼儿童科学教育衔接研究说明，由于重视了儿童发展和教育的连续性，实验班儿童无论是好奇心和科学兴趣的发展、科学方法的习得，还是科学经验的丰富、思维和解决问题能力的提高，和对比班相比，都有明显的差异。

三、关于幼儿科学教育“度”的思考

“幼儿园把小学的内容都学了，小学还学什么?”“幼儿要学那么深吗?”那么幼儿科学教育的“度”究竟该怎样把握呢？低幼儿童科学教育衔接研究给予我们的启示是：

1. 幼儿科学教育为幼儿提供的应以幼儿周围物质世界广泛、多样的经验性知识为主，因为丰富的科学经验是思考、抽象、概括的物质基础，它可以帮助初入学的幼儿理解、解释科学概念，充实、丰富科学概念的含义，避免出现科学经验贫乏、科学概念空洞的不良状态；幼儿期直觉行动思维和形象思维特点，适合经验性知识的学习；幼儿有可能通过多种活动，接触周围物质世界，获取科学经验。进入小学的儿童，在以文字学习为主的环境中，接触世界、获取经验的机会明显减少，如幼儿期缺乏广泛的科学经验，入学后很难弥补。

2. 要帮助幼儿学习学科学的方法，发展幼儿的好奇心和对科学活动的兴趣，以使幼儿入学后，既有学习科学的内部动力和主动性、积极性，又有方法进行各种科学探索活动，能主动探索、主动获取科学信息，加工处理信息和运用信息，解决问题。

3. 科学教育教师的连续性是至关重要的。在衔接研究过程中，发现从幼儿园和幼儿共同进入小学的教师，由于对儿童的基础了解比较清楚，能灵活地补充、扩展儿童已有的科学经验，删减已学过的已懂的内容，增添儿童喜欢的科学活动，使小学一、二年级抽象的概念学得活、学得生动，使儿童的好奇心、科学兴趣得到了连续的、充分的发展，科学知识学得更为坚实，无论在课内，还是课外，儿童显得更为活跃、欢乐！

低幼儿童科学教育衔接研究是首次探索，体会是很多的，上述几点仅供参考。

1995 年

幼儿科学教育的目标

幼儿科学教育是指幼儿在教师的指导下，通过自身的活动，对周围物质世界进行感知、观察、操作，发现问题，寻求答案的探索过程。在这一过程中，幼儿获取广泛的科学经验，学习科学方法，发展智力和好奇心，并感受到自己的能力和成功，得到愉悦的情绪体验，产生学科学的兴趣和对大自然的关注和热爱。

显然，幼儿科学教育与课程的其他领域有所不同，各有特点，故本书的编写，既以幼儿园课程的指导思想为基点，又从幼儿科学教育自身的特点，提出本书的编写指导思想。

一、指导思想

（一）以科学素质的早期培养为基点，实施幼儿科学教育

科学素质是现代社会的公民和跨世纪人才必备的素质之一。它包含科学知识、科学方法和对科学的情感和态度三个方面。

科学知识对幼儿来说，就是他们周围物质世界的经验性知识，即幼儿能直接接触、感知的科学经验或在经验基础上建构的初步概念。

科学方法就是指幼儿探索周围物质世界，获取广泛的科学经验和认识世界的方法，即探索科学的方法，它包括观察、分类、测量、表达、思考、解决问题等方法。

对科学的情感和态度就是指幼儿对周围世界的好奇心，对科学的兴趣以及对自然界的关心、爱护和热爱等情感和态度。

上述三个方面是科学素质的组成部分，是一个完整的统一体，它们相互联系、相互促进，不可任意分割。有的教师把科学素质的早期培养仅理解为科学知识的教学，有的教师认为仅是科学兴趣的激发或科学方法的学习，这都有所偏颇。在进行科学教育时，如遗忘或偏重

于某一方面，将会偏离科学素质早期培养的基本出发点。

科学素质的早期培养意味着从幼儿就应起步，既不是等待幼儿成长后再进行科学素质教育，也不是在幼年时就提高什么科学文化素质。

科学素质的培养，从幼儿就开始，原因如下：

1. 幼儿具有天生的好奇心，他们对周围世界充满着惊奇，不仅喜欢触摸、摆弄、操作，还会提出种种问题，表现出他们渴望认识周围世界和学习科学的需要。及时而适当的科学启蒙，让他们在内部需要和愉快的情绪下学科学，从而可满足、保护、发展幼儿的好奇心，激发他们探索科学的兴趣。而好奇心又是科学家的重要素质，是科学探索、发明的必要条件。虽然幼儿的好奇不同于科学家的好奇，但它们并没有不可逾越的鸿沟。幼年期好奇心得到充分的发展，将有利于他们成长后对科学的好奇心的发展，对科学持久兴趣的产生和科学探索精神的激发。

2. 幼年期的科学启蒙，使幼儿获得和积累广泛的科学经验，建立起多种多样的生动的表象。这将为他们不断吸收、扩展科学经验，建立新的科学知识结构和解释、理解、掌握深奥的科学原理、定律奠定基础。总之，有利于各类科学知识的学习。

3. 科学方法是科学素质的又一方面，在幼儿期学习的观察、分类、测量、表达、思考、解决问题等方法，关系到信息的收集、加工处理、储存、交流和运用，它们贯穿于科学探索的全过程。幼儿学习了方法，好似得到了一把金钥匙，可以随时打开科学的宝库，吸取无穷的“营养”，对于成长后学科学、探索科学也是极为重要的。

从上可知，幼儿科学教育以科学素质的早期培养为基点，不仅为了幼儿学科学有一个良好开端，更对他们成年后成为具有科学素质的现代的和未来的公民有极大的影响。

为此，以科学素质早期培养为指导思想，制订符合幼儿发展水平的科学教育目标，设计科学活动是至关重要的。

（二）以辩证唯物主义观点指导幼儿科学教育

马克思主义的辩证唯物主义思想，是一种科学的哲学观点，它告诉人们世界是物质的，任何事物都是客观存在的，而且是不断运动、发展、变化的，它们都是彼此联系、相互制约的。这一精辟的科学哲学观点，在科技高度发展和封建迷信的唯心主义思想残余并存的现代社会里，并没有过时，而且非常必要，要以此科学观点来指导今天的幼儿科学教育。

在幼儿科学教育中，教师应客观地向幼儿介绍丰富多彩、相互联系、变化无穷的周围世界，使幼儿观察到事物的产生、生长、发展和变化，观察到自然界、自然物和现象的相互联系，科学地领略大千世界的本来面貌，获取物质世界客观存在、运动、变化、相互关系等的感性经验。避免固定不变地、僵化地、孤立地向幼儿介绍科学知识，更要反对用唯心的、封建迷信的思想和行为，有意无意地侵蚀幼儿的心灵，影响幼儿的行为。这样才有利于新一代从幼年起就开始科学地、客观地对待、观察世界，形成科学的、正确的思维方法，也有利于科学素质的早期培养。

（三）以自然生态观点渗透幼儿科学教育

生态学是研究生物、人和环境之间相互关系的一门科学。它阐明了人、生物、空气、阳光、水、岩石、砂土等是构成环境不可缺少的因素，以及它们之间的相互联系、相互制约、相互依存的关系。任何因素的缺乏，环境都将会失去生态平衡，给人类、动物、植物带来伤害，有时甚至会带来毁灭性的灾难。当前，全球性的环境问题已给人类和自然界带来了严重的威胁。在幼儿科学教育中，渗透自然生态观点，进行环境教育更为迫切，尤为重要。

以自然生态观为指导思想，强调生态环境教育是幼儿科学教育的重要方面。无论在目标、内容、方法和活动设计方面，还是在环境的设置、材料的提供中都需要有所渗透。如为幼儿显示他们能理解的生物、人和各种环境因素间的相互联系、相互依存的关系；介绍环境污染、维护生态平衡的具体形象的事实和资料；幼儿关心、爱护环境的态度和行为，以及增添自然因素的环境设置，减少人造材料的污染等等。为保持人和自然持续地协调发展，激发幼儿的爱心，善待生灵，关心、保护环境的情感和态度，为幼儿成长后，能与自然和睦相处的思想、情感和良好的行为，在初始的科学教育中，就要受到积极的影响，得到培养。

此外，促进幼儿体力、认知、社会和情感的发展，在幼儿科学教育的编写中，也是不可少的指导思想。在此不作详述。

二、幼儿科学教育目标

(一) 幼儿科学教育总目标

1. 帮助幼儿获取周围物质世界广泛的科学经验，并在感性经验基础上形成初级科学概念。

2. 帮助幼儿学习探索周围世界和学科学的方法——观察、分类、测量、思考、表达和交流信息，发展幼儿的观察力、思维能力、创造力，初步的解决问题能力和动手操作能力。

3. 激发幼儿对周围世界的好奇心，探索周围世界和学习科学的兴趣，培养幼儿关心、爱护自然的积极情感和态度。

(二) 幼儿科学教育分类目标

1. 科学知识。帮助幼儿获取周围物质世界的广泛的科学经验，或在感性经验的基础上形成初级的自然科学概念。

(1) 帮助幼儿获取有关常见的自然现象(包括季节、气象、理化等)及其与人类、动植物关系的具体经验或形成初级的自然科学概念。

(2) 帮助幼儿获取有关周围环境(有生命物质和无生命物质)及其相互关系的具体经验或形成初级自然科学概念。

(3) 帮助幼儿获取与自己生活有关的科技产品及其对人类影响的具体形象的知识。

2. 科学方法。帮助幼儿学习探索周围世界和学科学的方法——观察、分类、测量、思考、表达交流和解决问题等。发展幼儿的观察力、思维能力、创造力、动手能力和初步解决问题的能力。

(1) 帮助幼儿了解各种感官在获取信息中的作用，学会使用感官的方法，能运用感官感知自然界和生活中的科技产品，获得感性经验，并学习有顺序观察的方法，发展观察力。

(2) 帮助幼儿学习分类的方法，使幼儿能在一组物体中，按照事物的一个或两个特征挑选出有关物体；能按照指定的标准，将给予的一组物体进行分类；能以自己规定的标准进行分类。

(3) 帮助幼儿学习测量的方法，使幼儿能以粗略的方法（目测或感知）和非正式量具（如木棍、绳子等）测量物体；学习以正式量具（如尺、温度计等）测量物体。

(4) 帮助幼儿学习思考的方法，学习对周围物质世界（有生命物质和无生命物质）进行比较、分析、概括、归纳、演绎等的方法，培养思考的习惯，发展思维能力。

(5) 帮助幼儿学会以语言、体态、绘画、塑造等手段，表达交流科学探索活动中的发现，获得的经验和问题以及探索的过程和方法。

3. 对科学的情感和态度。激发幼儿对周围世界的好奇心，探索周围世界和学习科学的兴趣，培养幼儿关心、爱护自然和环境的积极情感和态度。

(1) 激发幼儿对周围环境中的新异刺激产生惊疑，作出积极的反应，并能集中注意，感知、观察、操作刺激物，并提出问题，寻求有关信息和答案。

(2) 培养幼儿对自然界和科学活动的兴趣，使幼儿喜欢观察、探索自然界，积极参与科学活动，谈论有关自然物、自然现象和科学活动，并在活动中表现愉悦的情绪。

(3) 培养幼儿关心自然界，爱护、保护动植物和周围环境的积极情感和态度。

(三) 各年龄段幼儿科学教育目标

1. 小班

(1) 引导幼儿观察周围自然现象的明显特征，并获取粗浅的科学经验。

(2) 引导幼儿观察常见的个别动植物和无生命物质的特征，初步了解它们与人、环境的关系。

(3) 引导幼儿观察日常生活中个别人造物品的特征及其用途。

(4) 帮助幼儿了解各种感官在感知中的作用，学习运用各种感官感知的方法，发展感知能力。学会从一组物体中根据一个或两个特征，挑选出物体，归入一类；学会通过观察知道物体数量的差别（如许多花、一朵花、三只小蝌蚪等）；能以词汇或简单的句子描述事物的特征或自己的发现；与成人或同伴交流。

(5) 使幼儿乐意参加科学活动，喜爱动植物，注意周围的自然环境。

2. 中班

(1) 帮助幼儿了解四季的特征及其与人们生活的关系，观察简单的理化现象，获取感性经验。

(2) 帮助幼儿获取有关自然环境中有生命物质、无生命物质及其与人类关系的具体经验，了解不同环境中个别动植物的形态特征和生活习性。

(3) 引导幼儿了解周围生活中的某些科技产品及其与人们的关系。

(4) 帮助幼儿学会综合运用多种感官感知事物特征，发展观察力；学会按照指定的标准对物体进行简单分类；学习运用简单的工具（如绳子、棍子等非正式测量工具）进行测量的方法；能以自己的语言描述自己的发现，并和成人、同伴交流。

(5) 使幼儿能主动参加科学活动，喜欢探索周围自然界，关心、爱护动植物和周围的自然环境。

3. 大班

(1) 帮助幼儿获取有关季节与人类、动植物、环境等关系的感性经验，形成春、夏、秋、冬四季的初步概念，探索周围生活中常见的理化现象，获取有关的科学经验。

(2) 帮助幼儿初步了解各种环境中的动植物及其与环境的相互关系，介绍环境污染的现象和人们保护生态环境的活动。

(3) 介绍幼儿能理解的或能看见的现代社会生活中的科学技术产品及其对人类的影响。

(4)使幼儿能主动运用多种感官观察事物,学习观察的方法,发展观察力;能按照自己规定的不同标准对物体进行分类;学习使用正式量具(如尺、温度计等)进行测量并学会正确的测量方法;能用语言与成人或同伴交流自己的发现、探索过程和方法,表达存在的问题和自己的愿望。

(5)使幼儿喜欢并能较长时间参与科学活动;能主动探索周围自然界并能发现问题、提出问题、寻求答案;能关心、爱护自然环境。

三、幼儿科学教育的内容

幼儿科学教育内容是体现该领域的指导思想,实现科学教育目标的实质部分。它以幼儿周围世界的自然科学现象、科技产品等为幼儿的学习对象,既有反映该年龄阶段幼儿喜欢的传统教材内容,如"可爱的小兔子",也有随着科学技术发展、社会文明进步,体现当今科技社会的新内容;不仅使幼儿感兴趣,可探索,还使幼儿从中得益,接受科学启蒙教育,实施科学素质的早期培养。

科学教育内容共分四大部分:

1. 幼儿常见的自然现象(季节、气象、理化等)及其与人类、动植物的关系。

2. 幼儿周围的物质世界及其相互关系(无生命物质、动植物、微生物与人类的关系,动物与植物,动植物与微生物,动物与动物,植物与植物,无生命物质与有生命物质等的相互关系),以及幼儿关心、爱护周围环境的态度、行为和方法。

3. 幼儿日常生活中常见的科技产品及其对人类的影响。

4. 人体的奥秘及其保护。

幼儿科学教育的内容,具有如下几个方面的特点:

1. 从幼儿思维特点(直觉行动思维和形象思维)出发,为幼儿选择可见、可闻、可触摸、可操作的自然物和科学现象,以及便于幼儿从周围物质世界中获取的直接经验(即经验性知识)或生动形象的具体知识。即使是概念也必须是在幼儿自己经验基础上建构的表象水平上的概念,如"鸡的一家""各种各样的石头""蒙蒙的雾""高高的水杉"

“电话真方便”等等，都是幼儿能直接观察、操作感知的学习内容。即使作为开阔幼儿视野，扩展知识面，满足幼儿好奇心，而不易直接观察的，如“自然保护区里的动物”“地球的新朋友——人造卫星”“现代的交通工具——地铁”等，也须借助于图片、模型或录像，进行具体、形象、生动、有趣的自然科学教育。

2. 从自然生态和环境教育出发，强调自然界动植物的多样性，动植物与其生存环境以及和人类的相互关系。强调人类对它们的关心、爱护的态度、行为和方法。

鉴于自然环境是人类和动植物赖以生存和发展的必要条件，任何动植物离开了它们适宜的生活环境就不能生存和发展，甚至有可能遭到种群的灭绝。而自然界有生命物质——动植物等种群的多样性是维护生态平衡的重要因素，任何物种的灭绝，势必造成生态平衡的破坏。因此，课题选择的内容，为幼儿提供了丰富、多样的动植物知识，并且都与它们生存的环境紧密联系。如“水里的动物”“吃草的羊”“野生动物——老虎”“不怕冷的企鹅”“长长的海带”“水边的芦苇”“小小的微生物”以及生长在土里的粮食作物、蔬菜、树木、花卉等等。这些内容中有肉食动物、草食动物以及以浮游生物为食物的动物；有藻类、苔藓等低等植物，也有灌木、乔木等高等植物，以及生存于不同环境里的有生命物质——动物、植物和微生物。内容既反映了有生命物质的多样性，又体现了它们与生存环境的依赖关系。对于幼儿来说，虽然不可能告之以“维护生态平衡”“增强环境意识”等等专门术语，但他们可以朦胧地意识到自然界有生命物质是多种多样的，它们都各有自己的食物、自己生活的“家”，谁也少不了食物，谁也不能没有生存的地方，谁也少不了谁。从中渗透了生物种群多样性的重要和生态圈、食物链等生态环境教育。给予幼儿热爱自然、保护自然界、善待生灵以及人和自然和谐相处的积极影响。

3. 重视现代科学技术和民族文化特色的反映。科学技术是生产力发展的重要力量，是人类社会文明进步的标志。随着科学技术的高速发展，及其向社会各个领域的日益渗透，极大地改变了世界的面貌和人类的生活。人们的衣食住行不少是科学技术发明、发现的成果，从穿的衣服、住房的装饰墙纸、照明的灯具、代步的交通工具、取暖降温的家用电器等等，都呈现于幼儿的周围世界，正所谓琳琅满目、俯拾即是。正由于此，科学教育中有相当部分反映了现代科技和它们在社会生活中的作用，如“聪明的电脑”“现代通讯工具”“高高的电视塔”“能干的机器人”等等，即使是不显眼的“各种各样的纽扣”同样反映了材料科学的发展。这不仅是为了使生活在当今科技时代的幼儿认识一些科技产品及其作用，适应现代生活，体验、感受现代社会的幸福，更是为了诱发他们对现代科技的好奇心和产生探索的愿望，潜移默化地进行科技意识教育。

在内容中除了反映现代科技的时代特点外，对体现我国几千年的民族文化也有其重要意义。这是因为我国是一个具有优秀科学文化传统的国家，而民族特色的科学文化只有依赖于教育才能得以保存、传递、延续、发展和再创。为此，我们选择了具有民族特色的内容，如“中国的饮料——茶”“国宝——熊猫”“有用的纸”“多彩的扇子”等等，介绍了我国的传统文化，既体现了民族特色，又萌发了幼儿的民族自豪感。

4. 体现正确的行为方法的指导。在幼儿科学教育内容里我们已经重视了情感、态度的培养，如科学兴趣的激发，关心、爱护有生命物质和保护自然环境等等积极态度的培养。然而，对幼儿仅仅如此，是远远不够的，还需要指导幼儿怎样爱护动植物，如何保护环境等的具体方法。因为幼儿有时不是不想爱护动植物，甚至是非常喜爱它们的，但是不知道怎样去做。为此，在本书的内容中，我们重视了正确行为、方法的具体指导和帮助。如在“可爱的小鸽子”课题中，除了给幼儿观察鸽子的特征，教育爱护鸽子的情感外，还使幼儿知道鸽子吃的食物和喂鸽子的方法，以保护鸽子的生存。又如在“不要乱扔垃圾”的课题中，不仅告诉幼儿生活垃圾污染环境，还具体告知：“在汽车上有瓜皮果壳该怎么办”“在马路上又应怎么做”“在公园里怎么办”等具体的行为方法，从而教育幼儿保持环境的清洁。

这样做，将使幼儿的情感、态度的培养与他们的行为紧密联系，取得良好的效果。

5. 在知识的广度和深度方面。在广度上，从幼儿获取周围个别自然物、自然现象的经验→幼儿与个别事物和周围环境的关系→幼儿和周围物质世界对社会关系的具体经验→开阔视野，扩展知识经验；在深度上，从幼儿获取广泛的经验性知识→建构初步概念。

不同广度和深度的知识内容，体现了对不同年龄阶段幼儿不同的基本知识要求，也体现了适应发展较快幼儿的兴趣和需要，反映了对幼儿学科学既有一般要求，又不强求一致、一刀切，也不限制其发展。

以上对幼儿科学教育的内容，作了简略的剖析，它和幼儿科学教育的目标紧密联系，并具体地体现于小班、中班、大班的各个课题的活动设计中，内容较多，教师必须根据当地的实际情况，选择运用或直接运用，尤其是现代科技部分，增添了不少新内容，更需要在教育实践过程中，不断改进。

四、幼儿科学教育活动的组织特点

幼儿科学教育活动是实现科学教育目标的重要保证，是实施科学教育内容的有效方法。由于幼儿思维发展水平的局限，幼儿主要通过自身的感知、观察、操作等进行科学探索活动，不断与周围物质世界相互作用，获取经验，建构概念，学习科学，而不是通过教师讲解学科学。正确地组织幼儿科学活动，将使幼儿获益匪浅。

(一) 幼儿科学活动的种类

1. 正规科学活动。
2. 非正规科学活动。
3. 偶发性科学活动。

上述三种科学活动是相互联系、相互补充的，教师要使三种活动有机地结合，灵活开展，以取得幼儿科学教育良好的效果。

除了通过幼儿自身的科学探索活动学科学外，科学游戏、种植和饲养、早期科学阅读以及幻灯、录像、绘画、挂图等等，同样是组织幼儿学科学不可缺少的，与课程的其他领域相联系也是相当重要的。

本书分为幼儿小、中、大三个班，共设计了 188 个正规科学活动。

非正规活动，有时仅以“活动延伸”的形式出现。而实际上，在自然角、科学桌、科学发现室等都可展开非正规科学活动，以满足个别幼儿进行科学探索的需要，巩固、补充、扩展和丰富幼儿的科学经验，使他们得到应有的发展。

（二）正规科学活动的组成部分

1. 活动目标。它是整个活动的核心，关系到幼儿科学教育总目标的实现，以及幼儿科学素质的早期培养。活动的其他部分（活动准备、活动过程）都围绕活动目标展开。

活动目标必须包括知识点，科学方法、技能的学习和情感态度的培养。只有这样，才能保证幼儿认知、情感态度和方法技能的协调发展。如果在活动目标设计中缺少某一方面，那在活动过程中将会有所偏颇，这是要绝对避免的。

2. 活动准备。它是整个活动的重要环节，直接影响活动过程的进行和目标的实现。准备应包括教师的知识准备、情感准备和环境准备。

教师在幼儿科学教育中，需要广泛的自然科学知识，才有可能自如地、深入浅出地指导幼儿的科学探索活动，这就需要教师长期的知识积累。而这里所指的在某一课题确定以后，查阅有关资料，明确有关概念和知识点，同样也是很重要的，这样可以做到胸有成竹，以避免措手不及。

情感态度上的准备是指教师对自然科学的兴趣，对有生命物质和无生命物质的爱护等等。如教师对某一课题内容充满兴趣和爱好，势必在活动过程中感染儿童，从而活跃幼儿的情绪，增添活动的气氛，对幼儿的情感、态度产生积极影响。

环境的准备是指幼儿进行科学探索活动的心理环境和物质环境的准备，前者是指为幼儿创设一个宽松愉悦的心理环境，使幼儿感到轻松而无压力，能自如地进行探索操作活动；后者是为幼儿提供丰富的物质、设备和活动空间，能使幼儿有足够的材料进行感知、观察、操作，使幼儿有较宽畅的空间展开活动，避免幼儿间的拥挤以及产生碰撞、冲突而影响活动。本书中为每一个活动设计了操作的物质材料，包括可观看的卡片、挂图、录像等，仅作参考。各地的教师，还可因地制宜地根据课题的要求，创造性地准备材料，充分利用社会资源，如植物园、科学博物馆、动物园、少儿站、科学活动中心等等。

3. 活动过程。它是实施科学活动的具体操作部分，是指幼儿在教师指导下的探索过程，是幼儿与物体和环境相互作用的过程，是幼儿与教师、与同伴相互交往的过程，也是幼儿主动建构有关自然科学认知结构的过程。在这一过程中，幼儿通过自身的感知、观察、操作探索活动，作用于物体，观察其反应，描述观察到的现象、活动中的经历和感受到的体验，或是解释现象和找出问题的答案，或是在感知经验的基础上形成概念。活动过程对于活动开展的成功与否是十分关键的。

4. 活动过程的组织要点。

(1) 能激发幼儿对活动的兴趣和参与探索活动的愿望，积极主动地参与活动。

(2) 在活动过程中充分体现幼儿是活动的主体。

(3) 保证幼儿能专心致志地感知、操作、探索，与物体不断地相互作用。

(4) 幼儿有充分的独立操作、探索、表达、思考的机会。

(5) 幼儿能在活动过程中学习到科学探索的方法和技能。

(6) 幼儿在探索过程中能有所发现，获得成功，感受到愉悦的情绪，增强自信心。

最后，在活动过程中，教师指导的关键在于提出有质量的问题，有步骤地指导幼儿的探索过程，而活动设计中的知识点和小结仅是给教师的启示，以使幼儿得到最基本的知识经验，教师可以根据幼儿探索、发现的实际情况，予以灵活处理，而不是直接告诉幼儿，要尽力避免以过多的语言取代或干扰幼儿的探索和发现，活动中不要中断幼儿的探索和思考，以保证活动过程的顺利进展，取得应有的教育效果。

1996 年 6 月

幼儿科学教育改革的回顾与展望

在科技高速发展的当今社会里，随着“科教兴国”战略国策的提出，“科普传播行动”的开展，全国掀起了学科学、讲科学、用科学的热潮，幼儿科学启蒙也日益成为广大幼教工作者关注和探讨的热点。为了使幼儿科学教育更好地适合时代潮流，实现其应有的价值，有必要对近十年来我国幼儿科学教育的改革和研究作一回顾，以激励大家面向未来，迎接 21 世纪的挑战！

一、对幼儿科学教育改革的回顾

近十年来，在邓小平同志的三个面向（面向现代化、面向世界、面向未来）的思想和改革开放政策的指引下，幼儿科学教育继承了我国学前教育、常识教育理论和实践的精华，如强调对幼儿热爱大自然情感的培养、集体的正规科学活动的组织以及科学观察方法的训练等等，引进、借鉴了国外有益的研究成果和经验，结合我国实际，在教学实践和科学研究的基础上，对原有的自然常识教育进行了改革。

1. 初步建立了幼儿科学教育框架，编写出版了自幼儿园、幼师到高师的幼儿科学教育教材和适合幼儿阅读的科普读物，如《幼儿科学教育》《幼儿园科学教育》《萤火虫——幼儿百科画丛》《幼儿小小百科》（自然卷）等等，对幼儿科学教育理论和教学实践研究以及幼儿的科学实践产生了较大的作用和影响。

2. 确立了以科学素质的早期培养为基点的幼儿科学教育目标。提出了科学知识、科学方法和智力技能、情感和态度三方面相互联系的三大目标，即引导幼儿获取有关周围物质世界的广泛的科学经验，以感性经验为基础，建立表象水平上的初级科学概念；引导幼儿掌握探索周围世界和学习科学的观察、分类、测量、思考、表达等方法，发展幼儿的观察力、思维能力、动手操作能力、创造力和解决问题的能力；发展幼儿对周围世界的好奇心，激发他们探索和学科学的兴趣，培养幼儿关心、爱护自然和环境的积极情感和态度以及培养幼儿独立性、自主性、自信心和创造性等良好个性品质，使幼儿的身心得到全面和谐的发展。这使教师进行科学教育时有方向，避免了仅为智育服务的片面性和为科学而科学、一哄而起的盲目性。

3. 重视了幼儿亲身参与科学活动和探索发现过程，积极地为幼儿学科学创设环境和提供物质材料，改变了以前教师仅注意教法和准备教具的现象。教师开始重视激发幼儿对科学活动的兴趣，了解指导幼儿的探索过程，鼓励幼儿在活动中有所发现、有所创新，宽容幼儿某些“越规”行为，使幼儿能在和谐的气氛里，愉快地探索，主动地学习。

4. 更新、充实、丰富了幼儿科学教育的内容，反映了现代科技的发展，渗透了生态环境教育，体现了时代的特点。

5. 教师的科技意识和生态环境意识增强了，教师在幼儿科学教育改革和实践研究过程中转变了观念，逐渐关心、观察、了解幼儿的需要、兴趣，尊重幼儿的要求，使幼儿真正成为科学活动的主体和主动的学习者、探索者，充分发挥了幼儿探索的积极性。

以上是我们对幼儿科学教育改革的简要回顾。面对即将来临的21世纪，作为学前教育课程领域的重要方面——幼儿科学教育，怎样在现有基础上进一步发展呢？这正是广大幼教工作者需要作出回答的问题。

二、对未来的展望

1. 幼儿科学教育将越来越受到人们的关注，更会引起幼教工作者的重视

处于工业社会转向信息社会之际的当今世界，正发生着深刻的变革。国际间综合国力竞争的焦点，正从廉价劳动力和原材料等经济因素的数量转向人力资源的质量，即掌握科技文化知识和专业技术的人

才将成为人力资源的精华和国际竞争的核心，科学劳动也将成为人类的主要活动。

为了在国际竞争中立于不败之地，我国政府把普及科学文化教育和提高国民科技素质作为实现我国经济持续发展战略目标的关键环节，提出“科教兴国”的战略国策和普及科学工作等具体措施。进行科学技术教育，增强人们的科技意识已经成为全国范围内的大事。这种全社会的热潮，直接影响着幼儿科学教育，尤其是已颁布的《幼儿园工作规程》，将“爱科学”教育作为幼儿教育目标之一，幼儿科学教育将越来越受到社会的关注、幼教界的重视。

幼儿的好奇心和认识世界的渴望，显示出他们需要学科学，而幼儿科学教育的实践又证明了早期科学启蒙有利于幼儿好奇心的保护和发展、科学兴趣的培养、科学方法的习得和广泛科学经验的获取。相反，如不及时进行早期科学教育，不仅使幼儿失去发展科学兴趣的机会，还将较大程度地影响幼儿今后科学素质的培养。这将使幼教工作者进一步认识到科学的早期启蒙的重要性和迫切性。

理论和实践说明，有的幼儿具有科学的潜能，如有的幼儿对周围科学现象表现出强烈的好奇心；对动植物、人类、气候、物理等科学现象有浓厚的兴趣；他们会自己提出问题，自己想办法解决问题；能观察到别的幼儿看不到的细节；像一个热情的探索者热爱大自然；非常专心于自己选择的活动……但是，过去成人往往注意到幼儿美术、音乐、语言等方面的潜能，而忽视了幼儿的科学潜能，影响了幼儿科学潜能的充分发挥，和对显露出这方面潜能的幼儿的进一步引导和培养。

在人们的科技意识不断增强的今天，一旦意识到幼儿的科学潜能的存在，早期科学启蒙必将引起人们更大的关注。

2. 科学、技术与社会的结合将成为现代和未来幼儿科学教育的趋势

科学、技术与社会结合的含义是科学技术教育与当前的社会发展、社会生产和社会生活紧密结合起来，强调科学、技术与社会的相互关系和科学技术在社会生活、生产中的应用的一种科学教育，也是当

代世界各国科学教育改革中形成的一种科学教育的新构思。它是科技高速发展的现代社会向科学教育提出的要求,也是科学、技术、社会学科自身发展的规律在教育中的表现。

现代科学技术的快速发展,使科学、技术向社会全面渗透,它使世界面貌和人类生活发生了极大的变化。一方面,它促进了人类社会的文明进步,为人们带来幸福;另一方面又为人类带来了全球性的严重的社会问题。诸如生态平衡的破坏、环境污染等等。这要求人们全面地认识科学、技术与人类社会的关系,全面、正确地认识科学、技术对社会产生的正负效应。而科学、技术与社会相结合的科学教育,将使新一代不仅要学习自然科学知识和技能,发现科学、发明新技术,还要提高社会责任感,把科学、技术的成果全部用于世界和平与社会发展,为全人类造福。

现代科学技术呈综合化趋势发展,各门学科相互交叉、相互渗透,任何新的科技成果的发现,重大经济、环境等问题的解决都具有高度的综合性质,而不是某一学科、某一科学专家、技术人才所能解决的,它需要人们的合作,需要自然科学、技术和社会学科等多学科、多部门的广泛合作,甚至国际间的合作。科学、技术与社会相结合的科学教育,将致力于培养下一代的合作精神。

科学、技术与社会相结合的科学教育新构思,有利于培养未来的公民全面认识科学技术与社会的关系、科学技术对社会的作用,形成社会责任感和合作精神。但这些方面的内容在目前的幼儿科学教育中还涉及不多,它们将是今后研究的新课题。

3. 加强生态与环境教育是幼儿科学教育的又一发展趋势

在科技高速发展的同时,生态平衡的破坏、环境污染已成为全球性的严重问题,危害着人们的健康和安全,威胁着人类的生存和发展。

但这又是人类自身对大自然盲目索取和工农业生产过多消耗自然资源和大量排放污染物所造成的后果。它是人类缺乏生态环境意识的反映。

如何使人类与自然和谐相处,如何处理人与自然间持续、协调发展，已成为当代和21世纪的世界性课题。

"环境保护，教育为本"，进行环境教育，提高全民族的环境意识，保护生态环境，已成为教育的必然趋势。从小抓起，教育幼儿关心环境、保护环境、热爱自然、爱护生命，培养他们对环境的积极情感态度和行为方法。这将是维护生态平衡，促使人与自然和谐相处的百年、万年大计。

近几年来，幼儿园的生态环境教育已取得了一定的经验，继续进行教育及其研究，将是广大幼教工作者长期要做的大事。

随着改革的深化，幼儿科学教育的普及，增强幼儿科学教育的目标意识，以早期科学素质培养为基点的目标研究还须不断深入，有关科学教育测量、评价系统的研究已急不可待，而科学教育与其他领域教育的相关研究还很不够。由于幼儿科学教育还不够成熟完善，任何有关课题的研究都不会嫌多，有关提高幼儿教师的科技意识和科学素质的研究，更为迫切。

总之，幼儿科学教育的进行和研究在我国幼教界已有了一个良好的开端，但发展尚不平衡，还需有志于该学科研究的幼教工作者坚持不懈地研究，使幼儿科学教育的理论不断充实、提高和完善。

1996年10月

幼儿园 STS 教育的探索研究

科学(Science)、技术(Technology)、社会(Society)的研究简称为STS研究，它探讨和揭示科学、技术和社会三者之间的复杂关系，研究科学、技术对社会产生的正负效应。其目的是要改变科学和技术分离，科学、技术和社会脱节的状态，使科学、技术更好地造福于人类。

STS研究和STS教育始于20世纪60年代末70年代初的美国，70年代后期至80年代在西方发达国家兴起。当时科学技术迅速发展，经济发达、社会繁荣、人们生活走向富裕，但与科学技术发展有关的重大社会问题(如环境、生态、人口、能源、资源等等)，也随之不断出现，给人们带来了未曾预料的灾难。这使人们对过去所认为的科学技术给予人类的都是幸福的观念产生动摇，导致人们意识到必须研究科学技术的社会效应，研究、教育人们如何控制、正确利用科学技术，更有利于人类社会的持续发展。可以说，STS研究和STS教育的产生是社会发展的需要，是人类的觉醒。

我国在20世纪80年代中期引进了有关STS教育的理论，并对大、中、小学STS教育进行了理论和实践的研究，探讨了理科教学的改进，其做法是：

1. 渗透STS的精神，以最新科学、技术知识和社会生活内容充实理科课程，如环境教育。

2. 开设STS选修课和专题讲座。

3. 在青少年课外活动中举办科技活动。并把理科STS教育列为国家“八五”“九五”重点课题进行研究，以改变我国理科教育中脱离社会生活状态的现象，并与素质教育相结合，力求形成中国化的 STS 教育。

但是，对于幼儿园 STS 教育，在国内外，无论是理论上还是实践上，都没有进行过全面、系统的研究。因此我们课题组以“幼儿园 STS 教育的探索研究”为题进行了尝试性、探索性的研究。具体研究如下问题：

1. 探讨幼儿园 STS 教育的可能性和必要性。

2. 以幼儿发展水平、特点为出发点，探讨、研究幼儿能感受、体验、理解的幼儿园 STS 教育的目标、内容和方法、手段（即解决幼儿园如何实施 STS 教育的问题）。

3. 研究 STS 教育对幼儿素质培养的作用。

我们的做法是：

1. 引进国内外 STS 教育的理论和实践成果，学习、领会 STS 教育的精神实质，对幼儿科学教育的过去和未来进行反复思考。

2. 运用行动研究法，根据幼儿园 STS 教育研究方案，实施 STS 教育，边实践边讨论研究边修改。

3. 阶段小结和总结。

通过理论的学习和实践研究，我们取得了以下的收获和共识。

一、对幼儿园 STS 教育内涵的理解

（一）对科学、技术的概念和关系的认识

1. 科学的概念，不是固定不变的，随着科学技术的发展、时代的前进，人们对科学的认识和理解在不断深化。以现代观点理解，科学是人类整个实践经验的概括和总结；是关于自然、社会和思维知识的理论体系；是一种不断前进和自我矫正的探索过程；所有的知识都是科学探索的结果；科学既是一种知识体系，又是产生知识体系的社会活动。

① 自然科学。自然界是人类生存和发展的必要条件和环境，自然科学是研究自然界不同对象的运动、变化和发展规律的科学，是关于自然界各种物质运动形式的本质及其规律的知识体系，是人类认识

自然的智慧结晶。人们往往把自然科学简称为“科学”。(本课题所指的科学即自然科学)

② 科学的职能是认识自然、探索自然的奥秘，揭示自然的本质和规律；是发现知识，回答是什么、为什么。在进入知识经济社会的今天，它不仅要回答是什么、为什么，还要进一步扩展，回答怎样的、怎么来的、是谁发现的以及在什么时候、什么地方发现的。

③ 科学家。科学就是发现人们未知的事实，发现人所未知的事实的人就是科学家。科学家不仅是知识的发现者，更重要的是知识的综合者。

④ 科学态度。以事实为依据，实事求是，一切从实际出发，用实践检验理论的行为准则就是科学态度。

2. 技术是人类在改造自然和社会实践中，通过认识和运用自然规律进行创造的劳动手段、工艺、方法及掌握这些手段和方法的技能体系。

技术是人们使用工艺或方法、生产工具和设备对物质材料进行加工。

技术的职能是改造自然，变天然自然为人工自然，发展新工艺，创造新产品，对自然力和自然物进行控制和利用。技术所回答的是做什么、怎样做的问题。

技术是人和自然、人和社会之间进行物质、能量和信息转换的媒介，是变天然自然为人工自然和对社会进行调节、控制的手段。

技术是直接生产力，它渗透到生产力各要素和生产过程各环节之中，同各要素、各环节紧密结合，成为科学转化为生产力的中介。

3. 科学和技术的关系。科学为技术提供知识，技术为科学提供应用这些知识的手段。科学上的许多重大突破，导致一系列新的技术革命，出现了更多的发明、创造，改革旧技术，产生新技术和新产品；而技术又为科学的探索、研究、发现、识别科学规律提供先进的工具、手段，使科学进一步发展有了可能。它们互相联系，相互促进。

随着科学技术的迅猛发展，科学和技术的统一成为现代科技的显著特征，出现了科学技术化、技术科学化的新趋势，科学和技术之间表现出密不可分的关系。

（二）对科学、技术和社会的关系的理解

人类社会是由一定的经济基础和上层建筑以及相互联系起来的人群构成的，它是人类生存和发展的环境。人们掌握、运用科学、技术，改造自然，发展生产，繁荣经济，为社会创造财富，改善人们生活，推动社会文明进步。如果人们只为自身利益或为局部利益、眼前利益不顾后果而无限制、无约束地向自然界索取，必将导致生态破坏，给人们带来祸害和灾难，最终影响社会的持续发展。

反过来，社会的经济、文化、政治制度都会促进科学、技术的发展或影响、阻滞科学、技术的顺利发展。它们是相互影响、相互推动，不断前进的动态互动过程，是相互联系、相互促进、相互制约的复杂关系。

（三）对幼儿园STS教育的浅识

STS教育是科学教育改革中兴起的一种新的科学教育构想，其宗旨是培养具有科学素质的公民。它面向公众，面向全体。要使学习者理解科学、技术和社会的相互联系和复杂关系，意识到科学、技术对人类社会发展的积极作用和负效应，改变科学和技术分离，科学、技术与社会脱节，和孤立地进行科学教育的状态，教育公众、教育学生在从事任何科学发现、技术发明、创造时都要选择正确的价值取向，意识到科学技术不是为了满足个人私欲，而是要顾及全社会的利益；不仅服务于当今社会，更要造福于子孙后代。

STS教育的实质是教育人们正确处理人和自然、人和科学技术、人和社会的关系。即人以正确态度对待自然、科学、技术和社会；以正确态度和生活方式，生存于社会，服务于社会。

显然，要求幼儿从理论上、抽象的概念层次上理解上述科学、技术与社会三者的关系以及STS教育的内涵是困难的。

因此，幼儿园STS教育是建立在幼儿的经验层次上的，是联系幼儿的生活（衣、食、住、行、玩等），让幼儿在活动中通过感知、观察和操作，以及对周围物质世界的探索、发现，来回答是什么、怎么样和为什么，以获取科学经验和具体的、粗浅的科技知识；通过参与探索、使用工具（物化的科技产品）、开展科技小制作等操作活动，来学习科学技术的简单方法和技能；通过在活动过程中的亲身经历，来感受、体验、理解科学和技术的关系，科技的应用、作用，以及科学、技术和社会三者的关系。

例如，小班“吃西瓜”活动中，幼儿通过感知、探索、品尝普通西瓜和无籽西瓜后，获取了有关西瓜的经验性知识：“无籽西瓜好吃！”“我喜欢吃无籽西瓜！”“吃无籽西瓜不麻烦！”他们感受、体验到了科技的作用以及科学给人们生活带来的方便。我们认为，对于小班幼儿来说，有这样的感受已经足够了，无须再从概念上去陈述科学、技术和社会三者的关系了。

例如，中班幼儿在“自制喷水壶”的科技活动中，当他们做成水壶，看到自己的成果后，一般幼儿都高高兴兴地用水壶为树为花浇水，但可能有个别幼儿拿它喷浇另一幼儿取乐。在这个活动中，教师就不仅是提供材料给幼儿制作水壶、学习操作技能，还要随机教育幼儿怎样正确使用水壶，学习对待小伙伴的正确态度和社会行为等等。

又如，大班“榨果汁”活动，孩子们都颇有兴趣地忙于榨果汁。在操作过程里，幼儿甲顺利地榨出了一杯西瓜汁，幼儿乙就遇到了困难，花了较多的时间，只榨出少量的果汁。这时，甲就自告奋勇地和乙一起榨；丙就倒点西瓜汁给乙喝。他们互相帮助，出现了出人意料的有趣、感人的生动场面。

在这个活动中，孩子们通过亲自榨果汁的过程，不仅认识了和幼儿生活有联系的科技产品，懂得了科技产品给人类生活带来的方便，学会了使用榨汁机的技能方法，见到了劳动产品，而且经历了帮助同伴、相互合作的行为过程，体验了制作、共同品尝、分享成果的乐趣。

幼儿园的 STS 教育就是这样通过幼儿自身的活动和经历，在孩子们的科学探索、操作使用工具、小制作等简单的过程中，学知识学技能，在经验水平上理解、感受、体验科学技术和社会的关系、科学技术的作用，作出价值取向的选择，逐步形成正确对待自然、科学技术和人的态度与行为。

二、对幼儿进行STS教育是必要和可能的

（一）必要性

1. 社会的需要。幼儿是社会的人，生活在科学技术突飞猛进的当今社会里，他们和成人一样，享受着由科学技术发展带来的社会文明，也同样面临着由科学技术发展带来的种种问题。

幼儿是未来社会的主人，对他们实施STS教育是社会发展对未来人才素质的要求。当前，最大的社会问题是关于人类的前途和命运的问题，也就是如何实现可持续发展的问题。这个问题的解决，需要全人类的合作和几代人坚持不懈的努力。这对人才素质提出了更高的要求：不仅需要有较高的科学文化素质，能够参与激烈的国际竞争，而且需要具有正确的科技观、价值观和世界观以及高度的社会责任感，善于合作，并能正确、合理地运用科学技术来解决实际问题，为人类造福。这一切都要在儿童的早期奠定基础。《幼儿园教育指导纲要（试行）》中指出，“幼儿园教育是基础教育的重要组成部分，是我国学校教育和终身教育的奠基阶段。”幼儿园STS教育将使幼儿在生动、有趣的科学探索和动手制作活动中，“获得有益于身心发展的经验”，“实施素质教育，为幼儿一生的发展打好基础”。

2. 个体发展的需要。自婴儿出世，他就依附于周围环境，在成人的抚育下生存、发展。作为个体，他渴望学习知识，还需要学习生存、学会生存，懂得怎样生活、如何交往，以适应生活、适应社会。幼儿STS教育，为他们学习知识、学习生活技能，提供了一定的条件，积极地点点滴滴地影响、帮助他们适应生活、适应社会，促进个体的正常发展。

（二）可能性

幼儿园实施STS教育也是可能的，关键是能否从幼儿的发展水平出发，是否符合幼儿的年龄特点。实践证明，只要紧密联系幼儿的生活，选择幼儿能感受和理解、易操作和制作的内容，运用生动而富有

情趣的科学活动和方法，立足于幼儿自身的感知、探索、发现、操作、制作等活动，而不是生搬硬套有关STS教育的理论，幼儿就有可能获取科学技术经验，学习简单的使用工具和进行小制作的技能和方法，并在经验水平上感受、理解科学技术的作用、科学和技术的关系以及它们对人们社会生活的影响。培养对科学探索、技术制作的兴趣，对自然、科技和同伴持有正确的态度，发展观察力、动手能力、创造力，有助于良好品质的形成，有利于责任感、合作精神的培养。

三、幼儿园STS教育是幼儿科学教育的拓展

自20世纪80年代起，我国幼儿科学教育，借鉴了西方儿童科学教育有关理论和有益经验，从教育观念、目标、内容和方法手段等方面，对原有自然常识教育进行了全面改革，实施了以科学素质早期培养为宗旨，以幼儿为主体，通过教师指导下的幼儿自身的探索活动，促进幼儿全面发展的科学教育。强调幼儿在探索活动中感知、探索、发现，在自身的经历中认识周围世界，获取相关的感性经验和知识；重视观察、分类、测量、表达、思考等科学方法、智力技能的学习；强调发展幼儿的好奇心、科学兴趣和对自然界的情感和态度、个性品质的培养；强调物质材料的提供、环境气氛的创设等等。

20世纪90年代以来，在幼儿科学教育理论和实践中，逐步渗透了STS教育的精神，增添了人工自然的内容。如向幼儿介绍与幼儿生活有关的科技产品及其应用，科技产品的发展，此外，还涉及了有关的社会问题，如结合幼儿的周围环境，进行环境教育；强调保护自然，善待生命等。其内容已经超越了纯自然探索的范围。在有的幼儿园中还出现了幼儿的科技小制作等科学和技术相结合的尝试。

但在幼儿园科学教育中，明显地存在如下的问题：

1. 缺乏科学教育和技术教育的紧密联系。

2. 缺乏技术方面的教育和制作技能、动手能力的培养。

3. 缺乏科学、技术和社会三者关系的教育，对技术、技术产品应有的关心、爱护等正确态度以及对技术、操作兴趣的培养，存在着科学教育脱离技术、与社会割裂的状况。

幼儿园STS教育不仅强调让幼儿在活动中感知、探索、发现自然界的奥秘，也要求幼儿探索人工自然，重视科学技术的应用和作用、科学和技术的关系、科学技术和社会的关系；不仅重视幼儿探索科学的方法的学习、智力的发展，还强调使用工具和制作技能的学习，动手操作能力的培养；不仅重视幼儿对自然界的关注和爱护，好奇心和科学兴趣的培养，还注意引导幼儿对技术和动手操作的兴趣，对科学、技术和社会的关心，进一步强调了幼儿对自然、对科学技术、对人和社会的情感和正确态度的教育和培养；不仅强调幼儿的活动，还强调联系幼儿的生活，联系社会。

具体表现如下：

1. 在幼儿科学教育目标中增添了有关技术和社会方面的要求。如关注科学技术在社会生活中的应用；了解科学、技术产品在生活中的作用；培养对技术制作、操作工具的兴趣；学习使用工具的方法，发展动手操作能力；培养创造力以及与同伴合作的社会能力；善待自然，善待生命，善待科学和技术产品，善待人类等等。

2. 加强了技术部分的内容。如对幼儿经常接触的感兴趣的科技产品的介绍；使用、操作简单工具；参与科技小制作；介绍科学家的发明创造；介绍幼儿感兴趣的有关自然社会事件(如动物搬家)等等。

3. 在方法上坚持幼儿在探索活动中学科学，在观察、感知等亲身的探索过程中，理解、获取科学知识，习得科学方法。还强调在亲身活动和生活经历中，体验、感受对自然、科学技术学习的情感和态度，以及加强幼儿动手操作(做)的方法，制作简单的科技产品(如用订书机装订画册、用磨子磨豆浆、做花卷、做风车等等)。这些做法增添了幼儿无比的乐趣和对事物理解和创造的机会。

4. 除了在正规科学活动中增添了制作活动，在环境设置方面，科学发现室里还设置了幼儿小制作区或小作坊，安放了幼儿使用的工具、材料，为幼儿制作活动提供方便和创新的时间和空间。

总之，在幼儿园的STS教育里，其目标更全面，内容更充实，方法手段更生动、多样、灵活，幼儿园STS教育的研究很大程度上拓展了原有的幼儿科学教育，更有利于幼儿科学素质和整体素质的培养，为终身学习奠定了初步基础。

四、幼儿园STS教育有益于幼儿身心发展

《幼儿园教育指导纲要（试行）》中指出："幼儿园教育应为幼儿提供健康、丰富的生活和活动环境，满足他们多方面发展的需要，使他们在快乐的童年生活中获得有益于身心发展的经验。"而幼儿园STS教育正为幼儿提供了丰富、有趣、联系幼儿生活的科技活动，给予幼儿学科学、学技能、发展能力、表现行为态度的机会。如"试试小锤子""香喷喷的面包""把黑暗赶走""刷子用处大""小小订书机""多彩的布""种玉米""自助早餐""做青团"等等。

这些活动，既可作为集体进行的正规活动，又可作为个别进行的非正规活动。STS教育活动增加了幼儿动手"做"的机会，既丰富了幼儿的生活，又满足了幼儿的兴趣、需要。这些活动为幼儿施展本领，发挥创造性、独立性提供了时间和空间。幼儿在这些活动中既能亲身参与感知，探索发现自然的奥秘，又能动手操作，"制造"具有某些科学技术含量的"产品"，看到自己的成果，体验成功的喜悦。从而促进了幼儿科学技术兴趣的萌发，技能的习得，动手操作能力的培养以及独立性、创造性的发展。

就以结合我国的传统节日（清明节）开展"做青团"活动为例，幼儿从亲自采摘艾青，各人动手做青团，到共同品尝青团的美味，愉快地经历了做青团的全过程。他们在"采摘""做"的过程中，不仅获取了有关科学、技术的知识和经验，学习了技能和方法，发展了动手操作能力，感受了技术的作用，还体验到互相帮助、合作，与同伴共同活动的无穷乐趣。又如"水乡的藕"，生动地体现了怎样培养幼儿的合作精神。

幼儿园STS教育是幼儿科学教育的拓展，弥补了原幼儿科学教育的不足。它改变了科学与技术分离的状况，加强了与社会生活的联系，使教育目标更完善，内容更丰富，方法手段更灵活多样，更有利于幼儿身心的发展和素质的培养。

在幼儿园STS教育中，还体现了各教育领域的互相渗透、有机结

合，体现了杜威、皮亚杰、布鲁纳、陈鹤琴等教育家、心理专家的理论和思想，如美国教育家杜威的 Learning by Doing、我国教育家陈鹤琴先生的“做中学”的教育思想，体现了正确的自然观、科技观、世界观以及当代的科学教育和人文教育融合的精神。

2003 年 2 月

下篇

其　他

谈谈学前教育专业的改革

我国高等师范院校的学前教育专业是培养高级的幼儿教育专门人才和建立、研究、发展幼教理论的重要基地。几十年来，它为祖国各地输送了一定数量和质量的幼师师资，进行了某些课题的科学研究，在某种程度上促进了幼教理论和实践的发展。

但是，随着时代的前进，科学技术和教育事业的发展，50 年代的专业设置，虽然经过修修补补，仍然存在着许多弊端。诸如单一的培养目标，狭隘的专业意识，与具体职业一一对应的专业课程设置，片面的科研方向以及不合理的专业结构等等，显然不能适应 80 年代后期的社会需要，影响了学前教育专业的迅速发展和它存在的社会价值。为此，全面地改革学前教育专业，已成为当前刻不容缓的重要任务。

改革什么，怎样改革，是一个值得探讨的重要问题，这里，仅谈下列几点看法，供大家讨论。

一、改变狭隘的专业意识，实现专业的开放

学前教育事业是一项社会性的事业，具有重要的社会价值，它关系到千家万户的子孙后代身心的健康成长，关系到全国各族人民科学文化素质的提高，更关系到一个人的个性发展和全社会的精神面貌和道德风尚。而学前教育专业存在的社会价值，也将通过为全社会的学前教育事业作出贡献而实现。

学前教育的发展，包括事业、理论、实践的发展，受到社会各方面的制约，随着整个社会的经济、政策法令、科学研究、妇女运动等变化而变化。

学前教育的对象——儿童的身心发展，也同样不可避免地受到整个社会的变化、社会生活的变化、社会的倾向等各种影响。

学前教育与社会紧密联系，休戚相关。但是作为高等学府的专业人员，几十年来，在“培养幼师的合格师资”的狭隘目标上和科研“为教学服务”的思想指导下，思考的只是培养幼师师资，研究的仅是幼儿园的教育。习惯于在家阅读书本，在课堂上讲理论，在幼儿园指导实践或搞科研，形成了单一化的工作方式，狭隘的专业意识，封闭式的专业模式，使学前专业脱离与社会的联系，不观察社会和社会变化对学前教育的影响，不研究社会倾向对儿童发展的影响，不调查、不了解社会和广大学前教育工作者对学前教育的需要，进而看不到全社会学前教育的广阔天地和丰富的内容。这种脱离社会的狭隘的专业意识，不仅禁锢了自己的教育思想，同样也束缚了年轻一代——学生的手脚，影响了他们的专业意识，毕业后，只考虑“专业对口”，在心态上、能力上不能适应社会对幼教工作的需要，更严重地影响了学前教育专业队伍的成长和学前教育理论的发展。

改变狭隘的专业意识，实现专业的开放，加强与社会的广泛接触与联系，开阔专业队伍的视野，为全社会的学前教育事业服务，是我国学前教育专业改革的关键问题。也只有解决了这个问题，才能实现专业存在的社会价值。只要我们坚持开放、坚持搞活，相信一定会在全体教师的努力下办成一个富有生气的学前教育专业。

回顾本专业的历史，不是从未实现过专业开放，但那是不自觉的，仅是为了“找米下锅”“求得生存”，是被迫的“半开放”或“全开放”。所以一旦“有饭吃”，就关上专业的大门。

今天，建立在自觉意识上的专业开放，是学前教育专业办学的方向，以保专业的活力。

二、扩大学前教育专业的培养目标，增强就业的适应能力

1987 年，在全国幼儿教育工作会议上，柳斌指出：“高等师范院校的学前专业的培养目标主要是为幼师、职业幼师班、教师进修院校输送合格的专业课教师。”无可非议是正确的。但它存在着严重的天然缺陷，影响着学前专业的发展。以目前的统计，全国共有高师学前专业22个，每年为59所独立幼儿师范和一些职业幼师输送师资。一位毕业生至少可以工作三十年，不需要年年更替教师，全国的幼师师资很快出现饱和状态，而高师的学前专业不可避免地出现一时盛多时衰的“短命现象”。怎样摆脱这种困境，使学前专业兴盛不衰？怎样使学前专业根据社会的客观需要而发展？答案只能是：扩大培养目标，为全社会的学前教育事业培养高级人才。

1. 宪法第四十六条规定：“中华人民共和国公民有受教育的权利和义务。国家培养青年、少年、儿童在品德、智力、体质等方面全面发展。”第四十九条规定：“婚姻、家庭和儿童受国家的保护。”在宪法中提出的儿童包括我国的全体儿童，正常的、体残的、智力落后和超常的、情感行为异常的儿童等等，都应该受到应有的教育。在经济发达国家，对特殊儿童的教育工作已有很大的发展，而我们社会主义的学前教育更没有理由把他们排除在外。作为高等学前教育专业，把培养特殊教育领域的专门人才作为培养目标之一，更是义不容辞。

2. 随着科学技术和教育事业的发展，现代学前教育正在逐步形成由家庭教育、幼托机构教育和社会的电视、广播、图书、儿童活动中心等非正式的学前教育形成网络状的教育体系，这些机构难道不需要学前教育的专门人才吗？

3. 由于人类发展、儿童发展和早期教育等等的研究，学前教育应从零岁开始的观点已被人们接受。但我们的学前专业仍然停留于培养3至6岁儿童教育的幼师师资，那么3岁前儿童教育的师资又由谁来承担其责任呢？作为学前教育专业，如果是真正承认早期教育应从零岁开始，那么把专业的培养目标扩大到培养3岁前儿童教育的师资，绝不是为时太早。

4. 幼儿园、托儿所是学前教育的基层组织，它们有不同的类型和性质，有的属于实验研究单位，有的属于一般单位，它们需要不同层次的专业教师和管理人才，高校的学前专业有责任为它们输送适合需要的高级专门人才，以利于从事学前教育的科学研究，提高幼托机构的教育质量。

5. 根据1986年的统计，全国只有24%的3～6岁儿童入幼儿园。而我省1987年的统计，有48%的幼儿进入幼儿园，3岁以下的只有16.02%入幼托机构。如果承认早期教育关系到全民族素质的提高，面对这种状态，除发展幼托事业外，加强全社会的家庭教育是非常重要的，向年轻的父母输送科学育儿知识，将是利国利民的大好事。

综上所述，从全社会对学前教育实际的需要出发，无论从纵向延伸，还是从横向扩展，扩大培养目标，既有利于毕业生从心态上、专业意识上、能力上适应社会的学前教育事业，也有利于专业的发展，人才的培养。

三、拓宽和加深专业课程设置，调整教学计划

随着培养目标的扩大，必须相应地改革专业课程设置，以保证目标的实现，并为学生未来服务于社会的学前教育工作做好准备。除了原有的基础理论课程、工具课程、德育课程和专业课程外，建议增设：

1. 特殊教育课程（包括体残、智力落后、情感行为障碍、天才儿童的教育等课程）。

2. 社会服务和社会研究的课程（包括学前教育咨询，社会政策分析、研究等课程）。

3. 学前教育行政管理和经济管理等课程。

4. 学前教育评价、分析课程。

此外，需要加强3岁前儿童的教育课程和家庭教育课程等。

课程的拓宽和加深，将为学生毕业后胜任工作，增强就业的适应性提供可能，但又不能无限制地加重学生的学习负担。为此，考虑学生学习的承受能力，适当地调整教学计划是很有必要的。根据适应社会的需要和课程增多的状况，进行以下调整：1. 加强基础理论和工具课程。2. 进行课程分类，实行倾向性的选修。3. 扩大实践范围，除了幼儿园和幼儿师范的实习外，应增加行政管理、托儿所、特殊教育等实践活动。实践活动的增加，有利于学生工作能力的培养，但加重了学生的负担，宜结合倾向性的选修，选择实习活动的重点。（例如选修特殊教育的学生实习特殊教育）

四、明确科学研究的方向

科学研究是高师学前教育专业中重要的一部分,它关系到教学质量的提高、学前教育理论的发展以及做好相关政府部门的参谋(为政府部门政策的制订、贯彻提供可靠的依据)。

目前的科研,缺乏与社会的广泛联系和社会的调查研究,缺乏从社会生态学、人口学、人类学方面进行研究,缺乏连续的跟踪研究,以及缺乏宏观的研究,而偏重于微观的、孤立的、幼儿园的教育、教学和课程的研究。

正由于此,科研虽然在一定程度上促进了我们的教学,但对于学前教育理论,建设的步子是缓慢的,而对于决策部门的参谋作用更是微弱无力的。

实现科研的开放,加强与社会的联系,重视学前教育的社会调查研究和科研方法的改进,使宏观与微观的研究紧密结合,调查研究与实验研究相结合,相信能加快科研和理论建设的步伐。

五、调整专业结构

根据学前教育专业开放,加强与社会联系,重视为社会服务;培养学前教育专门人才;建设和发展学前教育理论的宗旨,需要相应地调整专业结构,以适应专业开放、课程改革的要求。

1. 除了保留全日制的本科生、研究生的教学外,加强成人教育和继续教育,开放在职研究生,开辟夜大、函授大学、讲习班等。

2. 建立学前教育的社会服务项目(包括早期教育咨询、资料和信息的介绍和供应、父母学校的开设等等),使幼教中心成为名副其实的中心,与社会联系、为社会服务的幼教机构。

3. 适当调整师资结构,增加3岁前教育、家庭教育师资,新增特殊教育、社会政策研究、幼教中心的服务人员等(具体人员在原有专业教师中调整)。

4. 加强社会调查研究,了解社会学前教育的动态和需要,更好地做好服务工作。

5. 加强与决策部门的联系,了解政策和意图。

只要我们专业坚持开放、坚持搞活，相信在全体教师的努力下，一定能办成一个富有生气的学前教育专业。

1988 年

访美散记(四则)

幼儿使用镜子的启示

镜子是人们家庭生活中不可缺少的用具,也是孩子们感兴趣的物品。但是,在我们的幼儿教育的环境中,人们很少考虑到为孩子们配备一面他们很需要的镜子。

去年,我到美国进修和考察,参观了不少幼托机构和儿童教育设施。

在我参观的幼儿园、学前学校和日托中心里,几乎所有的儿童活动室里,都有一面吸引孩子们的镜子。这些镜子有长方形的,有圆形的;有大的,有小的;有的镶嵌在离地面仅 20 厘米的墙壁上,有的安装在桌上,有的布置在娃娃角里。放镜子的位置都是幼儿能够照到镜子或取到镜子的地方,而且是不易被幼儿碰撞的地方。

这些不起眼的小设备,确为不同年龄的孩子们所喜爱,为孩子们的学习和生活增添了生气和乐趣。我看到一个两岁左右的孩子爬在镜子面前边笑边看着自己的爬行动作;看到几个孩子面对着镜子在舞蹈;还看到一个五六岁的女孩,把亲手制作的纸帽戴在头上照着镜子自我欣赏。还有些孩子对着镜子在画自己的脸容,圆脸、长脸、瓜子脸,黄头发、黑头发,大眼睛、圆眼睛、蓝眼睛、黑眼睛……都清楚地、真实地显示在镜面上,让孩子们把自己的外貌看个够、看个清楚,也让孩子对自己头上戴的作品欣赏又欣赏。

认知心理学家皮亚杰重视个体与环境的相互作用,认为个体与环境相互作用在儿童发展中很重要。就以这小小的镜子来说,它使幼儿看到了自己的动作、姿态,让幼儿见到了自己的容颜笑貌,为幼儿认识自己的外形提供了良好的条件。它使幼儿观察到自制作品戴在自己头上时的美丽,使她看到在工作中得到的成功,而使自己的心理得到满足,激发了再做顶小帽送给小伙伴的愿望。小小的镜子有着巨大的作用。

记得在我们常识教育的内容中,有"认识自己"和"认识五官"的要求,在计算教育中有"对称",不少教师冥思苦想:怎样才能使幼儿学得生动有趣呢?有的教师请小朋友从家里带来自己的照片,有的教师要求孩子看看旁边孩子的面容,有的教师要求孩子摸摸自己有几只耳朵等等,而较少想到运用镜子。

我想,我们是不是也能从国外幼儿园使用镜子的作用中获得一些启示呢?

1988 年 8~9 月

儿童博物馆

在美国的许多城市里,有专为儿童开设的博物馆,里面陈列着恐龙、大鲸鱼、海龟的模型或标本,有鱼、鸟蛋、蚁穴、蜂窝、菌类、矿石、贝壳、陶瓷等实物。博物馆里还提供各种器械,供儿童进行探索和操纵,有机械手、滑轮、发声盘、恒动器、人体骨架索引器、磁铁盘、磁性板、天平、连锁反应实验弹子盘、观察人体内部结构的仪器,以及变化无穷的万花筒、假面具、翻滚不倒翁,有与触觉匹配的百宝箱,与听视觉匹配的录音器、听音室,还有积木、沙、放大镜、显微镜、激光,甚至还有供儿童吹肥皂泡的洁净皂液,供盲童用的盲文板和供残疾儿童用的小轮椅。真是琳琅满目,应有尽有。

自一岁到十多岁的儿童,不论其是正常儿童,还是残疾儿童或是弱智儿童,在馆里都可各得其乐,以自己的方法进行各种科学探索活动。因而参观的过程就成了一个积极主动学习的过程。我曾见一个两岁多的小女孩,专心致志地把一个个玻璃球投进连锁反应器里,玩得津津有味,实际上,小女孩在做"连锁反应实验"。旁边另一个两岁左右的小女孩，好奇地、反复地把一片片小铁片放到磁铁上，以此获得磁铁吸铁的早期经验。还有一位三岁左右小男孩，在母亲的带领下，使用铁锤、乒乓球、金属匙不停地敲击发声盘，探索发出的各种声音。另有一些儿童在牵引着人体骨架，探索人体的四肢运动；在斜面上滚球，探索着高度和距离、速度的关系等等。

这些博物馆与学校保持着密切的联系，根据学校的课程进度，提供相应的展品让儿童研究，因而它们是除课堂之外的另一个重要的学习场所。

如果能在我国各省、市、自治区建立起大大小小的儿童博物馆、科学发现室，让儿童通过自己的探索发现，进行多方面的、不同水平的愉快学习，那该多好啊！

1989 年 3 月

在美国幼儿园过春节

凭借节日活动向年幼的儿童进行认知、情感、能力、个性等多方面的教育，是我国和美国教育的相似之处。但美国教育内容的广泛，思想的解放，是值得我们借鉴的。这里，仅以我在美国经历的节日活动介绍一二，希有助于我们幼教工作者思考。

在我国的传统节日——春节，我应邀来到美国波士顿的一所小学的附属幼儿园，以十分惊喜的心情度过了难忘的半天。

记得那是阴历年初二的早晨，我在美国朋友的陪同下跨进了幼儿园的宽敞的活动室，只见 30 多个幼儿正专心致志地打扮着自己。每个幼儿穿上自制的、画着彩色鳞片的“纸龙衣”，戴上象征龙的帽子。两位教师和孩子们同样的兴奋忙碌，对幼儿给予必要的帮忙和指点。当孩子们准备就绪时，教师便微笑着拿出一个事先做好的龙头，请两个中国孩子拿着龙头站在队伍的最前列，隆重的庆祝春节大游行开始了。在音乐声中，游行队伍穿过走廊，来到各间教室、办公室，向大哥哥大姐姐们、老师们祝贺、拜年。小学生们停止了作业，教师们放下了工作，一起鼓掌、欢呼、歌唱，向孩子们表示了热烈的欢迎和祝贺。半小时左右，庆祝游行结束了，孩子们带着愉快感、满足感回到了活动室。

这时，我才有机会观察了整个活动室的环境，一张展示着各种各样中国珍品的大圆桌和一张粘贴着中国人民欢度春节的照片的大画板吸引着我，在圆桌面上陈列的有漆雕的圆盒、象牙筷子、绣花鞋、景德镇瓷器、泥塑娃娃、佛像、竹编小篮、小盆、剪纸、木刻印章等等。在画板上贴着中国人在菜市场购买食品、在家中包饺子、烹饪菜肴、一家人团聚吃年夜饭、放鞭炮等照片，还有一只有趣的裹有“福”字的红色封袋。这一切给我以强烈的感觉，我仿佛在家中过春节。

当孩子们要回家时，教师发给每个孩子一只放有一个美分的小红包，作压岁钱。还有一张送给家长的联络单，要求孩子的父母在家中向幼儿介绍中国，也可请幼儿带来中国的特产供其他的孩子参观。我也乘兴送给孩子们两样小礼物——一盏彩色纸剪的灯笼和几张中国邮票，立刻引起他们的一阵欢笑声！

这次活动是该幼儿园两位教师组织的，校长也参与精心设计，既有趣而又有意义的跨文化的教育活动。它不仅给孩子们带来了乐趣，还在愉悦的气氛中，通过孩子们的经历，展示生动活泼的具体形象，采用能使异国的孩子们易理解易接受的内容，介绍屹立在遥远东方的中国，介绍中国的传统节日，介绍中国的习俗和中华民族的优秀文化，让孩子在欢乐中了解中国，从而增进中美两国人民和儿童之间的友谊。

由此，使我回忆起在美国其他幼儿园参观时，看到的粘贴着红旗的地球仪，让孩子们寻找中国在哪里；在华盛顿的动物园里，儿童围观象征中国的吉祥物——大熊猫；波士顿儿童博物馆中的中国馆、日本馆……这都在向孩子们介绍中国文化、世界文化。

幼儿教育是未来一代的教育，不仅要面向未来，还要面向世界。介绍本国文化，还要介绍世界文化，这正是时代的要求，发展的趋势。

这两位美国幼儿教师，抓住中华民族传统节日——春节的良好时机，别具一格地富有创造性地组织了一次春节活动，介绍中华民族的文化和传统，这对21世纪的新一代，可说是有益而无害吧！

向这两位具有现代意识、未来意识、世界意识的幼儿教师致意、学习！

1991年6月

在美国幼儿园看到的一个科学活动

我在美国波士顿的一所幼儿园里，观看了一个"寻找种子"的科学活动。

这天上午十时许，一位教师带着六七名五六岁的孩子，来到户外。她发给每个孩子一只纸口袋，要求他们寻找种子。孩子分散开，在灌木丛中、大树底下、游戏场上积极地寻找。有的孩子找到了槐树的种子，有的找到了橡树的种子。他们为自己的发现而欢呼雀跃，大声喊小伙伴们来看。十分钟后，教师集中起全组孩子，边散步，边观察。他们走到墙角边，教师让孩子们观察一簇枯黄的野草，引导他们找到了野草的种子。孩子们很惊喜，教师趁机提出："野草是种的吗？野草怎么长在墙边？"等问题，启发幼儿思考。孩子们带着各种种子，带着满足感，也带着问题结束了第一阶段的活动。

第二次活动是在周末，教师给每个幼儿布置了一个家庭作业，要求幼儿第二天去寻找种子，星期一带到园里来给同伴们观看。

星期一早晨，教师在桌子上放了三只盒子，每只盒子上有一个标记。一只盒子标明是放种子的，一只盒子放不是种子的东西，不能确定是不是种子的就放在第三只盒子里。来幼儿园，教师就让他们把假日找到的东西按自己的认识，分放在不同的盒子里，并询问他们是在哪里找到的。孩子们有的拿着塑料袋，有的拿着果实荚，边思考，边嬉戏，按照自己的认识把种子或其他东西分别放入相应的盒子，并告诉教师，"我是与妈妈在公园里拾到的"或"是在我家的院子里捡到的"……

在第三次活动时，教师就和孩子们一起讨论种子是在哪里找到的，种子有什么用等问题。

观看了“寻找种子”活动的全过程后，我有这几点感想：

1. 在这个活动中，幼儿接触到了多种多样的种子，辨别了什么是种子，什么不是种子，学习了分类技能，培养了观察能力、思维能力，发挥了主动性、积极性和独立性。幼儿是在自己的活动中学科学、获知识、学技能、得发展的。

2. 教师的指导较有水平，她事先考虑到幼儿的认知水平和能力，对那些幼儿可以独立完成的工作，她只提出要求，大胆放手，让幼儿自己去做。在活动中，她悉心指导，帮助幼儿去发现被忽视了的墙边野草的种子，激发幼儿的好奇心，扩大和丰富他们的认识内容。这种指导方法，需要教师有较高的素质和做深入细致的准备。教师既不包办代替，又不使孩子放任自流。

3. 培养了孩子的科学态度。第二次活动中出现三只盒子，尤其是把不能确定是不是种子的东西放在第三只盒子里的做法，有助于孩子形成实事求是的态度。这种做法还提供了教师了解孩子，从而有的放矢进行教育的机会。

4. 幼儿园和家庭的科学教育相结合，增添了幼儿探索的乐趣，扩大了学科学的空间，提高了科学教育的效益。

我发现，美国的幼儿科学活动，除了经常性随意的操作外，也是有课题、有计划、有目的、有指导的，像“寻找种子”就是正规的科学教育活动，这类活动与选择性的科学活动、偶发性的科学活动等，构成了美国幼儿园科学教育的总体。

1991 年 10 月

诲人不倦的导师

——怀念敬爱的钟昭华老师

去年5月，当我得悉您不幸得病，急忙赶往医院探望您时，您已紧闭双眼，昏迷不醒。您听不到我的呼喊声，我更不能听到您对我的谆谆教导。9月，您带着一身清贫、一身忠诚离开了人世。再也听不到您的心声，怎不使您的学生为之悲痛！然而，您对我严格的要求、真挚的教诲，永远永远在我的耳边回荡；您认真治学的态度，永远永远是我学习的榜样。

敬爱的钟老师，是您"扶"着我走上了高等学府的讲台！1960年夏，我毕业后留在南京师范学院教育系担任学前教育专业的助教，很幸运，我有了一位既严又亲的指导教师，那就是您——敬爱的钟老师。

时隔不久，系里决定让我在第二年的秋天讲授课时多而又很重要的一章——幼儿共产主义道德教育。当时，我既高兴，又感到有一种沉重的压力。是您，认真地为我开了参考书目，并要求我必须先写好讲义，发给学生，然后才能上讲台讲课。由于我没有抓紧时间，又有不少学生辅导工作，因此，迟迟才把讲义初稿交给您审阅。谁知，没过两天，您竟仔细地审完了几万字的文稿，稿子上留下了您画的横线、打的问号，以及您密密麻麻的字迹。您来到办公室，把稿子退还给我，要我再作修改。这时，已临近上课的日期，我有点着急，而您比我更着急。在您的耐心指导下，我一次又一次地修改，讲义终于按时付印了，我终于走上了讲台。可您仍然督促着我，对我说："你第一次讲课，这样就算不差了，只是枯燥乏味一些。以后，除了看书、学理论，你还得多去幼儿园，接触实际，看看孩子的道德行为，还可以搞点研究。我在幼儿园就是边研究边教学的。"在教学上、科研上，是您把我引上了正确的道路，让我在大学讲台上站稳了脚跟。

敬爱的钟老师，是您督促着我努力学习，不断进取。十年动乱，消磨了您学术研究的宝贵时光，而一旦有了自由的学术气氛，您便分秒必争地加倍努力工作。每次我去您家，总看到您坐在书桌旁，有时手拿放大镜一丝不苟地查阅资料，有时执笔赶写一篇文稿。见到我，您总是高兴地拿出您爱吃的小甜饼或蛋糕，我总是边品尝，边聆听您的肺腑之言："王志明啊！年龄不饶人，我眼睛看书很吃力，脑子也不灵了。不过，我还得把稿子看完、写好，完成了心也就定了。你嘛，要趁现在多看些，多学些，多做些，到我这个年龄，要看也看不了多少，要干就更难了！"一会儿，您又说："这篇文章写得不错，你拿去看看，会有启发的。这本杂志你看看，会有用的！"有时，当我向您谈起自己的成绩时，您总是显得异常兴奋，似乎比我还开心。

自 1992 年起，每次我到您家，您总是对我说："我要到上海去啦，这书橱里有的书还是蛮不错的，哪一天，你来选一些回去，会有用的。"您讲了一次又一次，由于我有点不好意思，就一拖再拖。到 1992 年 12 月您离开南京的前几天，我又一次去您家，您又一次对我说："过几天，我就要去上海了，这里是我已选过的一些比较好的书，你再选一下吧！"您弯下腰，打开书橱下格，我一看，那都是您在美国留学时学习的英语原版书，我便选择了几本。您边签名边对我说："这些书是我学习过的，现在我已不能看了，你拿去，学习学习，会有用的。"简短而平常的几句话，寄托了您的深情、您的一片心意。敬爱的钟老师，您以传书的方式把终身献于幼教事业的忠诚传给了您的学生，希望我不断学习，不断进取，成为幼教事业的有用之才。

当我背上您赠送的珍贵书籍离开时，您站在楼梯口，目送着我。是我的预感，还是……我不知说什么好，最后，我说："钟老师，您进去吧，我到上海时，会来看望您的。"谁知这次离别，竟成了我们的永别。

敬爱的钟老师，愿您的在天之灵能听到学生的呼唤。我会遵照您的遗愿，继续学习、工作，为幼儿教育事业奉献终身。

1995 年 9 月

敬慰先灵，"宏愿"正在实现！

——纪念著名儿童教育家陈鹤琴先生诞辰105周年

敬爱的老院长，您离开我们已整整十五个春秋了，可您那肩扛"木枪"，高唱"我是一个小兵丁……小兵丁是我"的洪亮歌声，英勇威武、童趣横生的神态，和那除夕之夜，您扮演新年老人和蔼慈祥的音容笑貌，时时浮现在我的眼前，久久不能忘怀。而您的"宏愿"更是永远激励着您的学生，无数的教育工作者，在平凡的岗位上，在儿童教育的神圣事业中，努力奋斗，向前，向前！

在那贫穷落后的旧中国，在那炮火连天的1935年，中国的儿童，您热爱的孩子们，正遭受着极大的灾难，背井离乡，失去父母，流浪街头。您以无畏的精神，伟大的气魄，为庆祝"儿童年"在《新闻报》上发表了历史性的篇章——《对于"儿童年"实施后的宏愿》，提出了具有超前意识、创新思想、铿锵有力的"宏愿"：

一、愿全国儿童从今日起不论贫富，不论智愚，一律享受相当教育，达到身心两方面最充分的可能发展。

二、愿全国盲哑及其他残废儿童，都能享受到特殊教育，尽量地发展他天赋的才能，成为社会上有用的分子，同时，使他们本身能享受到人类应有的幸福。

三、愿政府及慈幼机关为儿童福利着想，尽力设计，多为儿童以安全的保障。

四、愿全国各处从今以后，所有奴婢童工等不良制度，完全绝迹。

五、愿全国的父母导师以及全国成人们，随时随地，本着"幼吾幼以及人之幼"的古训，各就自己能力所及之处，保育儿童、救济儿童、感化儿童。

六、愿今后全国的父母们，都具有教育常识，切实了解儿童心理和儿童期的价值。

七、愿全国的妇女们，都自觉着母性的伟大，注意胎教和妊娠期的卫生，造就优良和健全的国民。

八、愿全国教师们，抱着鞠躬尽瘁、死而后已的精神去教导儿童，训练儿童，使他们成为健全的公民。

九、愿全国慈善家和一切成人们，对于救济事业，先从儿童做起，遇到危险，先救儿童。

在"宏愿"里，您展望了儿童教育事业的理想远景；表达了您对实施全民教育，培养身心充分发展的健全的公民的希望；提倡实施体残弱智儿童的特殊教育、孤幼儿养育、胎儿教育、家庭教育和社会教育；提出禁绝童工的强烈要求；以及对教师终身从教，教育好儿童的真挚期望。

在"宏愿"里，您写下的字字句句充分体现了您对儿童的无比热爱和莫大关心，体现了为祖国培养人才的迫切希望，体现了您教育思想的民主性、先进性、超前性和创造性，以及对儿童教育事业的赤子之心和献身精神。您为"宏愿"的实现，献出了毕生的精力。

新中国成立后，党和国家制订了"国家、社会、学校和家庭依法保障适龄儿童少年接受义务教育的权利"，"地方各级人民政府为盲哑和弱智的儿童、少年举办特殊教育学校（班）"等政策，并且由《中华人民共和国未成年人保护法》保障未成年人的合法权益，做到"教育与保护结合"，不受任何侵犯。神圣的法律保障了您的"宏愿"的实现，并且使之得到了发展。

为了使所有儿童"享受相当教育"，国家在《中国教育改革和发展纲要》中，提出了"到 20 世纪末，基本普及义务教育"的目标，制订了多种渠道、多种形式办学的政策。于是国家政府办的、群众团体办的、私人办的、独资的、合资的普通中小学、特殊教育学校、残疾儿童班、智障儿童班、幼儿园、托儿所等蓬勃兴起。您无愧为现代儿童教育的奠基人，著名的现代儿童教育家。

敬爱的老院长，您在天之灵得以欣慰的是，旧中国未能实现的"宏愿”，在社会主义新中国不仅逐步得到实现，而且有了发展。

建国40多年来，我国教育事业取得了显著成就，尤其是“三中全会”以后，在改革开放的国策下，儿童教育工作得到了更大的发展。

您所关心的、日夜为之操劳的儿童教育，首先在法律上得到了保障，《中华人民共和国义务教育法》《中华人民共和国教育法》中，作了明确规定：“国家实行九年制义务教育。”SOS儿童村以及福利院、家长学校等等各种类型、多种模式的中小学、幼托机构似雨后春笋般出现在祖国大地。近几年来，为了解决贫困地区儿童的入学问题，开展“希望工程”，在我国边远地区和贫穷的山区，办起了数以千计的希望小学，使低收入家庭的子女有了上学的机会。如西藏自治区妇联在尼木县建起了“蓝天春蕾”女童班，使27名失学女童重新进入课堂。如您所愿，所有的儿童受教育的大事，在新中国有了保证，并得到了发展。

为了培养现代化社会主义国家所需要的人才，培养您所希望的“身心充分发展”的“健全的公民”，国家提出了“德、智、体全面发展”的教育方针，进行素质教育，提高全民族素质。为了全面提高教育质量，建立起一支具有良好素质的教师队伍，您老人家创办了师范学校、幼儿师范学校和幼儿师范专科学校。近年来，全国各省、市办起了高等、专科、中等师范院校，特殊教育师范学校，幼儿师范学校，妇幼卫生保健专科学校等等，培养了数以万计的大、中、小学和幼儿园的教师，以满足教育事业不断发展的需要。编、写了有较高质量的教育学、心理学、学前教育学、儿童心理学等各种教材和理论书刊，使儿童教育不仅有方向，还有理论指导，提高了教师素质，壮大了教师队伍。

最后，敬告您老人家，乃是您最为欣喜和期望的，即您培养的学生，学生的学生，都遵照您的“宏愿”，严格要求自己，热爱儿童，热爱教育，在各自的教育岗位上尽责尽力，传播和发展您的教育思想，是儿童教育事业的骨干力量，终身献身于教育事业。您的学生，有的已成为全国的劳动模范、优秀教师、特级教师、先进工作者，有的是学校的校长、主任，还有的是专家学者。即使是您的小学生——我，也终身从事幼教事业，继承您的遗愿，为振兴中华，科教兴国，为幼儿科学启蒙，贡献应有的力量。

敬爱的老院长，您在天国之灵，定为您的“宏愿”的实现，为祖国儿童教育事业的蓬勃发展，喜笑颜开！

具有历史意义的“宏愿”，具有现实意义的“宏愿”，具有世界意义的“宏愿”，要使全世界的儿童都享有受教育的机会，享有童年的幸福，还任重而道远。愿儿童教育工作者，为振兴中华，开创未来，贡献力量！

1997 年 5 月

我与幼儿教育

1949年秋，我考入了上海市立师范学校幼师班（其前身是陈鹤琴先生创办的上海女师），从此，我入了幼教之门。三年学习之初，我既不安心，又不努力，毕业时，学习成绩也不优秀。但在老师的教育、熏陶下，我学到了基本的幼教知识和技能，并懂得了要热爱儿童。

1952年秋，我被分配到华东军政委员会幼儿园做一名幼儿教师。天天和纯真活泼的孩子们在一起，四年的实践经历给予我的，是任何理论、任何书本所不能取代的丰富的经验和感受，更宝贵的是使我热爱儿童，热爱专业。

在"向科学进军"的年代里（1956年），我被推荐考入了老教育家陈鹤琴院长领导的南京师范学院幼教系。虽然那时政治运动不断，我还是学得了专业理论知识和思维方法，坚定了干一番幼教事业的信心和决心。

1960年，我毕业留校做助教。1962年秋，我兴奋地走上讲台，为幼教专业本科生讲授学前教育学。

后来几年里，由于停止招生，又是"十年动乱"，经常下乡，搞调查，或"送教上门"办培训班，十分辛苦，但锻炼了我的教学能力。

20世纪70年代末，教育界迎来了百花齐放的春天，我系幼教专业恢复招生。我与其他教师一起以无比振奋的心情，积极地为教学做着准备。为了讲学前教育学，我走进了代代红幼儿园（现南京市实验幼儿园），进行"观察法"的调查研究。在1979年北师大主办的一次专业讨论会上，我的成果引起了同行的关注。回校后，我主动请缨教自然常识教育，得到了领导的支持。由此，我除了教学前教育学外，还教幼儿科学教育，走上了幼儿科学教育的改革探索之路。

一、恢复和改革初期(1978～1986年)

十一届三中全会以后，邓小平同志提出了“三个面向”和“改革开放”的指导方针，明确指出实现现代化，科技是关键，教育是基础。在改革开放的大潮中，教育界也从封闭走向开放，幼儿教育相继引进了皮亚杰的儿童发展和认知理论、布鲁纳的课程和学习理论、布鲁姆的早期儿童智力潜能开发等理论。幼教工作者从中获得了有益的启示，重视早期智力开发和智力发展成为当时的一种教育趋势。这个时期，我阅读了儿童学科学的英文原版教材，并在南京市代代红幼儿园、太平巷幼儿园、南师附幼、南师附小幼儿园进行了“大班幼儿自然常识教育实验研究”，与省级机关第一幼儿园进行了“小班幼儿对自然的情感特点和培养”的观察研究，编写了常识教学法教材，同时进行了自然常识教育的初步改革。这个时期我们研究的特点是：

1. 适当拓宽了教育内容，扩大了幼儿的知识范围，并在感性经验的基础上形成初步的数字的概念，促进幼儿智力发展。

2. 开始注意运用多种活动激发幼儿的主动性、积极性和学习兴趣。

3. 开始教幼儿学科学的方法，如观察时运用多种感官，学习比较、分类等。

4. 开始注意使幼儿从被动接受变为主动探索。

5. 开始提出为幼儿提供材料，设置科学桌，分组教学。

6. 强调幼儿到大自然中去观察，感受大自然的美和培养幼儿热爱大自然的情感。

由于当时我对新的理论理解肤浅，改革仅是局部的、点滴的。虽然强调幼儿直接观察，但仍未摆脱教师讲解幼儿听、教师演示幼儿看的以“上课”为主的教学模式，自然常识教育的目的基本上是以知识和智力发展为主。但这段时期的学习、研究、反思，为后期的幼儿科学教育的教学、科研奠定了基础。

二、改革中期(1987～1996年)

1987年，我受系里委派前往美国进修“儿童发展与教育”，重点是

“早期儿童科学教育”。除了学习理论，还参观了美国20多所幼儿园和不少科学博物馆、儿童博物馆、儿童科学发展中心，了解了美国早期儿童科学探索的情况，并思考如何结合我国实际，建立、实施中国化的幼儿科学教育。1988年回国后，我与幼教工作者一起对“自然常识教育”从实践和理论两方面进行了改革，初步形成了幼儿科学教育的理论框架。这时期的特点是：

1. 认识到幼儿科学教育的重要性：早期幼儿科学教育是“科教兴国”的奠基工程，它对幼儿的科学素质、整体素质以及终身发展将产生重要的影响。

2. 确立了以科学素质的早期培养为基点，科学知识、科学方法和智力技能、情感和态度三方面相互联系的幼儿科学教育目标。

3. 实施以幼儿探索为主、以幼儿为主体的科学教育，使幼儿真正成为学科学的主人。

4. 开展了正规、非正规和偶发性相互联系的科学探索活动。

5. 创设宽松的心理和物质环境，提供多样的物质材料和充裕的时间，以保证幼儿自由选择、接触材料，进行正规或非正规的科学探索活动。我们借鉴西方博物馆中的科学发现室的经验，于1988年“六一”节，在南京师范大学附属幼儿园尝试建立了第一个“幼儿园科学发现室”，为幼儿自选材料，个别化科学探索创造了条件。不久，各地幼儿园也建立了类似的科学探索室、科学活动室等场所。

6. 建立幼儿园、社会和家庭三结合的幼儿科学教育网络，面向全体儿童进行有效的科学教育。

7. 重视保护幼儿的好奇心。幼儿科学教育实践证明，早期儿童好奇心的发展对后期好奇心和科学兴趣的连续发展有明显影响。因此，教师、家长和社会机构的成人保护、支持、鼓励幼儿好奇心的发展是幼儿科学教育的重要方面。

三、改革后期(1997～2000年)

随着科学技术的迅猛发展，与之相关的环境、生态、能源、资源等重大社会问题也不断出现，人们开始关注科学技术带来的社会效应，研究如何正确利用和控制科学技术，以更有利于人类社会的持续发展。世界范围的STS(科学、技术和社会)教育研究应运而生。从1997年起，我们课题组在南京市实验幼儿园、太平巷幼儿园、长江路幼儿园三所幼儿园进行了“STS教育”的探索性研究，拓宽了幼儿科学教育的概念和内容。

1. 将正确的自然生态观、科技观融入幼儿科学教育，以“善待自然”“善待科技”“善待环境”“善待社会和他人”为指导思想，培养幼儿热爱自然、热爱科学、爱护环境、关心他人等情感、态度和行为，让幼儿学习与人合作，培养幼儿的责任意识等等。

2. 强调通过幼儿的“做”和亲身经历，感受、体验人与自然、科学技术、环境、他人的情感和科学技术在生活中的作用。

3. 既重视学习探索科学的方法和发展幼儿的智力，也重视学习使用简单的工具和制作技能，培养幼儿动手操作的能力和科学探索的兴趣。

4. 拓宽幼儿科技制作的空间和时间。

5. 重视科学素质的培养，强调整体素质的发展。

STS教育的研究，使幼儿科学教育改变了技术与社会割裂的状况，使科技与社会生活联系更紧密，体现了科学教育与人文教育的融合和各教育领域的相互渗透。

幼儿科学教育改革和发展近20年，由以知识教育、智力发展为主的自然常识教育，发展为以科学素质早期培养、促进幼儿全面发展为主的幼儿科学教育，和以科学素质和整体素质培养相结合的幼儿科学教育。

任何学科和理论都是在继承和借鉴前辈经验的基础上延续和发展起来的，但必须独立思考，学会扬弃。幼儿科学教育是一门应用性学科，离开实践就失去了生命力。实践使我有用武之地，帮我解决问题，找到正确答案，再将点点滴滴升华为理论。任何教育改革的关键是教师，在与基层工作者的平等合作中，我深感他们对我们工作的重要，我们要相信他们的才干，大胆放手，优势互补，成果共享。

回首我这一辈子，一直从事幼教工作，从幼儿园的“娃娃头”到高等学府的教授，无悔无憾。我的成长离不开党和国家以及学校各级领导的悉心培养，离不开幼教前辈的教育和鼓励，离不开同事和幼儿园广大幼教工作者的支持和无私帮助。没有他们就没有我的昨天和今天。我感谢大家，并祝愿年轻的一代在新世纪里再创辉煌！

2003 年 5 月

没有你们，也就没有我

如果我是一条快乐的鱼，你们就是浩瀚的水，
　　使我在幼教的长河中，悠悠游荡，
如果我是一棵青绿的草，你们就是肥沃的土，
　　使我在幼教的园地中，步步成长，
如果我是一只展翅的鸟，你们就是磅礴的大气，
　　使我在幼教的长空中，自由翱翔！

如果没有你们爱儿童、爱事业的榜样，
　　我怎能成为一名合格的园丁！
如果没有你们教育、教学智慧的影响，
　　我怎能在课堂中，生动地阐释幼教理论！
如果没有你们辛勤的耕耘，真诚的研讨，
　　我怎能写出一页页书稿、一篇篇文章！
如果没有你们热情的支持、无私的合作，
　　我怎能在国内外讲台上颂扬科教兴国！

在我五十年的幼教工作中，
　　是你们丰富的经验，给予我无穷营养！
在我遇到困难和挫折时，
　　是你们温暖、友谊之手，支撑我战胜自我，继续向前！
在我犹豫不决、拘泥不前时，

是你们给我勇气，给我力量，鼓励我大胆创新！

在我取得点滴成果时，

是你们推动我悉心思考，不断前进！

在我卧床难以动弹时，

是你们给我欢乐，给我抚慰，增强我康复的信心！

在我终生的幼教生涯中，

是你们快乐的童心、蓬勃的朝气，感染我永远年轻！

如果没有你们，

就没有我难忘的昨天！

如果没有你们，

就没有我快乐的今天！

如果没有你们，

就没有我幸福的明天！

我敬爱你们！

我感激你们！

我想念你们！

我祝福你们！

永远！　永远！　永远！！！

为纪念中国幼教诞辰100周年，感谢幼教同仁，我的老师、同事、同学、朋友而作！

王志明学术活动年表

1949年秋—1952年　上海市立师范幼师班学习，其间参加上海市教育局组织的培训班，系统学习苏联幼教思想

1952—1956年　上海市华东军政委员会幼儿园、上海市机关保育院任教

1956—1960年　南京师范学院幼教系学习（1959—1960年同时在南京医学院进修一年半）

1960年　南京师范学院本科毕业，留校任助教

1962年　开始讲授"学前教育学"课程

1963—1979年　幼教本科专业停止招生，其间到农村参加调查研究活动，并在全省各地举办幼教培训班

1978年　上海　参加人民教育出版社组织的《学前教育学》教材编写研讨会

1979年　北京　参加人民教育出版社组织的《学前教育学》教材编写研讨会，并作"观察在幼儿智力发展中的作用"发言

1979年起　幼教本科专业恢复招生，讲授"学前教育学"、"幼儿常识教学法"（后改为"幼儿科学教育"）课程直至退休

1979年　南京　参加全国幼教研究会成立暨第一届年会

1983—1985年　任南京师范学院教育系学前教育教研室副主任；其间曾任教研室副主任、主任

1984年　北京　参加中央教科所主办的全国幼儿教育研讨会，并作《我们是怎样进行幼儿自然常识教育的科学研究的》发言

1984年　为华东师范大学学前教育大专班讲授"幼儿科学教育"课程

1984 年　为福建师范大学学前教育大专班讲授“幼儿科学教育”课程

1984 年　为安徽师范大学学前教育大专班讲授“幼儿科学教育”课程

1984 年　为浙江幼儿师范学校学前教育大专班讲授“幼儿科学教育”课程

1985 年　无锡　参加全国妇联和联合国儿基会主办的全国家庭教育会议，并作《家庭中的幼儿创造教育》报告

1986 年　任南京师范大学教育系副教授

1986—1990 年　任南京师范大学教育系学前教育教研室主任

1987 年　赴美国 Wheelock College 作访问学者一年

1987 年　波士顿　参加美国麻省儿童特殊教育会议

1987 年　华盛顿　参加全美特殊儿童教育会议

1987 年　芝加哥　参加全美早期儿童发展与教育年会

1987 年　向美国 Wheelock College 研究生介绍我国著名教育家陈鹤琴的教育思想和我国的幼儿科学教育情况

1988 年　贵州安顺　参加全国幼儿常识教育研讨会，并作《幼儿科学教育刍议》报告

1989 年　任南京师范大学学前教育学专业硕士研究生导师，为研究生讲授“学前教育基本理论研究”“学前儿童科学教育理论和实践研究”等课程

1989 年　南京　参加联合国儿基会组织的国际幼儿教育学术研讨会，并作《幼儿科学发现室的建立是幼儿科学教育改革的催化剂》发言

1989 年　长春　参加联合国教科文组织的幼儿学科学会议，并作《中美幼儿科学教育的比较》报告

1990 年　为天津师范大学学前教育大专班讲授“幼儿科学教育”课程

1992 年　上海　参加全国幼儿园一日活动学术研讨会，并作《幼

儿园一日活动中的幼儿科学活动》报告

1993年　长沙　参加全国幼教界纪念毛泽东诞辰100周年大会，并作关于幼儿科学教育的报告

1993年　任南京师范大学教育系教授

1994—1998年　在上海市徐汇区科技幼儿园作科研指导

1995年　成都　参加中国学前教育研究会第五届学术研讨会，并作《低幼儿童科学教育衔接研究》书面发言

1995年　上海　参加中国版"芝麻街"节目研讨会，并介绍我国幼儿科学教育的概况

1996年　南京　组织召开中国学前教育研究会第一届幼儿科学教育研讨会，并作《幼儿科学教育的回顾与展望》报告

1997年　上海　参加全国纪念陈鹤琴先生诞辰105周年学术研讨会，并作《敬慰先灵，"宏愿"正在实现！》书面发言

1998年　接受全国高等教育自学考试学前教育专业《学前儿童科学教育》考试大纲和教材的编写任务

1999年　上海　参加纪念新中国幼教事业50年暨中国学前教育研究会成立20周年学术研讨会

学术年表

1. 让孩子们从观察中获得知识,《上海教育》1979.4.

2. 观察教学在幼儿智力发展中的作用,《教育研究》丛刊1979.12.

3. 幼儿园大班自然常识教育初步实验研究,《南京师院学报》1981.2.

4. 引导幼儿认识自然　促进智力发展,《幼儿教育》(江苏)1983.4.

5. 孩子对学习的态度(与汪爱丽合译),1984.2～4.

6. 认识大自然的基本方法——观察,《幼儿教育》(江苏)1984.6.

7. 散步,《幼儿教育》1984.10.

8. 发展幼儿的智力,《幼儿教育》(江苏)1984.12.

9. 怎样进行感官教育,《幼儿教育》(江苏)1985.11.

10. 小班幼儿对自然物情感的特点和培养,《幼儿教育》1986.2.

11. 影响孩子创造力发展的几种因素,《幼儿教育》(江苏)1986.2.

12. 如何给小班上好《认识垂柳》课,《幼儿教育》(江苏)1986.4.

13. 家庭中的幼儿创造教育,《儿童的家庭教育》,江苏少儿出版社 1986.8.

14.《常识教学法》,人民教育出版社 1986.9.

15. 幼儿使用镜子的启示,《幼儿教育》1988.8～9.

16. 美国儿童科学教育考察报告,《学前教育研究》1980.6.

17. 我们是怎样进行幼儿自然常识教育的科学研究的?《幼儿教育的科学研究》,教育科学出版社 1986.8.

18. 谈谈学前教育专业的改革,《华夏教育图书馆通讯》1988.

19.《学前教育学》第十一章《幼儿园的教学》,人民教育出版社1989.2.

20. 儿童博物馆,《早期教育》1989.3.

21. 儿童科学发现室的建立是幼儿科学教育改革的催化剂,幼儿教育国际学术研讨会论文 1989.10.

22. 中美幼儿科学教育的比较和借鉴,《华夏教育图书馆通讯》1990.2.

23.《幼儿科学教育》,江苏教育出版社 1990.3.

24. 幼儿科学教育刍议,全国幼儿科学教育研讨会论文 1990.4

25. 帮助幼儿从小学科学,《幼儿教育》1990.6.

26. 关于幼儿科学教育的几个问题,《早期教育》1991.1.

27. 在美国幼儿园过春节,《启蒙》1991.6.

28. 培养幼儿创造性思维的方法(编译),《幼儿教育》1991.7~8.

29. 幼儿园一日生活中的科学活动,《幼儿园一日活动文集》1991.10.

30. 在美国幼儿园看到的一个科学活动,《早期教育》1991.10.

31. 孩子借图书,《幼儿教育》1992.3.

32.《幼儿园科学教育活动设计》(主编),中国广播电视出版社1992.8.

33. 幼儿园一日活动中的科学活动,《幼儿教育》1992.11.

34. 关于幼儿科学教育内容的几点思考,《早期教育》1993.7.

35. 幼儿的生态环境教育,《幼儿教育》1993.9.

36. 关于儿童观的研究,《学前教育研究》1994.1.

37.《幼儿园科学教育》(主编),杭州大学出版社 1994.2.

38. 幼儿科学教育改革综述,《幼儿教育》1994.11.

39.《幼儿园教育活动与研究》(主编),苏州大学出版社 1995.4.

40.《幼儿科学画册》(主编),江苏少儿出版社 1995.5.

41. 诲人不倦的导师——怀念敬爱的钟昭华老师,《幼儿教育》

1995.9.

42. “低幼儿童科学教育衔接研究”的启示，(未发表)1995.

43.《21 世纪小小百科·自然卷》(主编)，浙江教育出版社 1996.5.

44.《幼儿园课程指导丛书——科学》(主编)，南京师范大学出版社 1996.6.

45. 幼儿园科学教育的回顾与展望，《幼儿园科学教育文集》1996.10.

46. 幼儿科学教育的目标，《幼儿教育》1997.3.

47. 敬慰先灵，“宏愿”正在实现，《鹤琴之声》1997.5.

48.《幼儿科学教育新探》序，上海科学技术文献出版社 1997.6.

49.《幼儿园课程实施指导丛书——科学》(主编)，南京师范大学出版社 1997.12.

50. 幼儿园 STS 教育的探索研究，《幼儿教育》1999.3.

51. 引导幼儿进入科学世界，《家庭教育》1999.2.

52.《学前儿童科学教育》(主编)，南京师范大学出版社 2001.1.

53. 幼儿园科学技术与社会教育(主编)，新时代出版社 2003.2.

54. 没有你们，也就没有我(文字稿)2003.2.

55. 我与幼儿教育，《早期教育》2003.5.

后　记

我是著名教育家陈鹤琴先生的学生，长期受他的教育思想的影响，我热爱幼教、热爱儿童，努力工作，直到退出幼教舞台。

在成长的道路上，我得到了党和各级领导的关爱及培养，先辈和老师们的教育及呵护，无数幼教工作者对我的热情支持和帮助。在此，我衷心感谢党和各级领导，感谢引导我入幼教之门的唐馥珍老师，扶我登上大学讲台的钟昭华导师，指导我教学和科研的黄人颂、方观容、赵寄石老师，以及长期共事、关心、爱护、帮助我的老师们。还要感谢我的合作伙伴——中央教科所郑慧英，华东师范大学潘洁，江苏省幼师尹坚勤，南京市实验幼儿园陈国强、谢笛梅、徐娟，南师大附幼郭桂英、庞庆秀、戴群，太平巷幼儿园王克知，江苏省机关幼儿园车丽珠，中国科学院青岛海洋研究所田爱民，苏州郊区实验幼儿园周惠民、陈建华、俞贵珍，上海市徐汇区科技幼儿园高一敏、何蓓，杭州行知幼儿园何线，浙江幼师孙皖敔，上海幼专施燕，成都幼师杨满等老师。更要感谢我的好伙伴张慧和、张俊老师，他们除了平时的合作、帮助外，在我患病期间，还耗费大量的时间和精力，给予我热情的帮助、关爱，鼓励我恢复健康，协助我完成书稿和文集的出版。我将永远铭记在心。谢谢，谢谢！

王志明

2006.2.18

图书在版编目(CIP)数据

王志明文集/王志明著.—南京:江苏教育出版社,2007.3
(学前教育家文库)
ISBN 978-7-5343-8058-7

Ⅰ.王… Ⅱ.王… Ⅲ.①王志明—文集②学前教育—教学研究—文集 Ⅳ.G612-53

中国版本图书馆 CIP 数据核字(2007)第 027829 号

书　　名	**王志明文集**
作　　者	王志明
责任编辑	孙　艺
出版发行	凤凰出版传媒集团 江苏教育出版社(南京市马家街 31 号 210009)
网　　址	http://www.1088.com.cn
集团网址	凤凰出版传媒网 http://www.ppm.cn
经　　销	江苏省新华发行集团有限公司
照　　排	南京展望文化发展有限公司
印　　刷	江苏淮阴新华印刷厂
厂　　址	淮安市淮海北路 44 号(邮编 223001)
电　　话	0517-3941427
开　　本	890×1240 毫米 1/32
印　　张	10.625
插　　页	1
字　　数	280 000
版　　次	2007 年 3 月第 1 版 2007 年 3 月第 1 次印刷
书　　号	ISBN 978-7-5343-8058-7/G·7702
定　　价	26.00 元
批发电话	025-83260760,83260768
邮购电话	025-85400774,8008289797
短信咨询	10602585420909
E-mail	jsep@vip.163.com
盗版举报	025-83204538

苏教版图书若有印装错误可向承印厂调换
提供盗版线索者给予重奖